U0928433

珍藏本
纪念版

汉译世界学术名著丛书

新工具

〔英〕培根 著

许宝骙 译

商务印书馆
SINCE 1897 The Commercial Press
2017年·北京

Francis Bacon

NOVUM ORGANUM

根据爱理斯和斯佩丁的英译本译出

汉译世界学术名著丛书
（120年纪念版·珍藏本）
出 版 说 明

2017年2月11日，商务印书馆迎来120岁的生日。120年前，商务印书馆前贤怀揣文化救国的理想，抱持“昌明教育，开启民智”的使命，立足本土，放眼寰宇，以出版为津梁，沟通中西，为中国、为世界提供最富智慧的思想文化成果。无论世事白云苍狗，潮流左右激荡，甚至战火硝烟弥漫，始终践行学术报国之志，无改初心。

迻译世界各国学术名著，即其一端。早在20世纪初年便出版《原富》《天演论》等影响至今的代表性著作，1950年代后更致力于外国哲学和社会科学经典的译介，及至1980年代，辑为“汉译世界学术名著丛书”，汇涓为流，蔚为大观。丛书自1981年开始出版，历时三十余年，迄今已推出七百种，是我国现代出版史上规模最大、最为重要的学术翻译工程。

丛书所选之书，立场观点不囿于一派，学科领域不限于一门，皆为文明开启以来，各时代、各国家、各民族的思想与文化精粹，代表着人类已经到达过的精神境界。丛书系统译介世界学术经典，引领时代思想，为本土原创学术的发展提供丰富的文化滋养，为推动中国现代学术和现代化进程做出了突出的贡献。

为纪念商务印书馆成立120周年，我们整体推出“汉译世界学术名著丛书”120年纪念版的珍藏本，寄望既利于文化积累，又便于研读查考，同时向长期支持丛书出版的译者、编者和读者致以敬意。

两甲子后的今天，商务印书馆又站在了一个新的历史时间节点上。我们不仅要铭记先辈的身影和足迹，更须让我们的步伐充满新的时代精神。这是商务人代代相传的事业，更是与国家和民族的命运始终紧密相连的事业。我们责无旁贷，必须做好我们这代人的传承与创造，让我们的努力和成果不仅凝聚成民族文化的记忆，还能成为后来人可以接续的事业。唯此，才能不负前贤，无愧来者。

商务印书馆编辑部

2017年10月

目　录

新工具[①]

序言

有些人自认把自然界的法则作为已被搜寻出来和已被了解明白的东西来加以规定，无论是出于简单化的保证的口吻，或者是出于职业化的矫饰的说法，都会给哲学以及各门科学带来很大的损害。因为，他们这样做固然能够成功地引得人们相信，却也同样有效地压熄了和停止了人们的探讨；而破坏和截断他人努力这一点的害处是多于他们自己努力所获得的好处的。另一方面，亦有些人采取了相反的途径，断言绝对没有任何事物是可解的——无论他们之得到这种见解是由于对古代诡辩家的憎恨，或者是由于心灵的游移无准，甚至是由于对学问的专心——他们这样无疑是推进了理性对知的要求，而这正是不可鄙薄之处；但是他们却既非从真的原则出发，也没有归到正确的结论，热情和骄气又把他们带领得过远了。[②] 较古的希腊人[③]（他们的著作已轶）则本着较好的判

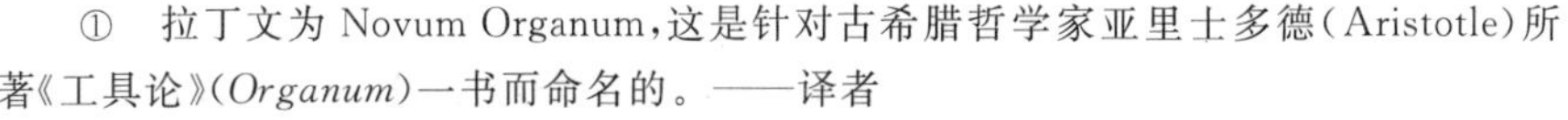

① 拉丁文为 Novum Organum，这是针对古希腊哲学家亚里士多德（Aristotle）所著《工具论》（*Organum*）一书而命名的。——译者

② 关于上述两种学派，参看一卷六七条。——译者

③ 参看一卷七一条。——译者

断在这两个极端——一个极端是对一切事物都擅敢论断，另一个极端是对任何事物都不敢希望了解——之间采取了折中的立场。他们虽然经常痛苦地抱怨着探讨之不易，事物之难知，有如不耐性的马匹用力咬其衔铁，可是他们仍毫不放松尾追他们的对象，竭力与自然相搏；他们认为（似乎是这样）事物究竟是否可解这个问题不是辩论所能解决的，只有靠试验才能解决。可是他们，由于一味信赖自己理解的力量，也不曾应用什么规矩绳墨，而是把一切事物都诉诸艰苦的思维，诉诸心灵的不断动作和运用。

至于我的方法，做起来虽然困难，说明却很容易。它是这样的：我提议建立一列通到准确性的循序升进的阶梯。感官的证验，在某种校正过程的帮助和防护之下，我是要保留使用的。至于那继感官活动而起的心灵动作，大部分我都加以排斥；我要直接以简单的感官知觉为起点，另外开拓一条新的准确的通路，让心灵循以行进。这一点的必要性显然早被那些重视逻辑[①]的人们所感到；他们之重视逻辑就表明他们是在为理解力寻求帮助，就表明他们对于心灵的那种自然的和自发的过程没有信心。但是，当心灵经过日常生活中的交接和行事已被一些不健全的学说所占据，已被一些虚妄的想象所围困的时候，这个药方就嫌来得太迟，不能有所补救了。因此，逻辑一术，既是（如我所说）来救已晚，既是已经无

---

① 拉丁文原本中把 dialectica 和 logica 两个名词，有时交替使用，有时分别使用，而英文本一律译作 logie。按：dialectica 是古希腊学者们以对话问难的办法追出矛盾，求得真理，克服论敌的一种方术（为别于后来的名同而实异的“辩证法”起见，拟译为“问难术”），三段论式的逻辑是和它有联系但也有不同的。如本序言中所有“逻辑”字样，似可据原本改译。以后各条，不一一具注。——译者

法把事情改正,就不但没有发现真理的效果,反而把一些错误固定起来。现在我们要想恢复一种健全和健康的情况,只剩有一条途径——这就是,把理解力的全部动作另作一番开始,对心灵本身从一起始就不任其自流,而要步步加以引导;而且这事还要做得像机器所做的一样。譬如,在机械力的事物方面,如果人们赤手从事而不借助于工具的力量,同样,在智力的事物方面,如果人们也一无凭借而仅靠赤裸裸的理解力去进行工作,那么,纵使他们联合起来尽其最大的努力,他们所能力试和所能成就的东西恐怕总是很有限的。现在(且在这个例子上稍停来深入透视一下)我们设想有一座巨大的方塔为了要表彰武功或其他伟绩而须移往他处,而人们竟赤手空拳来从事工作,试问一个清醒的旁观者要不要认为他们是疯了呢?假如他们更去招请较多的人手,以为那样就能把事情办妥,试问这位旁观者岂不要认为他们是疯得更厉害了么?假如他们又进而有所挑选,摒去老弱而专用精壮有力的人手,试问这位旁观者能不认为他们更是疯到空前的程度了么?最后,假如他们还不满足于这种办法而决计求助于体育运动的方术,叫所有人手都按照运动方术的规则把手臂筋肉抹上油,搽上药,前来办事,试问这位旁观者岂不要喊叫出来,说他们只是在用尽苦心来表示自己疯得有方法、疯得有计划么?而人们在智力的事情方面亦正是这样来进行的——也正是同样作发疯的努力,也正是同样求无用的并力。他们也是希望从人数和合作中,或者从个人智慧的卓越和敏锐中,得出伟大的事物;是的,他们也还曾力图使用逻辑来加强理解力,正如用运动方术之加强筋肉。但是他们的一切这些勤苦和努力,在一个真正的判断说来,只不过是始终使用着赤裸裸的智力罢了。实则，每一巨大的工作，如果没有工具和机器而只用人的双手去做，无论是每人用力或者是大家合力，都显然是不可能的。

在提出这些前提之后，我还有两件事情要提醒人们不要忽视。第一点，当我想到要减少反对和愤慨，我看到可幸的结果是，古人们所应有的荣誉和尊崇并未由我而有所触动或有所降减；而我是既能实现我的计划又能收到谦抑的效果的。假如我是宣称与古人走同一道路，而我却要产出较好的事物，那么，在我和古人之间就必然会在智慧的能力或卓越性方面发生一种比较和竞赛（无论用什么技巧的词令也是不可避免的）。虽说这也并没有什么不合法或什么新奇之处（如果古人对于什么事物有了错误的了解和错误的论定，我又为什么不可使用大家所共有的自由来和它立异呢？）但是这一争论，不论怎样正当和可恕，以我的力量来自量，终将是一个不相匹敌的争论。但是，由于我的目的只是要为理解力开拓一条新路，而这条新路乃是古人所未曾试行、所未曾知道的，那么事情就完全不同了。在这里，门户派别的热气是没有了；我只是作为一个指路的向导而出现，而这又是一个权威很小的职务，依赖于某种幸运者多，依赖于能力和卓越性者少。这一点是仅关于人的方面的，就说到这里。至于我所要提醒人们的另一点，则是关于事情本身的。

希望大家记住，无论对于现在盛行的那种哲学，或者对于从前已经提出或今后可能提出的比较更为正确和更为完备的哲学，我都是绝不愿有所干涉的。因为我并不反对使用这种已被公认的哲学或其他类似的哲学来供争论的题材，来供谈话的装饰，来供教授

讲学之用，以致来供生活职业之用。不仅如此，我还进一步公开宣布，我所要提出的哲学是无甚可用于那些用途的。它不是摆在途中的。它不是能够在过路时猝然拾起的。它不求合于先入的概念，以谄媚人们的理解。除了它的效用和效果可以共见外，它也不会降低到适于一般俗人的了解。

因此，就让知识中有双流两派吧（这会是对二者都有好处的）；同样，也让哲学家中有两族或两支吧——二者不是敌对或相反的，而是借相互服务而结合在一起的。简言之，有一种培养知识的方法，另有一种发明知识的方法，我们就听其并存吧。

谁认为前一种知识比较可取，不论是由于他们心情急躁，或者是由于他们萦心业务，或者是由于他们缺乏智力来收蓄那另一种知识（多数人的情况必然是这样），我都愿意他们能够满其所欲，得其所求。但是如果另外有人不满足于停留在和仅仅使用那已经发现的知识，而渴欲进一步有所钻掘；渴欲不是在辩论中征服论敌而是在行动中征服自然；渴欲寻求不是那美妙的、或然的揣测而是准确的、可以论证的知识；那么，我就要邀请他们全体都作为知识的真正的儿子来和我联合起来，使我们经过罪人所踏到的自然的外院，最后还能找到一条道路来进入它的内室。现在，为使我的意思更加清楚并以命名的办法来使事物变得熟悉起见，我把上述两种方法或两条道路之一叫作人心的冒测，[①]而另一个则叫作对自然

① 拉丁文为 anticipatio，英译文为 anticipation；培根使用这字，有其独具的意义，一卷一九、二六两条中有确切的说明；通常译作“预测”或“推测”，似不切当；我试译为“冒测”，以供商榷。——译者

的解释。

此外,我还有一项请求。在我自己这方面,我已决定小心和努力,不仅要使我所提出的东西是真实的,而且还要把它们表达得在不论具有怎样奇怪成见和奇怪障碍的人心之前都不粗硬,都不难受。但对另一方面,我也不能说没有理由(特别是在这样一个伟大的学术和知识的复兴工作当中)要求人们给我一种优遇作为报答,而这就是:假如有人要对我的那些思考形成一种意见和判断,不论是出于他们自己的观察,或者是出于一大堆的权威,又或者是出于一些论证的形式(这些形式现在已经取得了像法律一样的强制力),我总请他不要希望能够于顺路一过之中来做这事;请他要把事情彻底考察一番;请他要把我所描写、所规划的道路亲身小试一下;请他要让自己的思想对经验所见证的自然的精微熟习起来;还请他要以适度的耐心和应有的迟缓把自己心上根深蒂固的腐坏习惯加以改正:当这一切都已做到而他开始成为他自己的主人时,那就请他(假如他愿意)使用他自己的判断吧。

语　　录[1]

——关于解释自然和关于人的领域——

第　一　卷[2]

第一章

一

人作为自然界的臣相[3]和解释者，他所能做、所能懂的只是如

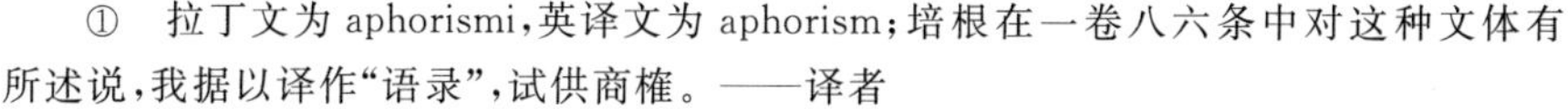

① 拉丁文为 aphorismi，英译文为 aphorism；培根在一卷八六条中对这种文体有所述说，我据以译作“语录”，试供商榷。——译者

② 本卷一三〇条，旨在“先为人心做好准备，以便它去理解并接受下卷所说的东西”。这又从两方面来做：一方面，首先“刷洗、打扫和铲平心的地面”，就是廓清“某些旧见解的强烈成见”（一至一一五条，是“破坏部分”）；然后，另一方面，“还要把心放在一个好的位置亦可说是一个便利的方位上去看摆在它面前的东西”，就是使人们对所介绍的新事物不先存“一种虚妄的预想或预期”而先得“一些健全的和真确的看法”（一一六至一三〇条，为下卷——或可说是建设部分——预作交代）。前一方面或前一部分，按其内容实质说，包含着三个驳辩：一是关于任其自流的人类天然理性的驳辩，二是关于论证的驳辩，三是关于学说亦即关于公认的哲学体系和教义的驳辩。参看一卷一一五条。——译者

③ 拉丁文为 naturae minister，英译文作 servant of nature；英译本原注指出：据该伦（Galen，公元第二世纪时希腊名医）在其著作中所屡次引述，希波克拉特（Hippocratos，公元前第五世纪时希腊名医，号称“医学之父”）曾称医生为 naturae minister。这句话似乎是说医生有“参赞造化”的作用；培根袭用此词来说明人在自然中的地位，似乎亦有此意；若译为“臣仆”或“仆从”，似未尽达，故译作“臣相”，试供商榷。——译者

他在事实中或思想中对自然进程所已观察到的那样多,也仅仅那样多:在此以外,他是既无所知,亦不能有所作为。

二

赤手做工,不能产生多大效果;理解力如听其自理,也是一样。事功是要靠工具和助力来做出的,这对于理解力和对于手是同样的需要。[①] 手用的工具不外是供以动力或加以引导,同样,心用的工具也不外是对理解力提供启示或示以警告。

三

人类知识和人类权力归于一;因为凡不知原因时即不能产生结果。要支配自然就须服从自然;[②]而凡在思辨中为原因者在动作中则为法则。

四

在获致事功方面,人所能做的一切只是把一些自然物体加以分合。此外则是自然自己在其内部去做的了。[③]

五[④]

着眼于事功的自然研究是为机械学家、数学家、医生、[⑤]炼金

① 参看序言第二节。——译者

② 参看一卷一二九条,七节;二卷一、二、三、四诸条。——译者

③ 在一卷七五条中,培根似乎否定了这条所说的意思。他在另一著作"De Augmentis Scientiarum"二卷二章中又企图把这两种见地结合起来。

④ 参看一卷八五条。——译者

⑤ 克钦(G. W. Kitchin)评注说:说到机械学家、数学家和医生,培根的这段评议就在他著作此书时已经被证明是错误的。那时,机械学方面已经产生了速度计量器、望远镜和其他一些有用的巧制;数学方面亦有开普勒(Kepler)和伽利略(Galileo)等人大堪矜夸;而哈维(Harvey)和吉尔伯忒(Gilbert)的一些发现则为医学研究开辟着新的天地。

家和幻术家所从事着;但都(如现在的情况)努力甚微,成功亦少。

六

期望能够做出从来未曾做出过的事而不用从来未曾试用过的办法,这是不健全的空想,是自相矛盾的。

七

从许多书籍和许多制造品看来,心和手所产出的东西是很多了。但所有这些花样乃是出于少数已知事物的精化和引申,而无关于原理[①]的数目。

八

并且,已得的一些事功又还是得自偶遇和经验[②]而非出于科学;因为我们现在所拥有的科学还只不过是把若干已经发现的事物加以妥善调整并予以提出的一些体系,而并不是什么发明新事功的方法或对新事功的指导。

九

在各种科学当中,几乎一切毛病的原因和根源都在这一点:我们于虚妄地称赞和颂扬人心的能力之余,却忽略了给它寻求真正的帮助。

① 参看一卷八五、一〇三、一〇四诸条。——译者

② 拉丁本原文为 experientiae,英文本译作 experiment。弗勒(Fowler)教授指出,这是指感觉经验而言,有别于通过正当指导的观察和实验。——译者

一〇

自然的精微较之感官和理解力的精微远远高出若干倍[①]，因此，人们所醉心的一切"像煞有介事"的沉思、揣想和诠释等等实如盲人暗摸，离题甚远，[②]只是没有人在旁注视罢了。

一一[③]

正如现有的科学不能帮助我们找出新事功，现有的逻辑亦不能帮助我们找出新科学。

一二

现在所使用的逻辑，与其说是帮助着追求真理，毋宁说是帮助着把建筑在流行概念上面的许多错误固定下来并巩固起来。所以它是害多于益。

一三

三段论式不是应用于科学的第一性原理，[④]应用于中间性原

① 克钦指出，关于这种自然的精微，培根似乎认为，要查究到隐秘过程和隐秘结构，要发现出法式，就可揭示出来，阅读第二卷可见。——译者

② 若照拉丁本原文字面直译，应译作"实是发疯的事"。揣其意思是：这些揣想既是根据对于这事的不确当的想法而作，所以必然远远摸不着真理的边，看来只像是发疯，正如一个蒙住眼捉迷藏的人在旁观者看来像是在发疯一样。

③ 弗勒指出，从一一条到一四条应当连起来看；它们说明培根对于旧逻辑的总的非难。——译者

④ 弗勒指出，这相当于亚里士多德所说的"最后原理"；他经常申言，这种"最后原理"既是三段论所从以出发的最后大前提，所以它本身是不容更用三段论式来证明的。——译者

理又属徒劳；这都是由于它本不足以匹对自然的精微之故。所以它是只就命题迫人同意，而不抓住事物本身。

一四

三段论式为命题所组成，命题为字所组成，而字则是概念的符号。所以假如概念本身(这是这事情的根子)是混乱的以及是过于草率地从事实抽出来的，那么其上层建筑物就不可能坚固。所以我们的惟一希望乃在一个真正的归纳法[①]。

一五[②]

我们的许多概念，无论是逻辑的或是物理的，都并不健全。“本体”、“属性”、“能动”、“受动”及“本质”自身，都不是健全的概念；其他如“轻”、“重”、“浓”、“稀”、“湿”、“燥”、“生成”、“坏灭”、“吸引”、“排拒”、“元素”、“物质”、“法式”以及诸如此类的概念，就更加不健全了。它们都是凭空构想的，都是界说得不当的。

一六

我们的另一些属于较狭一种的概念，如“人”、“狗”、“鸽”等等，以及另一些属于感官直接知觉的概念，如“冷”、“热”、“黑”、“白”等等，其实质性不致把我们引入迷误；但即便是这些概念有时仍不免因物质的流动变易和事物彼此掺和之故而发生混乱。至于迄今为人们所采用的一切其他概念，那就仅是些漫想，不是用适当的方法

---

① 这里第一次提到真正的归纳法。参看一卷一〇四、一〇五、一〇六条；注意一七、六九和一〇五诸条中对普通归纳法的批判。——译者

② 本条和下一条应与一卷六〇条合看。——译者

从事物抽出而形成起来的。

一七

这种任意性和漫想性，在原理的构成中也不减于在概念的形成中；甚至即在那些确借普通归纳法[①]而获得的原理中也不例外；不过总以在使用三段论式所绎出的原理以及较低级的命题中为更多得多。

一八

科学当中迄今所做到的一些发现是邻于流俗概念，很少钻过表面。为要钻入自然的内部和深处，必须使概念和原理都是通过一条更为确实和更有保障的道路从事物引申而得；必须替智力的动作引进一个更好和更准确的方法。

一九

钻求和发现真理，只有亦只能有两条道路。一条道路是从感官和特殊的东西飞越到最普遍的原理，其真理性即被视为已定而不可动摇，而由这些原则进而去判断，进而去发现一些中级的公理。这是现在流行的方法。另一条道路是从感官和特殊的东西引出一些原理，经由逐步而无间断的上升，直至最后才达到最普通的原理。这是正确的方法，但迄今还未试行过。[②]

---

① 弗勒指出，这是指那种仅凭简单枚举的归纳法，有别于培根自己所要用以代之的科学的归纳法。参看一卷六九、一〇五两条。——译者

② 参看约翰·密尔（J. S. Mill）对这条的批评，见他所著《逻辑》一书第六卷第五章第五节。（参看一卷二二、一〇四两条。——译者）

二〇

理解力如任其自流，就会自然采取与逻辑秩序正相吻合的那一进程（就是走前一条道路）。因为心灵总是渴欲跳到具有较高普遍性的地位，以便在那里停歇下来；而且这样之后不久就倦于实验。但这个毛病确又为逻辑所加重，因为逻辑的论辩有其秩序性和严正性。[1]

二一

理解力如任其自流，在一个清醒的、沉静的和严肃的心灵说来，特别是如果它没有被一些公认的学说所障碍的话，它亦会在另一条即正确的道路上略略试步，但浅尝辄止；因为理解力这东西，除非得到指导和帮助，本是不足以匹敌、不配来抗对事物的奥秘的。

二二

上述两条道路都是从感官和特殊的东西出发，都是止息于最高普通性的东西；但二者之间却有着无限的不同。前者对于经验和特殊的东西只是瞥眼而过，而后者则是适当地和按序地贯注于它们。还有，前者是开始时就一下子建立起某些抽象的、无用的、普遍的东西，而后者则是逐渐循级上升到自然秩序中先在的而为人们知道得较明白的东西。[2]

① 本条中的几个"逻辑"字样，在拉丁文原本均为 dialectica。——译者

② 参看二卷四条二节。——译者

二三

人心的假象[①]和神意的理念[②]二者之间有绝大的不同。这也就是说,某些空洞的教条和像在自然中所见到的那样标示在创造上的一些真正的铃记与标志这二者之间有绝大的不同。

二四[③]

由论辩而建立起来的原理,不会对新事功的发现有什么效用,这是因为自然的精微远较论辩的精微高出多少倍。但由特殊的东西而适当地和循序地形成起来的[④]原理,则会很容易地发现通到新的特殊的东西的道路,并从而使各门科学活跃起来。

二五

现在所使用的一些原理,因为仅是由贫乏的和手工性的经验[⑤]以及很少一些最普通常见的特殊的东西提示而来,故其大部分的范围都

① Idola 一词,在培根用来(照这里的上下文看来),不是指什么崇拜的对象,而是说一种幻象或假象——这是希腊字的原义。弗勒在注中指出,培根在 Cogitata et Visa 一书中(第十四段)还曾使用 spectra 一词(分光景,有幻景之意——译者)作为和 idola 一词有同样力量的字眼。

② 神意的理念(divinae mentis ideae)这一用语系直接借自柏拉图(Plato);但培根在这里用来,显然不是柏拉图所讲的那种脱离物质的理型之本义,而具有他自己所赋予的特定意义,由本条下句的补充说明可见;又,一卷一二四条中亦有大意相同的说明。——译者

③ 参看一卷一二一条三节。——译者

④ 拉丁本原文是 abstracta,英文本译作 formed,意义不够确切,应译作"抽象出来的"。——译者

⑤ 克钦提示说,这或许是指上文第二条所论赤手做工不用工具的情况来说的。——译者

仅仅恰合于这些东西而把它们包收在内;那么,它们之不会导向新的特殊的东西也就无足怪了。而若是有些前所未察和前所不知的相反事例偶然撞来,这原理则借略作一些无关宏旨的区划而获救并得保存下去[①];而其实只有改正这公理本身才是真正的途径。

二六

为区别清楚起见,人类理性以上述那种通用方式应用于自然问题而得出的结论,我名之为对自然的冒测(指其粗率和未成熟而言);至于另一种经由一个正当的和有方法的过程而从事实抽出的理论,我名之为对自然的解释。

二七

对于同意这一点说来,冒测颇是一个足够强固的根据;因为即使人们都疯了而都疯得一样,他们彼此之间也会很好地取得一致的。

二八

就着赢取同意而言,实在说来,冒测还远较解释为有力。因为冒测是搜集为数甚少而且其中大部分又是通常习见的事例而成,所以它能径直触动理解力并充填想象力;至于另一方面,解释则是

① 弗勒注释说:例如,在伽利略以前,人们一直认为物体坠地的时间长短是与其重量成反比例的。但有些物体,例如火焰,却并不下落而是上升。对于这一例外,人们于是就用轻浮这条原理来解释,说轻的物体则是向上的。又如,古代天文学中有一条假设,说天体一定都是圆满的。但伽利略却借望远镜发现了月球存有着凹陷。这时人们便解答说,那些凹陷处必是填满着透明的晶体的。——译者

随时随地搜集到处散见的各种各样的事实而成，所以它不能陡然地打动理解力，因而在当时的意见面前，它就不能不显得粗硬和不协调，很像信仰的一些神秘的东西一样。

二九

建筑在意见和武断的一些科学当中，冒测和逻辑[①]是有效用的；因为在那里目标乃是要迫人同意于命题，而不是要掌握事物。

三〇

若是使用冒测的办法，纵使尽聚古往今来的一切智者，集合并传递其劳动，在科学方面也永远不会做出什么大的进步；因为在人心里早已造成的根本错误不是靠机能的精良和后来的补救能治好的。

三一

若期待用在旧事物上加添和移接一些新事物的做法来在科学中取得什么巨大的进步，这是无聊的空想。我们若是不愿意老兜圈子而仅有极微小可鄙的进步，我们就必须从基础上重新开始。

三二[②]

古代著作家——实在是一切古代著作家——的荣誉并未有所触动；因为我所挑起的较量并非属于智慧和才具，而是属于道路和方法，并且我所自任的角色又不是一个裁判官，而只是一个向导员。

---

① 拉丁本原文为 dialectica。——译者

② 参看序言第三节。——译者

三三

有一点必须明白地声明：要用冒测的办法（也就是说，要用现所通用的推论的办法）来对我的方法或这个方法所导致的一些发现做出什么裁判，那是不会恰当的；一个自身正被审判着的法庭所做出的判词，当然不能强迫我去服从它。

三四

即使只想把我所提出的东西对人们传授和解说明白，也并不是容易的事；因为人们对于那本身其实是新的事物也总是要参照着旧的事物去领会。

三五

保加(Borgia)关于法军征意一役曾经这样说过：他们只是手执粉笔前来画出自己的寓所，并不是使用武器来打开自己的进路。[①] 我亦愿意使我的学说同样平平静静地进入那适于接受它和能够接受它的人心之中；因为，凡分歧是发生在第一性原则和概念自身以及甚至是在论证的形式的时候，驳辩总是应用不上的。

三六

我们的传授方法只有一条，简单明了地说来就是：我们必须把人们引导到特殊的东西本身，引导到特殊的东西的系列和秩序；而人们在自己一方面呢，则必须强制自己暂把他们的概念撇在一边，

① 克钦指出：这个保加就是亚历山大第六(Alexander VI)；所说法军征意一役是指查理第八(Charles VIII)于公元一四九四年，在五个月之内就征遍了意大利。——译者

而开始使自己与事实熟习起来。

三七[①]

有些人主张确实性是绝对不能获致的,[②]这学说和我所采取的进行途径在其最初起步时也有一些一致之处;但这两个学说在结局上却远远地分开了,并且是相互反对。主张那种学说的人们只是简单地断言,一切事物都是不可解的;而我固亦断言,若用现所通用的方法,则对自然中的事物确是不能了解多少。但是由此,他们却进至根本破除感官和理解力的权威;而我呢,则进而筹划要供给它们以帮助。

三八[③]

现在劫持着人类理解力并在其中扎下深根的假象和错误的概

① 本条应与一卷六七条末节以及一二六条合看。——译者

② 拉丁本原文在这里使用了 acatalepsia 一字。参看一卷六七条和注。——译者

③ 弗勒在注中说:培根的最著名的、无疑亦是《新工具》全书中最重要部分之一的假象学说于本条开始。这里要指出的是,培根所举的诸种假象,其较早的形式(从“Advancement of Learning”一书中所举可见)乃相当于族类假象、洞穴假象和市场假象三种,而“这一学说所经历的一个实质变化则为剧场假象之随后加入”。这个假象学说遍见于“Va Lerius Terminus”、“Advancement of Learning”、“Temporis Partus Masculus”、“Partis Secundae Delineatio”、“Distributio Operis”和“De Augmentis”等书,而以在《新工具》中所论最为完整。

人们常说,这假象学说在此以前早经培根的那位伟大的同姓者即罗杰·培根(Roger Bacon)提出过,他在《Opus Majus》一书中曾指出人心的障碍(offendicula)有四种,就是引用不够格的权威、习惯、俗见和掩饰无知并炫示表面知识。但是爱理斯(R. Ellis)对这点作了正确的辩驳。他说,一则《Opus Majus》这书当时还仅有手稿,培根恐怕不会看到;二则这位培根所说的“假象”与那位培根所说的“障碍”二者之间并无多大相应合之处。人们之所以想到前者系袭自后者,或许是因为有见于二者所共有的四分法;但我们看到,“假象”在这学说的原始形式下,却是仅有三种而并没有四种。——译者念，不仅围困着人们的心灵以致真理不得其门而入，而且即在得到门径以后，它们也还要在科学刚刚更新之际聚拢一起来搅扰我们，除非人们预先得到危险警告而尽力增强自己以防御它们的猛攻。

三九

围困人们心灵的假象共有四类。[①] 为区分明晰起见，我各给以定名：第一类叫作族类的假象，第二类叫作洞穴的假象，第三类叫作市场的假象，第四类叫作剧场的假象。[②]

四〇

以真正的归纳法来形成概念和原理，这无疑乃是排除和肃清假象的对症良药。而首先指出这些假象，这亦有很大的效用；因为论述“假象”的学说之对于“解释自然”正和驳斥“诡辩”的学说之对于“普通逻辑”[③]是一样的。

---

① 弗勒指出，培根原先曾把这四种假象分为两组，这在一卷六一条开头处还留有痕迹。在介绍剧场假象时，他在那里写道：“剧场假象不是固有的，亦不是隐秘地渗入理解力之中，而是由各种哲学体系的‘剧本’和走入岔道的论证规律所公然印入人心而为人心接受进去的。”从这句话可以看出，四种假象曾分为固有的和外来的两组，前者包括前三种假象，后者则就是剧场假象一种。这种分法在“Distributio Operis”一书中曾见采用。还可参看“Partis Secundae Delineatio”一书中的说法（见爱理斯和斯佩丁(J. Spedding)所编《培根哲学论著全集》第三卷第五四八页）。在《新工具》当中，这个更高一层的分法却不见了。这是因为，诚如斯佩丁所说，“当培根要把这些假象分别地一一加以描述时，他就觉到，若把市场假象划入固有的一组则有逻辑上的矛盾，若把它划入外来的一组又有实际上的不便；于是便决定根本放弃这个对分法而把四种假象通列起来了”。——译者

② 弗勒指出，这在“Valerius Terminus”一书中叫作宫殿的假象。——译者

③ 拉丁本原文为 dialectica。——译者

四一

族类假象植基于人性本身中，也即植基于人这一族或这一类中。若断言人的感官是事物的量尺，这是一句错误的话。正相反，不论感官或者心灵的一切觉知总是依个人的量尺而不是依宇宙的量尺；[①]而人类理解力则正如一面凹凸镜，它接受光线既不规则，于是就因在反映事物时掺入了它自己的性质而使得事物的性质变形和褪色。

四二

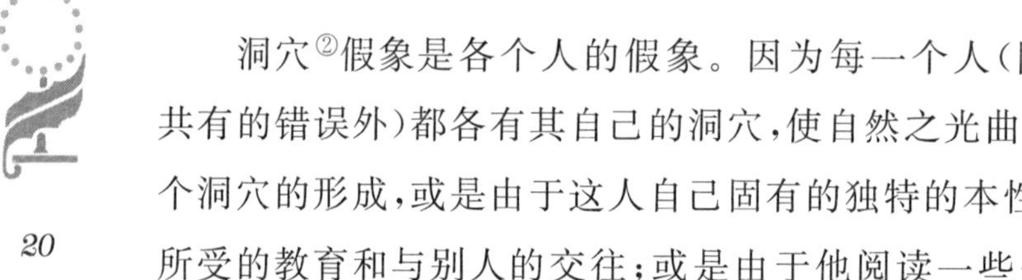

洞穴[②]假象是各个人的假象。因为每一个人(除普遍人性所共有的错误外)都各有其自己的洞穴，使自然之光曲折和变色。这个洞穴的形成，或是由于这人自己固有的独特的本性；或是由于他所受的教育和与别人的交往；或是由于他阅读一些书籍而对其权威性发生崇敬和赞美；又或者是由于各种感印，这些感印又是依人

① 本句中的两个“量尺”，在拉丁本原文均为 analogia；二卷四〇条末句有相同的话，原文亦均为 analogia。而英文本在这里则译作 according to the measure of，在那里则译作 with reference to。这样，同一原文的两处译文就有分歧，两句之间意义就有不同；而就本句来说则与原文就有出入，并且还和上句中的“量尺”(拉丁本原文为 mensuram)混淆起来，以致本条整个意义不明。按：analogy 一字，在这里也和在三四条当中一样，是用其一般的意义，即“参照”、“比照”之意。据此，故本句应照拉丁本原文以及二卷四〇条正确的英译文改译为“不论感官或者心灵的一切觉知总是参照着人而不是参照着宇宙”。这样，才合于原本，前后诸条之间才无歧义，而本条意义亦才得澄清。——译者

② 弗勒指出，这个譬喻系袭自柏拉图所讲的洞穴的神话，见“Republic”一书第七卷开头的一段。但是如汉弥尔顿(W. Hamilton)所指出，柏拉图的原喻实相当于族类假象而无当于本条所述的这类假象。

心之不同(如有的人是“心怀成见”和“胸有成竹”,有的人则是“漠然无所动于中”)而作用各异的;以及类此等等。这样,人的元精[①](照各个不同的人所秉受而得的样子)实际上是一种易变多扰的东西,又似为机运所统治着。因此,赫拉克利泰(Heraclitus)[②]曾经说得好,人们之追求科学总是求诸他们自己的小天地,而不是求诸公共的大天地。

四三

另有一类假象是由人们相互间的交接和联系所形成,我称之为市场的假象,取人们在市场中有往来交接之意。人们是靠谈话来联系的;而所利用的文字则是依照一般俗人的了解。因此,选用文字之失当害意就惊人地阻碍着理解力。有学问的人们在某些事物中所惯用以防护自己的定义或注解也丝毫不能把事情纠正。而

① 元精这概念在一卷五〇条以及二卷七条和四〇条中屡见讲到,尤其在后两条中有些颇为怪诞的说法。这学说是这样的:一切有生的和无生的物体之中都包有元精,渗透于可触分子,它是完全触不到的,亦没有任何重量,只借动作或作用来显示它自己;活的物体之中更有两种元精:一种是粗重的,就像其他质体中所有的那样,另一种是动物元精或有生命力的元精,为肉体与灵魂之间交通的媒介,为生命现象的基础。培根深信此说,但并没有说出根据。克钦指出,这是学院派的用语和学说,而培根由于既看到自然过程中有些事物未得说明,又提不出什么较好的见解,于是就乐意依从了他们。爱理斯说,作为培根的寿命论的基础的这一概念,似乎是和揣想生理学的开端同一时代的产物。弗勒则说,这一学说或许是直接袭自帕拉塞萨(Paracelsus,公元一四九三至一五四一年,瑞士医学家和炼金家),亦或许是一般地袭自当时的物理哲学;他还指出,这种学说亦可视为原始的物神崇拜思想的一种残存。——译者

② 古代唯物主义哲学家,伊弗所(Ephesus)人,公元前约五三六年至四七〇年。他认为“世界是包括一切的整体,它并不是由任何神或任何人所造成的,它过去、现在和将来都是按规律燃烧着、按规律熄灭着的永恒活火”。——译者

文字仍公然强制和统辖着理解力，弄得一切混乱，并把人们岔引到无数空洞的争论和无谓的幻想上去。

四四

最后，还有一类假象是从哲学的各种各样的教条以及一些错误的论证法则移植到人们心中的。我称这些为剧场的假象；[①]因为在我看来，一切公认的学说体系只不过是许多舞台戏剧，表现着人们自己依照虚构的布景的式样而创造出来的一些世界。我所说的还不仅限于现在时兴的一些体系，亦不限于古代的各种哲学和宗派；有见于许多大不相同的错误却往往出于大部分相同的原因，我看以后还会有更多的同类的剧本编制出来并以同样人工造作的方式排演出来。我所指的又还不限于那些完整的体系，科学当中许多由于传统、轻信和疏忽而被公认的原则和原理也是一样的。

关于上述各类假象，我还必须更扩大地和更确切地加以论列，以使理解力可以得到恰当的警告。

四五

人类理解力依其本性容易倾向于把世界中的秩序性和规则性设想得比所见到的多一些。虽然自然中许多事物是单独而不配对的，人的理解力却每爱给它们想出一些实际并不存在的平行物、连属物和相关物。由于这样，人们就虚构出一切天体都按正圆轨道而运动之说，而完全排拒了（除在名字上外）螺旋线和龙头龙尾的

① 弗勒指出，这在“Temporis Partus Masculus”一书中叫作剧幕的假象。——译者

想法。[1] 由于这样，人们就把“火”这一元素连同它的圈盘抬了进来，以与感官所知觉到的其他三种元素配在一起，硬凑成四。[2] 由于这样，人们还把这些所谓元素的密度比例强制地规定为十比一。[3] 诸如此类的其他梦呓还有许多。这些幻想不仅影响着教条，并且影响着简单的概念。

四六

人类理解力一经采取了一种意见之后（不论是作为已经公认的意见而加以采取或是作为合于己意的意见而加以采取），便会牵引一切其他事物来支持、来强合于那个意见。纵然在另一面可以找到更多的和更重的事例，它也不是把它们忽略了，蔑视

① 其实，就当培根著此书时，开普勒业已论证了关于行星按椭圆轨道运动的三大法则；而培根没有引为论据，看来他似乎不曾知道或者不曾同意于这个发现。（双曲的螺旋线画在轨圈上面就表现出天体纬度中的不平匀，参看二卷四八条关于自发的旋转运动一节中所说螺旋线对运动轨圈的关系各点。古天文学有一种想法，认为黄道与月底轨圈以及诸行星的轨圈相切，上下各有凸出于轨圈的部分；上部的凸出圈叫作龙头，下部的凸出圈叫作龙尾。上述两点都说明着天体运动不是按正圆轨道进行的，所以培根在指出人们从爱好整齐的本性出发而作出正圆运动的虚构时，指责他们完全否认了这两点想法。——译者）

② 弗勒指出，古人们想象四大元素各有其自然的地位，其自下而上的层次为土、水、空气、火；火圈高于空气之上（克钦则说，古人们把四大元素想象为共绕一个中心的四套圈盘，其自内而外的层次为土、水、空气、火、火圈远在空气之外），所以和前三种元素不同，是人们的感官知觉不到的。

元素数目之所以为四，是源于元素性的属性之数有四，那就是：热、冷、湿、干。这四种属性每两种轮番相互结合，计有六种不同的花样；其中除冷与热、干与湿两种因本身矛盾不能成立外，其余四种结合正分别相当于四大元素。

③ 弗勒指出，此说盛行于经院派，实导源于对亚里士多德的一段文字的误解。亚里士多德在“De Generatione et Corruptione”一书第二章第六节曾提到“什一比例”之说，但他是为着举例当作假设来提出的。——译者

了，就是借一点什么区分把它们撇开和排掉，竟将先入的判断持守到很大而有害的程度，为的是使原有结论的权威得以保持不受触犯。讲一个故事来作譬喻；有一次，有些人把一个庙中所悬的一幅许愿得逃船祸图指点给某人看，问他还承认不承认诸神的威力；这人却反问道："不错，但那些许愿之后而仍然溺死的人又在哪里画着呢？"[①]这句话乃是一个很好的回答。其实，一切迷信，不论占星、圆梦、预兆或者神签以及其他等等，亦都同出一辙；由于人们快意于那种虚想，于是就只记取那些相合的事件，其不合者，纵然遇到的多得多，也不予注意而忽略过去。至于在哲学和科学当中，这种祸患则潜入得远更诡巧；在那里，最先的结论总是要把一切后来的东西，纵使是好得多和健全得多的东西，染过一番而使它们与它自己符合一致。此外，无关于如上所写的那种快意和虚想，人类智力还有一种独特的、永久的错误，就是它较易被正面的东西所激动，较难被反面的东西所激动；而实则它应当使自己临对两面无所偏向才对。实在说来，在建立任何真的原理当中，反面的事例倒还是两者之中更有力的一面呢。[②]

① 弗勒指出，西塞罗（Cicero）在"De Natura Deorum"一书第三章第三七节曾述及这个故事，据说这"某人"乃是戴高拉斯（Diagoras，公元前第五世纪希腊哲学家，以"无神论者"作为姓氏）。狄欧坚尼莱遏夏斯（Diogenes Laërtius，公元第二世纪希腊历史学家，著有"哲学家传记"十卷）在略有变化的形式下亦讲到这故事，则指其人为犬儒学者狄欧坚尼（Diogenes the Cynic）；但他同时说戴高拉斯亦有此事。——译者

② 弗勒指出，培根在这里似指排除法，这在第二卷中是讲得很多的。参看一卷一〇五条。——译者

四七

人类理解力最易被同时而陡然打入心中从而足以充填想象力的一些事物所引动;经此之后,它更假想一切其他事物和那些包围着它的少数事物多少总有些相似,虽然它并不能看出怎样相似。至于说到要往复从事于许多远隔而相异的事例,俾使原理得像入火一样受到一番考验,[①]那么人的智力就完全迟钝而不相适,除非有严格的法则和统治性的权威来强制它到那里去。

四八

人类理解力是不安静的;它总不能停止或罢休,而老要推向前去,但却又是徒劳。正由于这样,所以我们总是不能想世界有什么末端或界限,而永远似不得已地想着总还有点什么在外边。我们也总是不能想那悠悠永古究系如何而流到今天;一般所认定把时间划为过去的无限和未来的无限的那种想法是无法站得住的,因为那样势必发生无限有一大一小之别,而无限就消失下去而趋向于成为有限。[②] 关于一条线的无限可分割性,[③]同样由于思想欲罢

① 本书二卷从二一条到五二条就是这种努力的例示。——译者

② 说无限没有大小之别,一分大小,就失其为无限而趋为有限,这是对的。至于说无限一分过去和未来就要发生一小一大之别,这却不合逻辑。这话不外两个意思:或则把过去的无限误想为极大的有限,因而当然要说未来的无限迟早要大过于它;或则因为未来无限地转为过去,就误以为过去必然要大过于未来。前者是把最大的有限与无限混为一谈;后者是没有见到:假定一条线是无限长而没有上下端极,就根本无所谓中点(即上下各半),因之更无所谓偏上偏下(即上短下长或下短上长)的。——译者

③ 这是指亚里士多德的话;他的著作中有几处都说,在理论上,每一尺一寸都是可以无限地分割下去的。

不能之故，也有着相同的微妙情形。而在对原因的追查当中，这种欲罢不能的情形则作祟更甚：对于自然中的最普遍的原则，本只该照着它们被发现的样子认定它们就是绝对的，而不能再以什么道理来把它们归到一个什么原因；可是人类理解力由于自己不能罢休之故，却仍要寻求自然秩序中的什么先在的东西。结果，它在努力追求较远的东西中却回头落到近在手边的东西上，就是说，落到目的因上；而这种原因分明是与人的性质有关而与宇宙的性质无关的，而正是从这个根源上就把哲学搅得不成样子了。[①] 可以说，把一个对于最普通的东西还要寻求原因的人和一个对于附属的、特称的[②]东西也不想寻求原因的人相比，前者并不是一位较不拙劣和较不肤浅的哲学家。

四九

人类理解力不是干燥的光，[③]而是受到意志和各种情绪的灌浸的；由此就出来了一些可以称为“如人所愿”的科学。大凡人对于他所愿其为真的东西，就比较容易去相信它。因此，他排拒困难的事物，由于不耐心于研究；他排拒清明的事物，因为它们对希望有所局限；他排拒自然中较深的事物，由于迷信；他排拒经验的光亮，由于自大和骄傲，唯恐自己的心灵看来似为琐屑无常的事物所

① 参看二卷二条。——译者

② 弗勒说，这是逻辑上的一个名词，指与相应的普遍命题处于对待关系中的特殊命题，例如，对于“一切甲都是乙”这一全称命题来说，“有些甲是乙”就是特称命题。

③ 弗勒指出，这一用语是借自赫拉克利泰，他有一句常被称引的名言说，“最聪明的心乃是一种干燥的光”。

占据；他排拒未为一般所相信的事物，[①]由于要顺从流俗的意见。总之，情绪是有着无数的而且有时觉察不到的途径来沾染理解力的。

五〇

人类理解力的最大障碍和扰乱却还是来自感官的迟钝性、不称职以及欺骗性；这表现在那打动感官的事物竟能压倒那不直接打动感官的事物，纵然后者是更为重要。由于这样，所以思考一般总是随视觉所止而告停止，竟至对看不见的事物就很少有所观察或完全无所观察。由于这样，可触物体中所包含的元精的全部动作就隐蔽在那里而为人们所不察。由于这样，较粗质体的分子[②]中的一切较隐微的结构变化（普通称为变化，实际则是通过一些极小空间的位置移动）也就同样为人所不察。可是恰是上述这两种事物，人们如不把它们搜到并揭示出来，则在自然当中，就着产生事功这一点来说，便不能有什么巨大成就。同是由于这样，还有普通空气以及稀于空气的一切物体（那是很多的）的根本性质亦是人们所几乎不知的。感官本身就是一种虚弱而多误的东西；那些放大或加锐感官的工具也不能多所施为；一种比较真正的对自然的解释只有靠恰当而适用的事例和实验才能做到，因为在那里，感官

① 拉丁本原文是 paradoxa，应据以改译为“他排拒似非而是的事物”。——译者

② 弗勒指出，培根在物质的最后构成的问题上似乎采取了在某些方面与德谟克利塔斯（Democritus）的原子论相同的学说；这就是说，他认为一切物质的东西都是若干极小的分子在一定的排列之下所组成。他与德谟克利塔斯不同之处则在：他否认存在虚空的假设；他亦不承认物质是不可变的。参看二卷八条。——译者

的裁断只触及实验，而实验则是触及自然中的要点和事物本身的。

五一[①]

人类理解力依其本性倾向于作些抽象而赋予流逝的事物以一种本体和实在。但是，把自然化成一些抽象实不如把自然析为若干分子为合于我们的目的，如比其他学派探入自然较深的德谟克利塔斯[②]学派就曾是这样做的。我们所应注意的对象，与其是法式，不如是物质，不如是物质的结构和结构的变化，不如是单纯的活动，[③]不如是活动或运动的法则；因为法式只是人心的虚构，[④]除非你管活动的那些法则叫作法式。

① 本条为二卷二至七各条对隐秘过程和隐秘结构的论述准备了张本。——译者

② 古希腊哲学家，唯物论者（公元前四六〇年生）；最著名的学说为原子论。与一卷五七条合看，可看到培根对这个学派的全面评价，从而理会培根自己研究自然的态度。——译者

③ 拉丁本原文为 actus purus，英文本在这里译为 simple action，在一卷七五条又译为 pure act，我统一地译作“单纯活动”。克钦注释说，所谓单纯活动，是指一物体在自身之内由自身所作的活动或进展，如植物的生长就是。——译者

④ 培根之使用法式（form）一词，他自己在二卷二条中说，“是因为它沿用已久成为熟习之故”，在二卷一七条中又警诫人们，“不要把我所说的话应用到他们的思辨迄今所想惯的那种法式上去”。于是同一“法式”之名，在培根用来就有两种迥不相同的意义：有时就是所谓“沿用已久”，“人们所想惯”的那种“法式”（而这又是培根所要否定的），有时则是他自己所讲的具有特定意义的“法式”。他在这里以及在别处所否定的，诚如弗勒所指出，是像柏拉图所讲的 idea（理念，或译理型）那种东西，即“那种在物质上不是全无界定就是界定不当的抽象法式和理念”（见二卷一七条）；他更反对“法式产生存在”的意见，认为那是人心本身的一个错误（见二卷二条）。至于培根自己所讲的法式（在哲学术语上称为“培根式的法式”），用他自己的话来说，则是“绝对现实的法则和规定性”，是物质中的单纯性质和单纯活动的法则，是“事物的真正区别性”，是“真正的种属区别性”。参看一卷六六、七五、一二四，二卷一至二〇各条，特别是二卷一七条。——译者

五二

综上所述，我所称为族类假象的假象就是这些样子。它们或则起于人类元精本质的齐一性，①或则起于它的成见性，或则起于它的狭窄性，或则起于它的不知罢休的运动，或则起于情感的注入，或则起于感官的不称职，或则起于感受的样式。

五三

洞穴假象起于各个人的心的或身的独特组织；也起于教育、习惯和偶然的事情。属于这一类的假象，数目是很大的，花样是很多的；我将仅举那搅浑理解力最甚和最须指出加以警惕的几条为例。

五四

有些人留恋于某种特定科学和思索，这或则由于他们幻想自己就此成为有关的著作家和发明家，或则由于他们曾在那些东西上面下过最大的苦功，因而对它们有了极深的习惯。这类人若再从事于哲学和属于普遍性质的思索，则会在服从自己原有的幻想之下把这些东西加以歪曲和色染。在亚里士多德那里就特别可以看到这种情况，他把他的自然哲学做成只是他的逻辑的奴隶，从而

① 上文第四五条指出"人类理解力依其本性容易倾向于把世界中的秩序性和规则性设想得比所见到的多一些"，这里进一步说明这种本性的根源是在人类元精本质的齐一性。培根在"Advancement of Learning"一书中说过："由于人的元精具有平匀和划一的本质，所以往往就自然中设想出并杜撰出较实际为大的平匀性和划一性"，这话可资参证。——译者

把它弄成富于争辩而近于无用。[①] 又有一帮化学家从火炉中的少量实验就建立起一个异想天开的哲学,仅以少数参考事物为骨架;[②]又如吉尔伯忒,他也是在十分辛勤地致力于磁石的研究之后一下子就进而建造了一个合于自己所心爱的题目的整个学说体系。[③]

五五

涉及哲学和科学方面,不同的人心之间有着一个主要的也可说是根本的区别,这就是:有的心较强于和较适于察见事物的相异之点,有的心则较强于和较适于察见事物的相似之点。大凡沉稳的和锐利的心能够固定其思辨而贯注和紧钉在一些最精微的区别上面;而高昂的和散远的心则善能见到最精纯的和最普通的相似之点,并把它们合拢在一起。但这两种心都容易因过度而发生错误:一则求异而急切间误攫等差,一则求似而急切间徒捉空影。

① 关于培根对亚里士多德的意见,参看一卷六三,六七条以及一卷一一至一四关于批评旧逻辑的各条。——译者

② 参看一卷六四、七〇条。——译者

③ 吉尔伯忒(William Gilbert of Colchester),英国伊丽莎白女王和詹姆士一世的御医,著有《磁论》(*De Magnete*)一书(一六〇〇年出版)。克钦引海兰姆(Hallam)的话说,吉尔伯忒的《磁论》"集合别人关于这个题目的所有的知识,而他同时就成了英国实验哲学之祖"(见海兰姆所著《欧洲文学史》第二卷第二部第七章第二一节)。

培根在本书中许多地方(一卷六四、七〇,二卷三五诸条)讲到他,总是指责他所用方法的狭隘性。英译本原注就此评论说,实则"他的《磁论》一书经得起科学的考验,比培根自己的多数科学揣想还强得多"。克钦亦指出,吉尔伯忒是考伯尼(Copernicus)体系的坚强支持者,还远远走在培根之前。克钦说,"他的错误(假如可以算是错误的话)乃在过多地自缚在磁力这一个题目上,而又倾向于期待从这里得到过大的结果"。克钦又提到,伽利略在其第三篇对话中讨论到吉尔伯忒的体系时,亦是带有很大敬意的。他还指出,培根在"De Augmentis Scientiarum"一书第三卷中却亦承认了吉尔伯忒应得的赞扬。——译者

五六

还可看到，有的心极端地崇古，有的心则如饥如渴地爱新；求其秉性有当，允执厥中，既不吹求古人之所制定，也不鄙薄近人之所倡导，那是很少的了。这种情形是要转为有大害于科学和哲学的；因为，这种对于古和新的矫情实是一种党人的情调，算不得什么判断；并且真理也不能求之于什么年代的降福——那是不经久的东西，而只能求之于自然和经验的光亮——这才是永恒的。[①]因此，我们必须誓绝这些党争，必须小心勿让智力为它们所促而贸然有所赞同。

五七

专就自然和物体的单纯法去思索自然和物体，这会使理解力破碎和散乱；专就其组合与结构去思索，则又会压垮理解力而使之融解。这种分别在刘开帕斯(Leucippus)[②]和德谟克利塔斯学派与其他哲学相比之中就可看得清楚。那一学派是如此之忙于分子，以致很少注意到结构；其他学派则迷失于赞叹结构，以致没有钻到自然的单纯的东西。因此，这两种思辨应当交替见用，俾使理解力既能深入又能概括，俾使上述那些不利之点以及由之而来的一些假象得以避免。

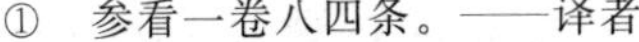

① 参看一卷八四条。——译者

② 古希腊哲学家(公元前约四五〇年生)，阿勃德拉学派(schoof of Abdera)的创始人，首创原子论；德谟克利塔斯则是这学说的主要阐发者。——译者

五八

综上所述,洞穴假象大部分生于几种情况:或则先有一个心爱的题目占着优势,或则在进行比较或区分时有着过度的趋势,或则对于特定的年代有所偏爱,或则所思辨的对象有偏广偏细之病。这些就是我们为要摒绝和剔除洞穴假象而应在思想上有所准备和加以警戒的。概括地说来,凡从事于自然研究的人都请把这样一句话当作一条规则:——凡是你心所占所注而特感满意者就该予以怀疑,在处理这样问题时就该特加小心来保持理解力的平匀和清醒。

五九

市场假象是四类假象当中最麻烦的一个。它们是通过文字和名称的联盟而爬入理解力之中的。人们相信自己的理性管制着文字,但同样真实的是文字亦起反作用于理解力;而正是这一点就使得哲学和科学成为诡辩性的和毫不活跃的。且说文字,它一般地既是照着流俗的能力而构制和应用的,所以它所遵循的区分线也总是那对流俗理解力最为浅显的。而每当一种具有较大敏锐性或观察较为认真的理解力要来改动那些界线以合于自然的真正的区划时,文字就拦在路中来抗拒这种改变。因此我们常见学者们的崇高而正式的讨论往往以争辩文字和名称而告结束;按照数学家们的习惯和智慧,从这些东西来开始讨论本是更为慎重的,所以就要用定义的办法把它们纳入秩序。可是在处理自然的和物质的事物时,即有定义也医治不了这个毛病;因为定义本身也是文字所组成，而那些文字又生出别的文字。这就仍有必要回到个别的事例上来，回到那些成系列有秩序的事例上来。关于这一点，等我讨论到形成概念和原理的方法与方案时，我立刻就会谈到。

六〇

文字所加于理解力的假象有两种。有些是实际并不存在的事物的名称（正如由于观察不足就把一些事物置而不名一样，由于荒诞的假想也会产生一些“有其名而无其实”的名称出来）；有些虽是存在着的事物的名称，但却是含义混乱，定义不当，又是急率而不合规则地从实在方面抽得的。属于前一种的有“幸运”、“元始推动者”①、“行星的轨圈”②、“火之元素”③以及导源于虚妄学说的其他类似的虚构。这一种的假象是比较容易驱除的，因为要排掉它们，只须坚定地拒绝那些学说并把它们报废就成了。

至于后一种，即由错误和拙劣的抽象而发生的那一种，则是错综纠结，并且扎根很深。请以“潮湿的”这样一个词为例，试看它所指称的几个事物彼此间有多少一致之处，就会看到“潮湿的”一词乃只是这样一个符号，被人们松散地和混乱地使用着，来指称一大

---

① 克钦引《新工具说明》中的解释说：徒勒梅（Claudius Ptolemy）的天文学体系设想，有一个至大无外的圈子或空球，把一切圈子也即行星和恒星的各个轨圈都包收在内，它自己带动着所有这些圈子每二十四小时绕行地球一周；它就叫作“原始推动者”。——译者

② 克钦注释说：据设想，这些轨圈乃是实在的晶样的圈子，众星都安置在里边；在行星的那些圈子外边还有一个圈子，所有的恒星都系在上面，弥尔顿（John Milton）有诗道：“那些恒星，固定在它们那飞行的轨圈中”。见《失乐园》第五卷一七六行。——译者

③ 参看一卷四五条和注。——译者

堆无法归结到任何一个恒常意义的活动。它可以指称一种容易把自己散布于任何其他物体周围的东西；也可以指称一种本身不定而且不能凝固的东西；也可以指称一种易向各方缩退的东西；也可以指称一种容易把自己分开和抛散的东西；又可以指称一种容易把自己联结和集合起来的东西；它还可以指称一种易于流动并易被开动的东西；还可以指称一种易于贴附他物而把它浸湿的东西；也还可以指称一种易于做成液体或本系固体而易于溶化的东西。这样，当你来使用这个词的时候，如用这一个意义，则火焰可以说是潮湿的；如用另一个意义，则空气可以说不是潮湿的；如再换用一个意义，则微尘可以说是潮湿的；如另换用一个意义，则玻璃亦可说是潮湿的。在这里，我们就很容易看出，原来这个概念只是从水和一般普通液体抽象而得，并未经过什么适当验证的。

不过文字中的歪曲性和错误性是有若干不同程度的。错误最少的一类之一是些实体的名称，特别是那最低一种的并经很好地演绎而得的名称（如“白垩”和“泥”这概念就是妥当的，“地”这概念就是不妥当的）；错误较多的一类是关于活动的字眼，例如“生成”、“坏灭”、“改变”等等；至于错误最甚的则是关于属性（作为感官的直接对象的属性除外）的字眼，如“重”、“轻”、“稀”、“浓”之类。不过在所有这些情形当中，总有一些概念必然比另一些概念略好一点，这个差别是与人类感官所接触事物的丰富程度的不同成比例的。

六一

剧场假象不是固有的，也不是隐秘地渗入理解力之中，而是由各种哲学体系的“剧本”和走入岔道的论证规律所公然印入人心而为人心接受进去的。若企图在这事情上进行辩驳，那是与我以前说过的话相违了——我曾说过：我和他们之间既在原则上和论证上都无一致之处，那就没有辩论之余地[1]。而这样却也很好，因为这样便不致对古人的荣誉有所触动。古人们并未遭受任何样的贬抑，因为他们和我之间的问题乃仅是取径的问题。常言说得好，在正路上行走的跛子会越过那跑在错路上的快腿。不但如此，一个人在错路上跑时，愈是活跃，愈是迅捷，就迷失得愈远。

我所建议的关于科学发现的途程，殊少有赖于智慧的锐度和强度，却倒是把一切智慧和理解力都置于几乎同一水平上的。譬如要画一条直线或一个正圆形，若是只用自己的手去做，那就大有赖于手的坚稳和熟练，而如果借助于尺和规去做，则手的关系就很小或甚至没有了；关于我的计划，情形也正是这样[2]。但是，虽说针对某种特定对象的驳斥实属无益，关于那些哲学体系的宗派和大系我却仍须有所论列；[3]我亦要论到那足以表明它们是不健全的某些表面迹象；[4]最后我还要论列所以发生这样重大的立言失当和所以发生这样持久而普遍一致的错误的一些原因。[5] 这样，可使对于真理的接近较少困难，并可使人类理解力会比较甘愿地去涤洗自身和驱除假象。[6]

① 参看一卷三五条。——译者

② 参看一卷一二二条。——译者

③ 见一卷六二至六五条。——译者

④ 见一卷七一至七七条。——译者

⑤ 见一卷七八至九二条。——译者

⑥ 参看一卷七〇条末尾。——译者

六二

剧场假象,或学说体系的假象,是很多的,而且是能够抑或者将要更多起来的。迄今多少年代以来,若不是人心久忙于宗教和神学;若不是政府,特别是君主政府,一向在反对这种新异的东西,甚至连仅仅是思考的东西也反对,以致在这方面辛苦从事的人们都有命运上的危险和损害,不仅得不到报酬,甚至还遭受鄙视和嫉视;——若不是有这些情形,那么无疑早就会生出许多其他哲学宗派,有如各家争鸣灿烂一时的古代希腊一样。正如在天体的现象方面人们可以构出许多假设,同样(并且更甚)在哲学的现象方面当然亦会有多种多样的教条被建立起来。在这个哲学剧场的戏文中,你会看到和在诗人剧场所见到的同样情况,就是,为舞台演出而编制的故事要比历史上的真实故事更为紧凑、更为雅致,和更为合于人们所愿有的样子。

一般说来,人们在为哲学采取材料时,不是从少数事物中取得很多,就是从多数事物中取得很少;这样,无论从哪一方面说,哲学总是建筑在一个过于狭窄的实验史和自然史的基础上,而以过于微少的实例为权威来做出断定。唯理派的哲学家们只从经验中攫取多种多样的普通事例,既未适当地加以核实,又不认真地加以考量,就一任智慧的沉思和激动来办理一切其余的事情。

另有一类哲学家,在辛勤地和仔细地对于少数实验下了苦功之后,便由那里大胆冒进去抽引和构造出各种体系,而硬把一切其他事实扭成怪状来合于那些体系。

还有第三类的哲学家,出于信仰和敬神之心,把自己的哲学与神学和传说糅合起来；其中有些人的虚妄竟歪邪到这种地步以致要在精灵神怪当中去寻找科学的起源。

这样看来，诸种错误的这株母树，即这个错误的哲学，可以分为三种：就是诡辩的、经验的和迷信的。

六三

第一类中最显著的例子要推亚里士多德。他以他的逻辑[①]败坏了自然哲学：他以各种范畴范铸出世界；他用二级概念的字眼强对人类心灵这最高贵的实体赋予一个属类；[②]他以现实对潜能的严峻区分来代行浓化和稀化二者的任务（就是去做成物体体积较大或较小，也即占据空间较多或较少）；[③]他断言单个物体各有其

① 拉丁本原文为 dialectica。——译者

② 克钦指出，这或许是指亚里士多德在“De Anima”一书第二卷第一章第七和第十一节中对心灵所下的定义而言。按：那个定义是说，“心灵乃是自然有机物体中的潜在心灵的现实化”；这样一来，就把心灵分为现实的和潜在的两个属类，亦就是对心灵多赋予了后者一个属类。而所谓“现实”和“潜在”则是二级概念的字眼。按经院派的逻辑的术语说，凡关于具体事物的性质、类别以及具体事物与具体事物之间的关系的概念，叫作初级概念（first intention）；凡关于初级概念的性质、类别以及初级概念与初级概念之间的关系的概念，则叫作二级概念（second intention）——例如“现实”对“潜在”就正是指称这类关系的字眼。——译者

③ 弗勒指出，这似乎是指亚里士多德在《Physica》一书第四卷第五章中的一种说法而言。按：爱欧尼亚学派的安那克西曼尼斯（Anaximenes）曾首先提出浓化与稀化来说明某些元素的相互转化，例如水是浓化了的空气，空气是稀化了的水。亚里士多德有见于此，认为二者是互为潜能与现实，于是就把浓化和稀化这两个性质转为现实对潜能这一对概念。培根对这一点的指责似乎是说：浓化和稀化是物质的性质，有着自己的任务，就是去做成物体体积较大或较小，亦即占据空间较多或较少，这些正是自然哲学所应观察和研究的；而在亚里士多德的物理学中却把它们化为逻辑的字眼，这是亚里士多德以他的逻辑败坏自然哲学的又一点。——译者

独特的和固有的运动，而如果它们参加在什么别的运动之中，则必是由于一个外因；此外他还把无数其他武断的限制强加于事物的性质。总之，他之急切于就文字来对问题提供答案并肯定一些正面的东西，实远过于他对事物的内在真理的注意；这是他的哲学的一个缺点，和希腊人当中其他著名的体系一比就最看得明白。如安那撒格拉斯(Anaxagoras)的同质分子遍在说、①刘开帕斯和德谟克利塔斯的原子说、②帕米尼底斯(Parmenides)的天地说、③安庇多克里斯(Empedocles)的爱憎说，④以及赫拉克利泰所主张的

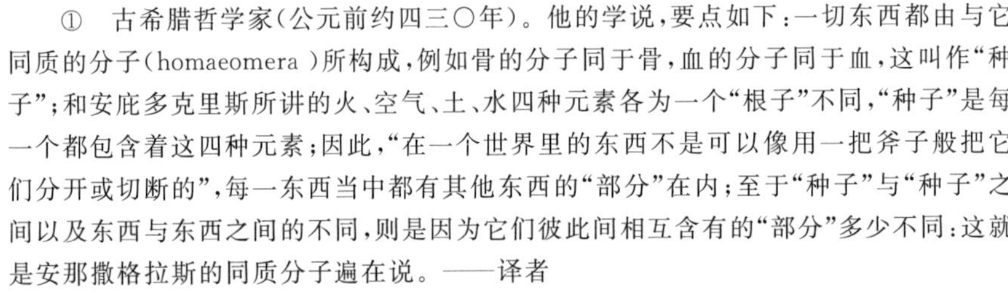

① 古希腊哲学家(公元前约四三〇年)。他的学说，要点如下：一切东西都由与它同质的分子(homaeomera)所构成，例如骨的分子同于骨，血的分子同于血，这叫作“种子”；和安庇多克里斯所讲的火、空气、土、水四种元素各为一个“根子”不同，“种子”是每一个都包含着这四种元素；因此，“在一个世界里的东西不是可以像用一把斧子般把它们分开或切断的”，每一东西当中都有其他东西的“部分”在内；至于“种子”与“种子”之间以及东西与东西之间的不同，则是因为它们彼此间相互含有的“部分”多少不同：这就是安那撒格拉斯的同质分子遍在说。——译者

② 关于这两位哲学家，已见一卷五一、五七两条的脚注。他们的原子论要点如下：一切物体都由一些小到知觉不到的、不可分的、坚固不变的分子即原子所构成；这些原子在质上没有差别，差别只在形状、方位和排列，在这些方面的千差万别的花样就形成物体的千差万别的属性；这些原子，通过虚空，游荡于无限的空间之中，一切东西之生成乃是它们运动和偶然凑拢的结果。——译者

③ 古希腊哲学家(公元前第六世纪至第五世纪)，伊里阿学派领袖。亚里士多德在“Metaphysica”一书第一卷第五章曾有如下的叙述：帕米尼底斯既然宣称除存在外别无不存在的东西存在，所以他就认为存在必然为一，而别无其他东西存在；可是他又被迫随循眼见的事实，假认在法式上为一的东西在我们感觉上则多于一，于是他就举出两个原因亦即两个原理，那就是热和冷，亦即火和土；并把前者列于存在，把后者列于不存在。培根所说帕米尼底斯的天地说(coelum et terra)，或许是据此而言。——译者

④ 古希腊哲学家(公元前约四九〇年至四三〇年)。他提出土、水、空气和火为四大元素的学说，认为一切东西都由这四者混合而成；而爱和憎则为运动的原因，从而亦为这些元素所以混合的原因。——译者

物体皆可融解为无所差别的火质而复重铸为各种固体的学说[①]等等，——他们都有些自然哲学家的意味，都有些属于事物性质、属于经验和属于物体的味道；而在亚里士多德的物理学中，则除逻辑的字眼之外便几乎别无所闻；而这些字眼，他在他的形而上学当中，在这一更庄严的名称之下，以居然较像一个实在论者而不大像一个唯名论者的姿态，还又把它们玩弄了一番。在他的关于动物的著作[②]和问题集以及其他论著当中，诚然常常涉及实验，但这事实亦不值得我们予以任何高估。因为他是先行达到他的结论的；他并不是照他所应做的那样，为要构建他的论断和原理而先就商于经验；而是首先依照自己的意愿规定了问题，然后再诉诸经验，却又把经验弯折得合于他的同意票，像牵一个俘虏那样牵着它游行。这样说来，在这一条罪状上，他甚至是比他的近代追随者——经院学者们——之根本抛弃经验还要犯罪更大的。

六四

经验派哲学所产生的教条却比诡辩派或唯理派还要畸形怪状。因为它的基础不是得自普通概念之光亮（这种光亮虽然微弱和浮浅，却不论怎样是普遍的，并且这种概念的形成是参照到许多事物的），而只是得自少数实验之狭暗。因此这样一种哲学，在那些日日忙于这些实验而其想象力又被它们所沾染的人们看来是可

① 见一卷四二条脚注。——译者

② 在生物学方面，亚里士多德有“Historia Animalium”、“De Partibus Animalium”、“De Motu et De Incessu Animalium”、“De Generatione Animalium”等著作。——译者

然的，并且只能是准确的；而在一切其他的人看来则是虚妄的和不可信的。关于这方面，在炼金家及其教条当中有着显而易见的例子，虽然在这些时候除在吉尔伯忒[①]的哲学当中再难在别处找到这种例子了。对于这一类的哲学，有一点警告是不可少的：我已先见到，假如人们果真为我的忠告所动，竟认真地投身于实验而与诡辩的学说宣告永别，但随即跟着理解力的不成熟的躁进而跳跃或飞翔到普遍的东西和事物的原则，那么这类哲学所孕的莫大危险是很可顾虑的。对于这个毛病，我们甚至在此刻就该准备来防止它。

六五

迷信以及神学之糅入哲学，[②]这对哲学的败坏作用则远更广泛，而且有着最大的危害，不论对于整个体系或者对于体系的各个部分都是一样。因为人类理解力之易为想象的势力所侵袭正不亚于其易为普通概念的势力所侵袭。那类好争的、诡辩的哲学是用陷阱来困缚理解力；而这类哲学，由于它是幻想的、浮夸的和半诗意的，则是多以谄媚来把理解力引入迷途。因为人在理解方面固有野心，而在意志方面的野心也复不弱，特别在意气昂扬的人更是如此。

① 参看一卷五四条和脚注。——译者

② 参看一卷八九条。——译者

关于这类哲学，在古希腊人当中有两个例子：毕达哥拉斯(Pythagoras)[①]是一个刺眼的例子，他是把他的哲学和一种较粗糙的、较笨重的迷信联结在一起；另一个是柏拉图(Plato)及其学派，[②]则是更为危险和较为隐微的。在其他哲学的部分当中，同样也表现出这个情形，如人们引进了抽象的法式，引进了目的性原因和第一性原因，而在最多数情节上却删除了中间性原因，以及类此的情况。在这一点上，我们应当加以最大的警惕。因为要尊奉错误为神明，那是最大不过的祸患；而虚妄之易成为崇敬的对象，却正是理解力的感疫性的一个弱点。而且现代一些人们[③]正以极度

① 古希腊哲学家(公元前约五七二年至四九七年)；曾在意大利南部克鲁顿(Kroton)地方聚徒结社，既是宗教团体，又是学术宗派，称为“毕达哥拉斯之徒”(Pythagoreans)，大盛于公元前第六世纪后五十年，至第四世纪末叶渐熄。

培根指责他以迷信或宗教糅入哲学，又称他为神秘主义者(见一卷七一条)，他把宗教上的洁净观念引入生活和学术：除奉行某些食戒和某些仪式外，并认定以药物洁净肉体，以音乐洁净灵魂。他主张轮回说或再生说。他的数理哲学亦带有神秘主义：认为奇数与偶数的对立同于法式与质料的对立，认为“一”同于理性，“二”同于灵魂。——译者

② 古希腊哲学家(公元前四二八(七)至三四八(七)年)，雅典(Athens)人；二十岁从学于苏格拉底(Socrates)；三十出游，学到苏格拉底以前一些学派的哲学知识；四十返雅典，创立学园(Academy)，聚徒讲学，亚里士多德即其弟子之一。

培根指责柏拉图的哲学有迷信和宗教成分，具体地说，是指他的忆往说(doctrine of Reminiscence，见《Meno》和《Phaedo》两篇对话)；但主要的是一般地指他的绝对理念说(doctrine of absolute Ideas)。培根还说过，柏拉图以自然神学败坏了自然哲学(见一卷九六条)，这话可资参证。

至公元第三世纪，新柏拉图主义更发展了柏拉图思想的神秘的一面。——译者

③ 克钦指出，这或许是指弗洛德(Robert Fludd，一五七四至一六三七年，医生和通神学者)而言；他著有《摩西哲学》一书，就是根据《创世记》头几章建立起一个物理学概略。还有赫钦逊(John Hutchinson，一六七四年至一七三七年，一个神学狂热者，著有《关于宗教的一些思想》一书，从圣经引绎出一切宗教和哲学)，亦属这一流人物。——译者

的轻浮而深溺于这种虚妄，竟至企图从《创世记》第一章上，从《约伯记》上，以及从圣书的其他部分上建立一个自然哲学的体系，这乃是“在活人中找死人”。[①] 正是这一点也使得对于这种体系的禁止和压制成为更加重要，因为从这种不健康的人神糅合中，不仅会产生荒诞的哲学，而且还要产生邪门的宗教。因此，我们要平心静气，仅把那属于信仰的东西交给信仰，那才是很恰当的。[②]

六六

以上略论或是建立在普通概念上，或是建立在少数实验上，或是建立在迷信上的各种体系的一些为害不浅的权威，就讲到这里。余下要讲的还有思辨的错误题材，特别是自然哲学中的错误题材。人类理解力有见于在机械性方术当中物体变化主要在于拼合或分离，为这一观感所沾染，就进而想象事物的普遍性质中亦有类似情形。元素的构想以及元素会合乃成自然物体的构想，就是由这个根源而来的。再者，人们既思想自然是自由地动作，同时又遇见各类事物的不同种属，动物有若干种，植物有若干种，矿物有若干种；由此他们就很便当地过渡到一种想法，认为自然中原有某些始基法式是自然意欲加以推演的，而其余的花样则是出于自然在实现其工作的过程中受阻出轨，或是出于不同种属的相互冲突和相互

① 此成语出自《路加福音》第二四章第五节。培根在“De Augmentis Scientiarum”一书第九卷中曾再次引用。（按：照上文读来，似乎应说是“在死人中找活人”才对。——译者）

② 克钦指出，这是暗指《马太福音》第二二章第二一节。弗勒提示说：“我们必须记住，这种情操，在我们今天已经成为老生常谈，在培根的时代却是新奇的，几乎讲不通的。”——译者

串种。由于前一个揣想，我们就有所谓元素性的始基属性；[①]由于后一个揣想，我们就有所谓隐秘本性[②]和种属性德；而二者实都属于思想的空洞纲目，心灵于此获得休歇，也因此而舍其较坚实的事业。医生们致力于物质的二级属性，即致力于吸力、拒力、稀化、浓化、扩张、收敛、消散、成熟以及其他类似的动作，这是较为合于目的的；若不是有上述两点纲目（即元素性属性和种属性德）把他们的正确观察败坏在这些别的事情上——即不是把这些二级属性归结到始基属性及其隐微而无从较量的混合物，就是不去用更深和更辛勤的观察来把它们推展到三级、四级的属性，而使这种钻研在中途夭折下来——则他们早就做出更大得多的进步了。并且上述这一类的力量（我不说相同的，而说相似的）还不应仅在有关人体的医药方面来寻求，在一切其他物体的变化方面也是应当去寻求的。

但远远更大的一个毛病还在于：他们所取作思辨对象和探究对象的乃是事物"所从以"产生的一些静的原理，而不是事物"所借以"产生的一些动的原理。[③] 前者只归趋于谈论，后者才是归趋于

① 元素性属性（见一卷四五条注）就叫始基属性。物体的一切其他属性，凡由这些始基属性配合和互化而成的，则叫作二级属性。——译者

② 弗勒引牛顿在《光学》第三卷中的一段话说："亚里士多德学派所谓隐秘本性，不是指各种明显的性质，而是说各个物体中隐有一些性质，为产生明显结果的一些不可知的原因。这种隐秘本性的说法阻碍了自然科学的进步，所以近代人把它排斥了。若只告诉我们说，一切事物都有一种隐秘的种属本性，会产生出明显的结果，这等于什么也没有告诉我们。"——译者

③ 弗勒注释说，这个毛病是说人们只注意于质料因而忽略了能生因。——译者

事功的。至于在自然哲学方面已被公认的体系当中所有关于运动的一些流俗的区分，如所谓生成、坏灭、增大、减小、变易和位置移动等，也没有任何价值可言。他们的意思无疑只是这样：一个物体如在其他各方面都无变化而却从它的地位上动了，这就是“位置移动”；它如在地位上没有改变，在本质方面也没有改变，而却在属性中有所改变，这就是“变易”；一个物体如果由于有所改变而体积和容量不同于前了，这就是“增大”或“减小”；它如果改变到一种程度以致本质和实质都变掉而转为另一个东西，这就是“生成”和“坏灭”。所有这些都只是通俗之说，丝毫没有深入到自然里面，因为它们都只是运动的度量和界限，而不是运动的种类。他们所示及的乃是“到何程度”，而不是“用何方法”或“从何根源”。因为他们没有提示到任何关于物体的欲求和关于物体各分子的发展的东西；他们只是当运动已使事物在感官面前呈现为显然大异于前时，才开始标志其区分。[①] 即当他们愿就运动的原因有所提示并据以树立一种区划时，他们却又以极度的疏忽只提出了自然运动与强力运动之分；[②]这区分实乃完全出自流俗概念，因为一切强力的运动事实上也是自然的，外来的能生力量只不过是促使自然动作异于故常罢了。但是，抛开这一切不谈，如果有人观察到（举例说吧）物体中有一种欲求要相互贴靠，俾自然的统一体不致大有间离和

① 克钦指出，培根在这里所非难的正是亚里士多德在《Categories》一书中所举的六种运动。——译者

② 关于这一点，参看二卷四八条中所论第三种运动即自由运动，那里有进一步的说明。——译者

断裂而造成一个虚空；如果又有人说物体中有一种欲求要保持其自然的体积或张度，所以每当遭到向里压缩或向外扩展的时候就立刻起而奋斗以图恢复其自己，并重复回到原来的容量和广袤；或者如果再有人说物体中还有一种欲求要趋聚于性质相类的块体，例如浓厚的物体趋聚于地的球面，稀薄的物体则趋聚于天的圆周；——那么，所有这些和类似的运动才真正是属于物理一类的运动；[①]而另外的那些则完全是逻辑的和烦琐哲学的东西，这从这一比照当中也可以看得十分明白了。

此外还有一个并非较小的毛病，就是：在他们的哲学和思辨当中，他们的劳力都费在对事物的第一性原则和对自然中具有最高普遍性的一些东西的查究和处理；而其工作的效用和方法都是完全出自中间性的事物。由于这样，所以人们一方面则要对自然进行抽象，不达到那潜而不现、赋形缺如的物质不止；另一方面则要把自然剖解到直抵原子方休。而这两个东西又怎样呢？它们即使是真的，也不能对人类福利有多少作用。

六七

那些哲学体系还有一种任性无度的情形表现在给予同意或拒予同意，这亦是应当对理解力提出警告的；因为这种任性无度，由于它阻塞了通抵假象而加以剔除的道路，似乎多多少少助使假象确立起来并长存下去。

---

① 参看二卷四八条，培根自己在那里举出了十九种真正属于物理一类的运动。——译者

这种逾度的情况有两种：第一种表现在这样一派人，他们轻于有所决定，因而使各种科学都成为武断的和钦定的；另一种表现在另一派人，他们否认我们能够了解什么东西，从而倡导了一种漫无所向也终无所达的探究。在这两种之中，前者压制了理解力，后者削弱了理解力。[①] 亚里士多德的哲学，在以敌意的痛驳毁灭了一切其余的哲学（如阿图曼诸王对待其弟兄那样）之后，就在所有各点上都立下了法则；这样做了以后，他又进而个人抬出一些自己所提示的新问题，而又同样地予以解决。这样做来，就再没有什么东西不是确定的，不是已经决定的了。这种做法至今还拿把着他的继承者并在他们当中使用着。

另一方面，柏拉图学派却倡导了不可解论。[②] 这派最初是讥嘲和鄙视那些较老的诡辩家们，如蒲鲁台高拉斯（Protagoras）、[③]喜庇亚斯（Hippias）[④]和其余等人，认为他们最可耻不过之处乃在于对任何事物都抱怀疑。但新学园派却正以此做成一个教条，并当作一种主义来加以主张。[⑤] 虽然他们说他们绝没有像

---

① 关于这两种学派的划分，序言中一开头就提出了。——译者

② 原文在一卷三七条和这里都使用了 acatalepsia 一字。据克钦指出，培根在“Advancement of Learning”一书中，自己把这字译为 incomprehensibleness。按：培根使用这字，是指这样一种学说：认为自然事物不可理解，特别认为感觉知识不确定又靠不住。柏拉图的理念说就否认感官世界中能有什么确定的东西，能有什么真正的知识，所以培根说他倡导了这个学说。这与后来康德（Kant）所讲的以自在事物根本为人类认识所不能及的“彼岸”那种“不可知论”还有不同，所以试译为“不可解论”。——译者

③ 古希腊诡辩派大师（公元前约四八〇年至四一〇年）；他有一句名言，说“人为万物之尺度”。——译者

④ 古希腊诡辩家之一，以博学多能著称，创有一套记忆术。——译者

⑤ 新学园派发展为怀疑主义和折中主义，大盛于公元前第三、第二两世纪，其主要代表为阿斯西老斯（Arcesilaus）和卡尼底斯（Carneades）。——译者

比罗(Pyrrho)[①]及其皈依者那样破坏任何研究，而倒承认，固然没有一个事物可视为真理来加以主张，却也有些事物可视为可然来加以追求；虽然他们的这种办法比那种强制的论断看来像是比较持平；但是，尽管这样，只要人心一经绝望于寻求真理，那么它对一切事物的关注就会变得较淡；结果是人们就岔到快意的争辩和谈论上去，就像是飘荡于由对象到对象之间，而不去在一条严重审究的途程上坚持前进了。实则，如我在开始就说并一贯力主的，人类的感官和理解力纵然较弱，也不应剥夺掉它们的权威，而应当供给它们以助力。[②]

六八

关于几类假象及其辅翼，概如上述。我们必须以坚定的和严肃的决心把所有这些东西都弃尽摒绝，使理解力得到彻底的解放和涤洗；因为建立在科学之上的人国的大门正和天国的大门无甚两样，那就是说，没有人会走得进去，除非像一个小孩一样。[③]

六九

邪恶的论证可以说是假象的堡垒和防线。我们在逻辑[④]中现

① 古希腊哲学家(公元前约三六五年至二七五年)；彻底的怀疑论者，认为事物的真实性质是不可能知道的，因此对一切事情都只可存疑而不应判断。这样讲来，当然任何研究都被破坏了。——译者

② 参看一二六条。——译者

③ 克钦指出，“非像赤子一样就走不进天国的大门”这句话出自《马太福音》第一八章第三节。——译者

④ 拉丁本原文为 dialectica。——译者

有的论证不外是把世界做成人类思想的奴隶，[①]而人类思想又成为文字的奴隶。[②] 实在说来，论证实际上就是哲学和科学本身。因为论证是怎样，视其树立得是好是坏，随之而来的思辨和哲学体系也就怎样。现在，在从感官和对象到原理和结论的整个过程中，我们所使用的论证都是欺骗性的和不称职的。这个过程包含着四个部分，也就有着同数的错误。第一点，感官的印象本身就是错误的，这是因为感官既不得用，又欺骗我们。不过，感官的缺陷是要予以弥补的，它的欺骗是要加以纠正的。[③] 第二点，从感官的印象来抽取概念，这做得很恶劣，以致概念都是不明确的，都是混乱的，而实则它们应当是明确而有清楚界限的。[④] 第三点，现在的归纳法是无当的，它是以简单的枚举来推断科学的原则，而不是照它所当做的那样使用排除法和性质分解法(或分离法)。[⑤] 最后，第四点，那种用以发现和证明的方法，即首先树起最普遍的原则而后据以考校和证明中间原理的那种方法，实乃一切错误之母，全部科学之祟。[⑥] 关于这些事情，我现在只是略略提及，等到进行了人心的补过和洗涤以后，进而要提出关于解释自然的真正道路的时候，我还要更详细地加以论说。[⑦]

① 参看一卷五四、六三两条。——译者
② 参看一卷四三、五九、六〇诸条。——译者
③ 参看一卷三七、四一、五〇、六七、一二六诸条。——译者
④ 参看一卷一五、一六、六〇诸条。——译者
⑤ 参看一卷一七、一〇五两条。——译者
⑥ 参看一卷一九、一〇四两条。——译者
⑦ 详细论说见一卷一〇〇条至一〇六诸条。——译者

七〇

最好的论证当然就是经验，只要它不逾越实际的实验。因为我们如搬用经验于认为类似的其他情节，除非经由一种正当的、有秩序的过程，便不免是谬误的事。可是现在人们做实验的办法却是盲目的和蠢笨的。[①] 他们是漫步歧出而没有规定的途程，又是仅仅领教于一些偶然自来的事物，因而他们虽是环游甚广，所遇甚多，而进步却少；他们有时是满怀希望，有时又心烦意乱，而永远觉得前面总有点什么东西尚待寻求。就一般情况来看，人们之做试验总是粗心大意，仿佛是在游戏；只把已知的实验略加变化，而一当事物无所反应，就感到烦倦而放弃所图。即使有些人是较为严肃地、诚恳地和辛勤地投身于实验，他们也只是注其劳力于做出某一个实验，如吉尔伯忒之于磁石，化学家之于黄金，都属此例。这种前进的途程实是企图既小，设计也拙的。因为一个事物的性质若仅就那个事物本身去查究，那是不会成功的；我们的探讨必须放大，才能成为更较普通的。[②]

即使人们有时亦图从他们的实验中抽致某种科学或学说，他们却又几乎永是以过度的躁进和违时的急切歪向实践方面。这尚

① 克钦提示说，这里指出人们做实验时常有的四个毛病：一、缺少一种选择定向的方法（这要靠一些享有优先权的事例来救活）；二、用力薄弱，做实验没有足够的多样变化；三、仅仅追求一种实验或一个题目，而忽略一切其他；四、急于得到实践上的应用。——译者

② 参看一卷八八条。——译者

非仅从实践的效用和结果着想，而亦是由于急欲从某种新事功的形迹中使自己获得一种保证，知道值得继续前进；亦是由于他们急欲在世界面前露点头角，从而使人们对他们所从事的业务提高信任。这样，他们就和亚塔兰塔（Atalanta）一样，跑上岔道去拾金苹果，同时就打乱了自己的途程，致使胜利从手中跑掉。[①] 在经验的真正的途程中，在把经验推进至产生新事功的过程中，我们必须以神的智慧和秩序作我们的模范。且看上帝在创世的第一天仅只创造了光，把整整一天的工夫都用于这一工作，并未造出什么物质的实体。同样，我们从各种经验中也应当首先努力发现真正的原因和原理，应当首先追求"光"的实验，而不追求"果"的实验。[②] 因为各种原理如经正确地发现出来和建立起来，便会供给实践以工具，不是一件又一件的，而是累累成堆的，并且后面还带着成行成队的事功。关于经验的一些途径，其被阻与受困一如判断之被阻与受困的一些途径，我在后面还要讲到；[③]这里只是把通常的实验研究作为一种坏的论证来提一下罢了。现在，依照手中问题的顺序，我还须就另外两点有所阐说：一点是前文刚刚提到的迹象（表明现在

① 克钦指出，这个譬喻是培根所喜爱的，见一卷一一七条，在"Advancement of Learning"和"Filum Labyrinthi"两书中亦曾说到。按：这故事是这样的：亚塔兰塔是希腊一位美丽的公主，以捷足著称。凡求婚者，竞走能胜则许嫁，败则死。最后，有名喜普门尼（Hippomenes）者冒险应赛。他怀有爱神供给的金苹果数枚，投之路旁诱她岔出拾取。她第一次拾取后仍能领先；经再三诱扰，终于在竞走进程中落后，遂为求婚者所得。——译者

② 参看一卷九九、一一七、一二一各条。——译者

③ 见一卷八二、八三条，又见一卷九八条至一〇三各条。——译者

通行的思辨和哲学体系是情况恶劣的一些迹象），①另一点是那种初看似觉奇怪难信的情况所以存在的原因。② 指出迹象就能酝酿人们的同意；说明原因则能免除人们的惊奇：这两件事都大有助于从理解力当中根绝假象的工作，使这工作较为容易并较为温和一些。

七一

我们所拥有的科学大部分来自希腊人。罗马的、阿拉伯的或后来的作者们所增加的东西是不多的，也没有多大重要性；而且不论所增加的是什么，也是以希腊人的发现为基础。③ 现在且看，希腊人的智慧乃是论道式的，颇沉溺于争辩；而这恰是和探究真理最相违反的一种智慧。这样看来，诡辩家这一名称，虽为那些愿被认作哲学家的人们轻蔑地抛回而转敬给古代修辞学者高嘉斯(Gorgias)、④蒲鲁台高拉斯、喜庇亚斯和普拉斯(Polus)等人，实也大可适用于这类人全体，包括柏拉图、亚里士多德、齐诺(Zeno)、⑤

① 见下文七一至七七条。——译者

② 见下文七八条至九二条。——译者

③ 弗勒评注说，这种责备是过分了。我们至少可以说，罗马人一定发明了一些机械性方术，才能建造那样大的道路、水渠、桥梁和大剧院等。阿拉伯人则发明了现在使用的数字、代数、蒸馏法；在医药学方面亦有贡献；而化学的研究亦是由他们开始的。——译者

④ 高嘉斯（公元前约四八〇至三七五年），生于西西里(Sicily)，长居雅典；著名的演说家、修辞学家和哲学家，是诡辩派的重要代表之一。——译者

⑤ 古希腊哲学家（公元前三四一年至二七〇年）；创学于雅典，称伊壁鸠鲁学派(Epicurean School)；他认为求乐是人生的自然目的，而心灵方面的愉快远高于物质方面或感官方面的享乐。——译者

伊壁鸠鲁(Epicurus)、[①]笛欧弗拉斯塔斯(Theophrastus)[②]和他们的继承者克里喜伯斯(Chrysippus)、[③]卡尼底斯(Carneades)[④]以及余人在内。这两群人的不同之处仅在:前者是漫游的、图利的,往来于各城市之间,挂出他们的智慧来出售,并且收取价钱;而后者则高自位置,表现尊严,有固定的寓所,开设学校来讲授他们的哲学而不收取报酬。这两种人在其他方面虽不相等,却同是论道式的,同是把事情弄成争辩,同是树立哲学宗派以至异端邪说而为之哄斗;所以他们的学说大部分只是(如戴昂尼夏斯〔Dionysius〕对柏拉图嘲笑得很对的说法)"无聊老人对无知青年的谈话"。[⑤] 但是较早的希腊哲学家们,如安庇多克里斯、安那撒格拉斯、刘开帕斯、德谟克利塔斯、帕米尼底斯、赫拉克利泰、忍诺芬尼斯(Xenophanes)、[⑥]弗罗劳斯(Philolaus)[⑦]以及其余诸人(至

① 古希腊哲学家(公元前约三四〇年至二六五年);创学于斯多阿(Stoa),称斯多阿学派(Stoic School),其说以遵奉理性,苦乐无所动于衷为主。——译者

② 笛欧弗拉斯塔斯(公元前三七〇至二八七年);亚里士多德的大弟子和继承人;著作甚富,以《论人的性格》一篇为最著。——译者

③ 克里喜伯斯(公元前二八〇年至二〇九年);继克林席斯(Cleanthes)之后为斯多阿学派的领袖。——译者

④ 卡尼底斯(公元前约二一五年至一二五年);继阿斯西老斯之后为新学园派的领袖。——译者

⑤ 克钦指出,这里提到的是老戴昂尼夏斯(戴昂尼夏斯父子两个,都是 Syracuse 的暴君);他和柏拉图的会见以及他所说的这句话,见狄欧坚尼莱遏夏斯所著《哲学家传记》第三卷第一八章。——译者

⑥ 古希腊哲学家(公元前约五七〇年至四八〇年)。他考查自然现象,认为凡有生物都有一个根源,植物和动物各有其自然的根源。据称他曾说过这样几句话:"爱休辟亚(Ethiopia)人的神是黑皮肤、扁鼻子;斯瑞斯(Thrace)人的神是好看的、蓝眼睛的;假如牛会绘画,它们的神就会是牛。"——译者

⑦ 毕达哥拉斯学派后期学者之一。——译者

于毕达哥拉斯，我把他当作一个神秘主义者置而不论），[①]以我们所知，则都不曾开设学校；而是较沉默地、较严重地和较单纯地——也就是说，带有较少的虚矫和炫示的意味——投身于对真理的审究。正因如此，所以照我看来他们也是比较成功的；不过他们的事功却在时间进程中被那些有较多东西来投合流俗能力和嗜好的琐屑之辈所掩蔽了：时间有如河水，总是把轻的、虚胀的东西流传给我们而任有分量的东西沉没下去。[②] 但尽管这样，他们也仍未能完全免于他们民族的通病，他们还是过多地倾倒于野心和虚荣，要建立宗派以哗众取宠。而真理的审究如竟歪到这类细事方面去，那就不能不令人绝望了。这里还有一层也不可略而不论，那就是如埃及僧侣给希腊人下的考语，或毋宁说是一种预言，所说："他们永远是孩子，既无知识之古，也无古之知识。"[③]的确，他们真是具有孩子的特征，敏于喋喋多言，不能有所制作；因为他们的智慧是丰足于文字而贫瘠于动作。这样看来，从现行哲学的源头和产地看到的一些迹象是并不好的。

七二[④]

时间和年代的特性也不比国度和民族的特性给出较好的迹象。因为在那个时期，人们无论对于时间或地方都仅有一种狭窄

① 参看一卷六五条和脚注。——译者

② 克钦指出，以轻浮重沉的现象比拟学术真理的存废，是一个荒唐的谬误；而培根似乎颇欢喜这个论据，在一卷七七条中又这样说，在"Advancement of Learning"和"Filum Labyrinthi"两书中亦有此说。——译者

③ 这句话出于柏拉图对话集中"Timaeus"一篇。

④ 参看一卷八四条。——译者

而贫弱的知识，这乃是最坏的一种情况，特别是对于那些把一切寄托于经验的人们。回溯至千年以上，他们就没有配称为历史的历史，而只有一些古代的寓言和传闻。至于说到世界的方域和地区，他们则仅知道一小部分；他们笼统地把一切在北方的人都称为塞西人（Scythians），[①]把一切在西方的人都称为塞尔特人（Celts）；[②]他们对于非洲南至伊西奥庇亚（Aethiopia）以外，对于亚洲东至恒河（Ganges）以外，就一无所知；关于新世界各地，他们所知就更少了，甚至在道听途说中或较有根据的传闻中都不曾听到过；还不止此，世界上有多种气候和地带，有无数民族呼吸生活于其中，这在他们竟称为是不可居的；至于像德谟克利塔斯、柏拉图和毕达哥拉斯诸人的游历，[③]实在不过是一种郊外散步，说不上什么长程旅行，可是在他们却作为壮举来谈说了。另一方面，在我们的时代，新世界的许多部分以及旧世界的各方的界限都是已经知道的了，我们的经验库藏也增加到无限的数量。这样说来，如果我们（像占星家一样）从那些哲学体系的出生年月抽取一些迹象，那对它们是推算不出任何伟大之处的。

① 古时所谓塞西（Scythia）地方，包括欧洲东南部以及亚洲西部迤东这一大片地区；住在这区域里的人有许多种族，统称为塞西人。——译者

② 在史前时代，欧洲西部曾两次为雅利安（Aryan）各族所侵入，现在把这些移民统称为塞尔特人。——译者

③ 克钦注明，德谟克利塔斯曾游历到亚洲大部分，有人说他甚至到过印度和伊西奥庇亚。柏拉图只到过西西里、埃及和塞伦尼（Cyrene）。毕达哥拉斯则到过埃及、亚拉伯、弗尼夏（Phoenicia）、巴比伦，可能还到过印度。——译者

七三

在所有迹象当中，没有比从果实方面看到的迹象更确实或更显赫的了。因为果实和事功可说是哲学真理的保证人和担保品。现在且看，从希腊人的所有那些体系当中，以及从它们所衍出的各别科学当中，过了这么多年，竟指不出一个实验是趋向于救济和嘉惠于人类情况的，也指不出一个实验是真可归功于思考和哲学理论的。塞尔萨斯(Celsus)[①]坦白地和聪明地承认了这一点，他告诉我们说：医学的发现，其实验部分是在先的，此后人们才去对它作哲学的研究，才去追求并赋以各种原因；而不是经由相反的过程，不是由哲学和对于原因的认识引到其实验部分的发现和发展的。[②] 这样看来，在埃及人以神圣的尊荣和礼仪所崇报的那些发明家当中畜类的偶像竟多于人的偶像，这就并无足怪了；这是因为畜类以其自然本能曾做出了很多发现，而人们以其理性的讨论和结论则很少有所发现或完全无所发现。

化学家们的努力诚然亦产生了一些果实，[③]但这乃是偶然产生的，顺路产生的，或是由于像机械学所做的那样把一些实验加以

① 塞尔萨斯是奥古斯塔(Augustus)时代(或者稍晚)的罗马名医。他遵循希波克拉特的方法，观察和注视自然的动作，予以规限而不加以违反。著有《论医》(*De Medicina*)一书，为研究古代医学的宝贵资料。——译者

② 这段话，塞尔萨斯并不是作为他自己的意见来说的；相反，他是在表述医学方面的经验学派所抱持的见解，而这恰是他所反对的。培根在他的著作中有好几处重复了这种引述上的错误。

③ 克钦指出，他们已经发明了酒精、硝酸、硫酸、挥发性碱、火药和其他一些东西；这虽然还不能与近代化学的发明相比，却已是不可轻视的了。——译者

变化而产生的，而不是由任何方术或理论所产生的。因为他们所规划出的理论，与其说是帮助实验，毋宁说是搅乱它们。至于那些从事于他们所谓自然幻术的人们，也只能拿出极少的发现来，而那又是很肤浅和像是骗人的。这样看来，正如在宗教方面我们受到警告要以行为来表示自己的信仰，同样，在哲学方面我们也应当依照相同的规则要以果实来评判学说体系；而假如这体系是不出产果实的，我们就应当宣告它毫无价值，特别是当它不仅不产生葡萄和橄榄等果实反倒带有争执、辩论之荆棘和蒺藜时，我们就更应当作这样的宣告。

七四

我们还要从哲学体系和各种科学的增长与进步这一方面抽取迹象来看。凡建筑在自然上面的东西都会生长和增加；凡建筑在意见上面的东西则只有变化而无增加。因此，那些学说假如不是像一棵植物扯断了根，而是保持紧密连接于自然的胎宫并继续从那里吸到营养，那么就不可能发生如我们现在所看到的两千年来的经过情况，就不可能是：各种科学都停立在原来的地方而几乎原封不动，不仅没有显然可见的增长，而且相反，只在最初创立者手中繁荣一时之后随即衰落下去。且看各种机械性方术，由于它们是建筑在自然上面和经验之光上面的，就有着相反的情况，它们（只要一天保持其通俗性）是一贯在繁荣着和生长着，仿佛其中有一种生命的气息；它们起初很粗糙，然后又便利些，后来又得到润饰，是时时都在进步着的。

七五

还有一个迹象(这与其称作迹象,毋宁说是证据,而且是所有证据中最有力的一个),就是人们现所追随的那些权威人士们的自供。即使那些勇于自信而为一切事物订立法则的人们,当其在比较心沉气静的状态时,也常常抱怨自然之隐微,事物之难知以及人心之疲弱无力。假如他们止于说到这里,那么,固然有些秉性怯弱之辈会被吓倒而不再前进搜求,却亦有些比较热情而富有精神的人们会更激奋起而勇往直前。但他们尚不甘于仅为自己解嘲而已,他们还进而认定,凡在他们自己或者老师的知识所及之外者都是根本在可能界限之外,并且好像是根据着他们方术的权威来宣告那是不可解或不可能做的;这样,他们就最擅断地和最无分际地把自己之无力发现转为对自然本身的诬告,转为对世上余人的绝望。那个尊奉不可解论为主义而判处世人于永久黑暗的新学园派就是由此而来的。那种认定法式[①]或事物的真正区别性(那事实上就是单纯活动的法则)为人力莫及、不能找出的见解也是由此而来的。由此而来的还有关于活动和动作部门的一种见解,认为太阳的热和火的热在种类上大有区别,——唯恐人们会想象到能够借火的动作来演出和形成什么有似自然作品的东西。由此而来的还有一种概念,认为人的工作仅仅是去组合,至于混合工作则非自

① 这里所说的法式是培根式的法式,与一卷五一条所否定的法式完全不是一回事。参看前条和脚注。——译者

然莫属，[①]——这又是唯恐人们会向技术要求什么能够产生和改变自然物体的力量。这样说来，从这个迹象来看，人们大可得到一种警告，不要把自己的前程和劳力混缠于那些不仅令人感到绝望而且自趋于绝望的教条。

七六

另有这样一个迹象，也不应略而不论，这就是：以前在哲学家中间曾存在过这样大的分歧以及这样五花八门的学派，这一事实就充分表明了那由感官到理解力的路径不是画定得很精细，而哲学的共通的基础（即事物的性质）则被割切而碎裂成这样许多含糊而繁复的谬见。这些时，关于第一性原则和整个体系上的意见分歧虽已大部分消灭，但在哲学的一些部分上仍存在着无数问题和争执。由此就可清楚地看出，无论在那些体系本身当中，或是在论证的方式当中，都没有任何准确的或健全的东西。

七七

一般意见认为，关于亚里士多德的哲学无论如何总是有着很大程度的一致同意了。因为在它一经发表之后，旧哲学家们的体系即告衰亡，而其后也没有更好的东西出现；这样，它就像是规建得非常之好以致能收前后两代于扈从之班。对于这种见解，我要

① 这是指该伦而言，他在《De Naturalisbus Facultatibus》一文中曾把自然内在的形成力量与方术外加的动作对立起来。参看一卷四条，培根在那里肯定了他在这里所否定的这同一命题。

有所答复。首先，一般所谓随亚氏著作问世而旧体系即告消亡之说根本就是一个错的观念；事实是此后很久，甚至直到西塞罗(Cicero)时代以及其后若干年，旧哲学家们的著作还是依然无恙的。[①] 只是到了以后，当野蛮人泛滥到罗马帝国使人类学术遭到沉溺之祸的时候，亚里士多德和柏拉图的体系乃像几块较空、较轻的船板漂浮于时间的浪头而独获保存下来。至于说到众皆同意一层，如果我们更明锐地深查一下，则人们也是受了欺蒙的。因为真正的同意乃是各种自由的判断通过恰当的考验而归于一致。而人们对于亚里士多德的哲学的同意却绝大多数是出于先入为主的判断和依于他人的权威；所以这只是一种苟从与附和，而说不上是同意。再说，即使那是一种真正的和广泛的同意，我们也不应把同意当作可靠的和坚固的证实；相反，它事实上只是一种强有力的臆断。而在一切测断当中，尤以在知识问题上(神学除外，政治也除外，因为那里有投票权)[②]而以同意为根据的测断为最坏。因为，如我以前所说，凡能取悦于众的东西只是那打动想象力或以普通概念的锁链来束缚理解力的东西。[③] 因此，我们正可恰当地把弗

① 克钦指证说，不仅培根所喜爱的较早的希腊哲学家们的著作存在无恙，就是斯多阿学派和伊壁鸠鲁学派的著作也存在无恙，还有新柏拉图派的著作亦是这样。——译者

② 培根的意思不是说，在神学问题和政治问题上多数票就一定正确有效；他只是说，从事情的性质来看，在那些问题上，以同意作为论据这一点，比在纯粹学术问题上更有分量。(关于在神学问题上进行投票这一点，克钦指出，培根无疑是指某些教会会议靠参加者投票来对教义问题和纪律问题做出决定这种情况而言，甚至像尼斯会议〔Council of Nice〕就是用多数表决来肯定真正信条以反对阿吕亚斯主义〔Arianism〕的。——译者)

③ 参看一卷二八条。——译者

雄(Phocion)关于道德问题的话语移用于知识问题上来说:人们如果得到群众的赞同和喝彩,就应当立刻检查自己可能已经犯了什么错误。[①] 这样看来,这个迹象可以说是最为不利的一个了。

以上七节所论是从现行哲学和科学的根源、果实、进步、创始人的自供以及一般人对它们的同意等等几点来看它们的迹象,表明它们的真理性和健全情况都不是良好的。[②]

七八

现在要进而说明这些错误所以产生以及它们所以经历这多年代而长久存在的原因;这些原因很多而且都是很有力的。说明了这点,人们就会不再诧异怎么我所提出的这些考虑迄今不曾为人所注意;而唯一诧异的只在它们怎样又在今天终于进入了某个人的头脑而成为其思想的主题;这在我自己说来,我老实地认为只是某些可喜机缘的结果而非由于我的才具有任何优越之处,只是时间的产物而非智慧的产物。[③]

现在且说,第一点原因,所谓那么多的年代,假如认真地称量一下,就收缩到一个很小的范围。在人们的记忆和学术所展延到的二十五个世纪之中,我们好不容易才能拣出六个世纪是丰产科学或利于科学的发展的。因为在时间中和在地域中一样,也有荒

---

① 弗雄是古时雅典的一位将军和政治家,反对雅典的民主制。这里所引述的这句话出于波鲁塔克(Plutarch)所著《伟人列传》中的弗雄传。——译者

② 这几句话在原本(克钦注本)和英译本都是接排在上句之后,并未分节;这样分节,是译者根据文义和结构,为醒目起见,擅自处理的。——译者

③ 参看一卷一二二条。——译者

地和沙漠。算来只有三次学术革命也即三个学术时期是可以正经算数的:第一期是在希腊人,第二期是在罗马人,第三期就在我们也即西欧各民族了;而这三期中的每一期要算有两个世纪都还很勉强。至于介乎这三个时期中间的一些年代,就着科学的繁荣成长这一点来说,那是很不兴旺的。无论阿拉伯人或者经院学者们都提不到话下,他们在这些中间时期,与其说是对科学的分量有所增加,毋宁说是以大堆论文把科学磨损得像一条蹂躏了的道路一样。这样看来,科学进步之所以如此贫弱,首先可以恰当地说是由于过去有利于科学的时间很为有限之故。

七九

第二点,还有一个从各方面呈现出来的重大原因,就是,即使在人类智慧和学术最发达(假如真可算是发达的话)的那些时代里,人们也只以最小部分的苦功用于自然哲学方面。而其实正是这个哲学才应被尊重为科学的伟大的母亲。因为一切方术和一切科学如果被拔离了这个根子,则它们纵然被打磨、被剪裁得合于实用,却是不会生长的。[①] 现在且看,大家都知道,自从基督教取得信仰,力量强大以来,绝大多数的才智之辈都投身于神学去了;最高的报酬都施于这个事业,各种各样的帮助也都极其丰富地提供给这个事业;这种对于神学的专注主要地占据了属于我们西欧人士的那历史的第三阶段或时期;而就在此时文献亦正开始兴盛,宗教的争论也正开始兴起,这就又加强了这种情况。另一方面,说到

① 参看一卷七四条。——译者

此前一个时期，即以罗马人为主体的第二时期，那时哲学家们的思考和劳力主要是使用在和消耗在道德哲学上面（道德哲学之对于异教徒，就如神学之对于我们一样）。并且，在那些时候，最优秀的才智之士又普遍投身于公共事务之中；这是因为罗马帝国的广度需要大量的人去服务。至于再说到希腊时期中自然哲学看来算是最发达的年代，那只不过是短短一瞬的时间；因为在早期，所谓七哲，[①]除泰利斯（Thales）[②]外，都是投身于道德学和政治学的；而在后期，当苏格拉底把哲学从天上拉到地上以后，[③]道德哲学就更空前地流行，从而使人心对自然哲学背离得愈远了。

还不止此，即使在自然研究发达的时期，由于人们的无谓争论和夸炫新意，也使得那个时期本身败坏而无结果。

这样看来，在那三个时期当中，自然哲学在很大程度上不是被人忽视，就是受到阻碍。我们既已看到这点，那么，对于人们之不会在其所不注意的事物上面做出什么进展也就不必感到诧异了。[④]

① 希腊七哲是：（一）梭伦（Solon），他的格言是“认识你自己”；（二）契罗（Chilo），他的格言是“考虑结局”；（三）泰利斯，他的格言是“凡有担保的人就是稳固的人”；（四）毕亚斯（Bias），他的格言是“多数人是坏的”；（五）克留勃拉（Cleobulus），他的格言是“避免极端”；（六）庇塔喀斯（Pittacus），他的格言是“紧捉时机”；（七）勃吕安德（Periander），他的格言是“在勤劳努力面前没有不可能的事”。——译者

② 泰利斯（公元前第六世纪），希腊哲学家，属米勒塔学派（Milesian School）。据说他曾预言到公元前五八五年五月二八日的日食。据亚里士多德称述，他首先提出了宇宙有一种单一的物质元素的设想，并且说那就是水。——译者

③ 克钦指出，这话出于西塞罗所著“Disputationes Tuscalanae”一书第五卷第四章第十节。——译者

④ 这几句话在原本和英译本都未分节；这样分节，是译者擅自处理的。——译者

八〇

此外还须添述一个原因，就是：自然哲学即使在对它注意的人们中间，特别在那后两个时期，也始终不曾拥有一个摆脱一切而全力从事的研究者（除开某个在僧房中从事研究的僧侣或某个在别墅中从事研究的士绅），[①]而一直是被仅仅当作通到其他事物的便道或桥梁来对待的。这样，这个伟大的科学之母就因横来的侮辱而被贬黜到仆役的职务上，只去伺候医学或数学的业务，也只去以一种打底子的染料来浸染幼稚而不成熟的智慧，使它以后更适于接受他种色染。实在讲来，除非把自然哲学贯彻并应用到个别科学上去，又把个别科学再带回到自然哲学上来，那就请人们不必期待在科学当中，特别是在实用的一部分科学当中，会有多大进步。因为缺少了这个，则天文学、光学、音乐学、一些机械性方术以及医学自身——还不止此，人们将更觉诧异的是连道德哲学、政治哲学和逻辑科学也都在内——一并都将缺乏深刻性，而只在事物的表面上和花样上滑溜过去。因为这些个别科学在一经分了工而建立起来之后，已是不再受到自然哲学的营养的了；而其实，自然哲学从它对于运动、光线、声音、物体的结构和装配以及人的情感和理智的知觉等等的真正思辨当中，是应当能够抽获对个别科学灌注新鲜力量和生机的方法的。这样看来，科学既已与它的根子分离开来，则它之不复生长也就毫无足怪了。

① 克钦指出，前者无疑是指在牛津书斋中的罗杰·培根，后者或许是指笛卡儿(Descartes)。

八一

科学过去之所以仅有极小的进步,还有一个重大的、有力的原因,就是下面这点。大凡走路,如果目标本身没有摆正,要想取一条正确的途径是不可能的。科学的真正的、合法的目标说来不外是这样:把新的发现和新的力量惠赠给人类生活。但对于这一点,绝大多数人却没有感到,他们只是雇佣化的和论道式的;只偶然有智慧较敏,又贪图荣誉的工匠投身于新发明,而他这样做时多半是以自己的财产为牺牲。一般说来,人们绝无以扩增方术和科学的总量为己任之意,所以即在手边已有的总量当中,他们所取和所求的也不外那对他们的演讲有用,能使他们得利、得名或取得类此便宜的一点东西。即使在大群之中居然有人以诚实的爱情为科学而追求科学,他的对象也还是宁在五花八门的思辨和学说而不在对真理的严肃而严格的搜求。又即使偶然有人确以诚意来追求真理,他所自任的却又不外是那种替早经发现的事物安排原因以使人心和理解力得到满足的真理,而并不是那种足以导致事功的新保证和原理的新光亮的真理。这样说来,既然科学的目的还没有摆对,那么人们在办法上之发生错误就不足为奇了。

八二

正如人们已把科学的目的和目标摆错了,同样,即令他们把目标摆对了,他们所选取的走向那里的道路又是完全错误而走不通的。谁要正确地把情况想一下,就会看到这样一件很可诧异的事:从来竟不曾有一个人认真地从事于借一种布置井然的实验程序径直从感官出发来替人类理解力开辟一条道路;而竟把一切不是委弃于传说的迷雾,就是委弃于争论的旋涡,再不然就是委弃于机会的波动以及模糊而杂乱的经验的迷宫。现在,让任何人沉静地和辛勤地考察一下人们在对事物进行查究和发现时所惯走的是什么道路,他必定会看出,首先是一个极其简单而质朴的发现方法,一个最通常的方法。它不外是这样:当人们从事于发现什么事物时,他首先要找出和看一看别人以前对这事物所曾发表过的一切说法,然后自己就开始沉思,以其智慧的激荡和活动来吁请,亦可说是来召唤他自己的元精来给以神示。这种方法是完全没有基础的,是只建筑在一些意见上面而为意见所左右的。

其次,又或许有人把逻辑[①]召进来替他做这发现。但逻辑除在名称上外是与这事无关的。因为逻辑的发明并不在发现出方术所由以构成的一些原则和主要的原理,而只在发现出看来是协合于那些原则和原理的一些事物。假如你是更好奇一些,更诛求一些和更好事一些,硬要去追问逻辑是怎样检定和发明原则或始基原理,则它的答复是众所皆知的:它只是把你推到你对于每一个方术的原则所不得不有的信任上去。

最后还剩下单纯经验这一条道路。这种经验,如果是自行出现的,就叫作偶遇;如果是着意去寻求的,就叫作实验。但这种经验只不过是如常言所说的脱箍之帚,只不过是一种暗中摸索,一如

① 本节中的“逻辑”,在原书中均为 dialectica。——译者

处在黑暗中的人摸触其周围一切以冀碰得一条出路；而其实他不如等到天明，或点起一支蜡烛，然后再走，要好得多。真正的经验的方法则恰与此相反，它是首先点起蜡烛，然后借蜡烛为手段来照明道路；这就是说，它首先从适当地整列过和类编过的经验出发，①而不是从随心硬凑的经验或者漫无定向的经验出发，②由此抽获原理，然后再由业经确立的原理进至新的实验；这甚至像神谕在其所创造的总体上的动作一样，那可不是没有秩序和方法的。③这样看来，人们既经根本误入歧途，不是把经验完全弃置不顾，就是迷失于经验之中而在迷宫里来回乱走，那么，科学途程之至今还未得完整地遵行也就无足深怪了。而一个安排妥当的方法呢，那就能够以一条无阻断的路途通过经验的丛林引达到原理的旷地。

八三

还有一种见解或虚骄之气，虽系屹立已久但确很虚妄而有害，也无端地加强了上述的毛病。这就是：人们认为，若与那种局于感官、限于物质的一些实验和特殊的东西保持长久而密切的接触，就有损于人心的尊严；特别是因为那些东西要搜求是费力的，要沉思是不值的，要讲述是粗俗讨厌的，要实践是不够旷放的，而其数目

① 参看一卷一〇二条。——译者

② 随心硬凑的经验，原文为 praepostera，克钦注释说，这是说人心先定了主见，然后去找适合于它的事例；一卷六三条在批判亚里士多德的实验时对此有详细的论述。关于所谓漫无定向的经验，参看一卷七〇条第一点。——译者

③ 参看一卷七〇条末节。——译者

又是无限，其精微处又是过于纤细。这样，对于经验，且不说是予以放弃或处理不善，乃竟是以鄙视的态度而加以排斥；因而最后就走到了这样一种地步：真正的道路不只是被放弃了，而竟是被锁断和堵绝了。

八四

人们之所以在科学方面停顿不前，还由于他们像中了蛊术一样被崇古的观念，被哲学中所谓伟大人物的权威，和被普遍同意这三点所禁制住了。关于最后一点，我在前面已经讲过。[①]

说到所谓古，人们对它所怀抱的见解是很粗疏而且无当于这字眼本身的。因为只有世界的老迈年龄才算是真正的古，而这种高龄正为我们自己的时代所享有，并不属于古人所生活过的世界早期；那早期对于我们说来虽是较老，从世界自身说来却是较幼的。[②] 我们向老年人而不向青年人求教有关人类事物的更多的知识和较成熟的判断，因为老年人经验丰富，所见所闻所思想的事物都是多而且博，这是很对的；同样，我们也有理由希望从我们的这个年代——只要它知道自己的力量并愿奋发表现出来——得到远

① 见一卷七七条。——译者

② 这点见解在培根虽非引述而来，也或许并非袭自前人，但在培根以前或同时的一些作家中确有不少所见略同的说法。其中可指称的，有吉尔伯忒、伽利略、堪帕奈拉(Campanella)所著“Apologia pro Galileo”一书和勃鲁诺(Giordano Bruno)所著“Cenadi Cenere”一书。至于以历史早期为世界的幼年之说，更见于伊斯德拉(Esdras)的著作第二卷；又，一五四六年出版的开斯曼(Casmann)所著“Problemata Marina”一书中也有此说。(克钦又指出，塞尼卡〔Seneca〕亦有较晚时期才真是较老年龄的想法，曾为罗杰·培根在“Opus Majus”一书中所称引。——译者)

多于从古代所能得到的东西，因为它正是这个世界的较高年龄，其中已堆积和贮藏着许多实验和观察。

在我们的时代，由于人们的经常的远航和远游，自然中可能对哲学引进新光亮的许多事物已经摆明和发现出来，这一点也不能是毫无所谓的。很明确，在我们这时代，当物质的地球的方域——就是说，大地、海洋以及星宿等方域——业经大开和敞启，而我们智力的地球若仍自封于旧日一些发现的狭窄界限之内，那实在是很可羞的了。

至于说到权威一层，人们若如此折服于作家而却否认时间的权利，这只表明他智力薄弱；因为时间乃是众作家的作家，甚至是一切权威的作家。有人把真理称作时间之女，[①]而不说是权威之女，这是很对的。

这样看来，人们的力量既经这样被古老、权威和同意这三种蛊术所禁制，他们于是就变得虚萎无力（像中了魔魇的人一样），不能追伴事物的性质，这也就不足诧异了。[②]

八五

指使人们的努力满足而停止于现有发现的还不止上述崇古、权威和同意三点，另外还有一点就是对于人类所久已保有的一些事功本身的赞赏。因为人们看到机械性方术所提供人们利用的供应是怎样繁多和美好，自然会多倾向于赞赏人类的富有而少有感

---

① 见吉里阿斯（Aulus Gellius）所著“Noctes Atticoe”一书第十二卷第十一章。

② 这里的分节，是译者擅自处理的。——译者

于他之所缺乏；就不复想到人们对于自然的创造性的观察和动作（这些乃是那一切繁多花样的生命和动因）实在不多而且也不是深入掘得的；也就不复想到其余一切能事不过只是耐心以及手和工具的精微而规矩的运动——就以制造钟表（当作例子）来说，这无疑是一件精微而细密的工作：其机轮似在模仿天体的轨道，其往复有序的运动似在模仿动物的脉息；可是即使像这样的工作，它所依据的有关自然的原理也不过只是一两条。

再说，你如果就着文化性方术的精化程度，或甚至亦就着那有关对自然质体加工的机械性方术的精化程度来考察一下；具体地说，关于前者，就是把天文学中关于天体运动的发现，音乐学中关于谐音学的发现和文法学中关于字母系列中各个字母的发现（中国人至今还未采用）等类之事观察一下；关于机械性事物者，就是把拔克斯（Bacchus）和西律斯（Ceres）[①]的工作上的发现即制酒和制面包的方术的发现，关于珍馐美味的发现，以及关于蒸馏法和类似东西的发现等等也观察一下；并且与此同时你如果再想一想这些方术之达到现有的完美程度系经过何等漫长的时间（除蒸馏法外，它们都是很古的[②]），再想一想，（如上面所讲关于钟表的话）这些方术所借于对自然的观察和有关自然的原理者是何等之少，还想一想这些方术之得以发明又是怎样轻易地和明显地出于偶然的

① 拔克斯是希腊神话中的酒神，其形象是坐一辆驯虎所驾的车子，手执一条缠满了常春藤叶子的长矛。西律斯在希腊神话中称为地母，是司农的女神，凡大地之上的一切谷物果实皆她所赐。——译者

② 据说坡森（Porson）曾肯定，蒸馏法是古人早就知道的。狄汤（Dutens）在《Origine des Découvertes》一书中亦主张此说。

提示；你如果这样考察一番，你对人类的情况就将停止惊叹，而相反倒会发生悯怜，因为你看到了在这多岁月的进程当中方术和发明方面竟有这大的饥荒和歉收。可是以上所提到的这些发现却还是在哲学和知识性方术之前的。这样看来，假如必须说出实情，就应当说，当唯理的和教条的科学一经开始，那有用事功的发现就告结束了。

再看，假如有人又从作坊转入图书馆而惊异于所见书籍门类之浩繁，那么只须请他把它们的实质和内容仔细检查一下，他的惊异一定就会调转方向。因为，他一经看到那些无尽的重复，一经看到人们老是在说着和做着前人所已经说过和已经做过的东西，他就将不复赞叹书籍的多样性，反要惊异于那直到现在还盘踞并占有人心的一些题目是何等地贫乏。

假如他再往下把那些可称怪异而不妥靠的方术看一看，把炼金家们和幻术家们的工作更切近地考察一下，则他或将简直不知应当对他们笑还是应当对他们哭。炼金家是在培育着永久的希望，事情不成时，总是归咎于自己的某种错误：不是恐怕自己没有充分了解这个方术或其著作者的语意（因而他就转向对古法和秘传的追求），就是恐怕自己在制炼中在分量上或时间上有毫厘分秒的差池（因而他就把试验无限地重复下去）；而同时，当他在试验过程的一些机会中居然达到一点新的或尚属有用的结论时，他又认真地把它们看作是大功将至，以它们来餍足其如饥如渴的心，把它们极度地张大起来，而尽将余事寄于希望之中。诚然，炼金家们不是没有许多的发现，不是没有带给人们以有用的发明；不过他们的情节却如寓言中所讲的一个老人的故事：那老人以其葡萄园中的

窖金遗给诸子，而故称不知确切地点，诸子于是就辛勤地从事于翻掘园地，虽然没有找到什么金子，可是葡萄却由于这次翻掘而变得更加丰茂了。

再说到自然幻术的一流人物，他们是以交感和反感[①]来解释一切事物的；这乃是以极无聊的和最怠惰的构想来把奇异的性德和动作强赋予质体。假如他们也曾产出一些事功，那也只是旨在标奇取誉而不是旨在得用致果的一些东西。[②]

至于说到迷信的幻术（假如我们也必须说到它的话），特别应当指出，它不过只是那些荒诞迷信的方术在各民族、各时代以及各宗教中所曾从事过或玩耍过的某一特项而已。这些都是可以揭过不谈的。

综上所述，人们对于丰富的见解正是形成贫乏的原因，这也是没有什么奇怪的。[③]

八六

进一步讲，人们这种对于知识和方术的赞赏——这种赞赏本身是很脆弱而且近于幼稚的——又被那处理和传授科学的人们的一种手法和造作所加强着。这就是说，他们在把科学提到世人眼前时系如此出以虚夸和卖弄，又如此加以装扮和粉饰，竟把科学弄

① 关于培根对交感和反感的见解以及他自己所讲的自然的感应性，参看二卷五〇条第六点。——译者

② 关于培根对自然幻术的见解，参看一卷七三条、二卷九条和三一条末节。——译者

③ 这里的分节，是译者擅自处理的。——译者

得真似各部齐全，已告完工。你若看一看它们的方法和门类，它们确似已经应有尽有，包罗其所能包。虽然这些门类是内容窳败，仅如空箱，但在常人看来总是表现着一个完整科学的形式和计划的。应当指出，那最早和最古的寻求真理的人们却是带着较好的信条，也带着较好的前程，乐于把他们从对事物的思辨中所集得的并且意在储以备用的知识装在语录里面，也就是说，装在简短而零散的语句里面，而并不用造作的方法编串起来，也不号称或自命包罗了全部方术。不过若就现状言现状，人们既把传给他们的东西当作早臻完美全备，就不复在其中寻求进步，那是并无足怪的。

八七

还有一层，这些旧体系的信誉又在新体系提倡者的虚妄和轻浮的衬托之下而获得了不少的增添，特别以在自然哲学的活动的、实践的部门中为尤甚。世间历来不乏侈谈者流和梦呓之辈，部分出于轻信，部分出于欺骗，在人类面前许了不少愿，说什么能使人延年益寿，能使人减少病痛，能修整残缺肢体，能迷骗感官；又宣称有方术足以约束和刺激感情，足以启发和提高智能，足以变化质体，足以任意加强和放大各种运动，足以在空气中造成印象和引起变化，足以把天体力量引取下来而加以处理；又宣称还有方术能预言未来事物，能把远处的事物搬近，能使隐秘的事物显现；以及其他种种。关于这些胡吹的许愿家，我们可以大致无误地这样来论断：在哲学方面，他们的这种虚妄与真正方术之间的差别，正如在历史方面，恺撒(Julius Caesar)或亚历山大大帝(Alexander the

Great)的业绩与高卢的亚马地(Amadis de Gaul)[1]或不列颠的亚脱(Arthur of Britain)[2]的业绩是不可同日而语一样。当然因为这些杰出的将军们确曾实际做出了比那些虚构的英雄们在杜撰中所做到的还要伟大的事情,还特别因为那些事情又是以并非荒诞怪异的行动为手段和方法来做出的。当然,真正历史的信誉若因其有时曾为寓言所伤、所诬而遭到贬抑,那是不公平的。但同时我们也要知道,一些新的拟议,特别是当它们连带涉及新的事功之时,由于那些骗子们过去亦曾作过同样企图之故就引起人们成见上的很大反感而遭到反对,那也是不足怪的;因为那些骗子们的过度虚妄以及由此而引起的厌恶,对于一切真正从事这种企图的人的伟大用心,迄今还是有其破坏性的影响的。

八八

使知识受制更甚的还在于人类气魄的渺小及其所任工作的微细和琐屑。而尤其坏的是,这气魄渺小本身却还带着一种傲慢和自尊的神气。

首先,我们看到,在一切方术中都有一个共同的并已成为很熟习的伎俩,就是作者总把自己方术的弱点诿责于自然,这就是说,

① “高卢的亚马地”是中世纪一部有名的散文体传奇,第一版于一五一九年印行。本事概略如下:号称“狮骑士”的亚马地爱上了大不列颠的公主欧吕安娜(Oriana),可是她已被许婚于罗马皇帝,而亚马地又救公主于难,于是情敌发生了冲突。罗马皇帝率军舰来战,战败被杀,亚马地取得了胜利。——译者

② 传说中的亚脱十五岁就做了不列颠王,正当第六世纪撒克逊人(Saxon)入侵的年代,他率其骑士战胜攻取,开疆拓土,其英雄业绩遂汇为《圆桌故事》(*The Round Table*)一书;诗人探尼生(Tennyson)曾为此作《亚脱王之歌》。——译者

凡为其方术所不能达到的,他就以那个方术自身为权威断言那在自然中是不可能的。当然,如使各该方术自任裁判,那就没有一个方术能被判处。再看,现在时髦的哲学又在抚育着某些教义,其宗旨(如果审慎地考察起来)乃在对人们劝说,凡困难的事物,凡足以支配和征服自然的事物,都是不能期之于方术或人的劳力的;如前面所论日热火热不同类的学说,以及关于混合工作的学说,就是属于此例。这些事情,正确地看来,完全导向对人类权力的无理限制,导向一种经过考虑的和出于人为的绝望;这不仅搅害了希望的预测,并且还切断了努力的动脉和鞭策,把经验本身的许多机会都抛掷掉;[①]而所以致此的缘由,则在于人们把自己的方术认为已臻尽善尽美,也在于人们有一种糟糕的虚荣心,要使人相信,凡迄今尚未发现和尚不了解的事物在此后也永不能发现和永不能了解。

即使有人相当地投身于事实,努力要找出一点新的东西,他们的目的和意愿却又局限于仅仅查究和做出某一发现而不傍及其他,如磁石的性质、海潮的涨落、天体的系统,以及诸如此类的事物,看来多少有些奥秘而一向又未理出什么成绩的事物。而其实,要仅就某一事物自身来查究该事物的性质,这乃是最笨不过的做法。因为同一性质可以在某些事物当中是隐而不露,而在另一些事物当中则是显而易见;正因如此,于是在前者就产生惊奇,在后者则刺激不起注意。即如我们在黏合性这一性质上所见的情况就是这样:在木头或石头当中,黏合性是看不出的,我们也就在"坚实"这一名称之下将它滑放过去,也不进一步探讨连续性的分离或分解又为

① 关于以上各点,参看一卷七五条。——译者

何得以避免；而关于水泡，则因我们有见于它形成了薄膜，又很古怪地形成了半圆，以致连续性的分解得以暂时避免，遂认为是极尽微妙之事。总之，事实上有些在某些事物中看来是隐秘的而在另一些事物中则属显著而周知的性质，人们的实验和思想若永远仅仅投在前一些事物上，那么他就永远不会认识到其中的这些性质。

但是一般地说来，在机械学方面，如果有人只消把一些旧的发现精化一下，装饰一下；或者把几个合为一个；或者把它们装配得更合于实用；或者把作品的容积改得比前较大或较小一些；或者有其他类此的情形，那也就算是新的发现了。

这样看来，人们既是自足和自喜于这样琐细而带有稚气的工作，甚至还想象自己在其中已经是在努力追求着，假如还不是已经完成着，什么了不起的大事，那么，高贵的和对人类有价值的发明之至今不得出现也就不足为奇了。

八九

还有一个不应忘记的情况，就是自然哲学在各个时代中都曾有一个麻烦而难对付的敌人，那就是迷信和对于宗教的盲目而过度的热情。在希腊人中间，我们看到，那首先向当时尚未开窍的听众陈说雷电风雨的自然原因的人们是算犯了不敬神明的大罪的。[①] 就是以后到了基督教时代，当有人以最能令人信服的根据

① 这可举亚里斯多芬尼(Aristophanes)的剧本《云》为例。(亚里斯多芬尼是公元前第五世纪时雅典的喜剧作家，他反对任何人对当时的宗教、哲学、政治、社会以至文学的信条作任何改变或修正；《云》这一剧本就是讽刺苏格拉底的。——译者)

(即没有一个正常的人现在会想到去反对的那种根据)来主张大地为圆形并从而断言对蹠人的存在时,那基督教会的有些神父们也不曾表现较多的宽容。[①]

此外,就现在情况而论,由于有了经院学者们的总结和体系,就使得关于自然的谈论更为困难和更多危险,因为那些经院学者们已经尽其所能把神学归成极有规则的一套,已经把神学规划成一种方术,结局并还把亚里士多德的好争而多刺的哲学很不相称地和宗教的体系糅合在一起了。[②]

别有一些人的思考以另一条不同的道路走向同一的结果,他们要从哲学家的一些原则中演绎出基督教的真理,并以它们的权威来证实那真理。他们把感官和信仰的这种结合作为合法的婚姻而铺张地加以庄严化,他们拿这种可喜的花样翻新来娱悦人心,但是同时他们也以人神的交混而把神的事物贬低了。还要知道,在这种神学与哲学的混合物当中,还只有那些已被公认的哲学学说是被收罗进去的;至于一些新的学说,纵然是较好的改变,也无不被赶尽杀绝。

最后,你还会看到,由于某些神学家的鄙陋,任何一种无论怎样纯洁的哲学的通路都几乎全被封闭了。有些人是脆弱地害怕,唯恐对于自然更深入一步的搜求将会逾越所批准给澄心深思的界限,于是就不正当地扭歪并搬运《圣经》之言来反对那窥测神圣奥

① 这可举拉克坦夏斯(Lactantius)和奥古斯丁(St. Augustine)为例。(奥古斯丁在“De Civitare Dei”一书第一四卷第九章中曾说:“即使世界是圆的,我们也不能就说对面有陆地;即使对面有陆地,我们也不能就说上面有人住着。”——译者)

② 参看开普勒所著“De Stellâ Martis”一书的引论。

秘、探入自然隐微的人们，而不知这些实并不为何种禁令所取缔。[①] 还有些较为精细的人则忖度并熟虑到一点，认为如果第二性的原因能不为人所知，则一切事物就能较便当地被归结到神圣的手和杖上面去；这一点在他们认为是大有关于宗教的，而其实这无异是以谎言去媚悦上帝。又有些人根据过去的例子，顾虑到哲学中的运动和变化终将不免成为对宗教的侵袭。还有些人更是十分担忧，唯恐在自然研究当中会找到什么东西来推翻或至少来摇撼宗教的权威，尤其在不学之人更甚。这后两种的恐惧，在我看来，实饶有俗世智慧的意味；仿佛人们在其心思深秘之处对于宗教的力量和对于信仰对感官的统治权先有所怀疑而不信任，因而才恐惧对自然真理的查究将会危及它们。若把事情真地想一想，按照上帝的话来说，自然哲学实在既是医治迷信的最有把握的良药，同时又是对于信仰的最堪称许的养品，因而就正应当被拨给宗教充当其最忠诚的侍女，因为宗教是表现上帝的意志的，后者则是表现上帝的权力的。有人说得好，“你们错了，既不知道《圣经》，也不知道上帝的权力”，[②]这话是一点也不错的。若是那样，就把关于上帝意志的消息和关于上帝权力的思量二者配在一起而融为一个不可分解的结合体了。不过就现状说来，那在人心方面具有最大威力的宗教既经由于某些人的鄙陋和狂热而被拉来参加反对自然哲学，那么自然哲学的生长之遭受阻遏自是不必诧异的了。

① 克钦指出，这大概是暗指圣保罗(St. Paul)的《致哥罗西人书》(*The Epistle to the Colossians*)第二章第一八节而言。——译者

② 克钦指出，这句话出于《马太福音》第二二章第二九节。——译者

九〇

再说，在学校中、学园中、大学中，以及类似的为集中学人和培植学术而设的各种团体中，一切习惯、制度都是与科学的进步背道而驰的。在那里，讲演和实习都排定得如此严整，致使任何人都难在这常经以外去思想或揣想什么事物。若有一二人竟有勇气来使用一点判断的自由，那他们须是全由自己独任其事，不能得到有人相伴之益。而如果他们对此也能忍受下去，他们又会觉到自己的这种努力和气魄对于自己的前程却是不小的障碍。因为在这些地方，一般人的研究只是局限于也可说是禁锢于某些作家的著作，而任何人如对他们稍持异议，就会径直被指控为倡乱者和革新家。其实，在国事和方术之间分明是有很大区别的；由新运动而来的危险与由新见解而来的危险根本不是一回事。在国事方面，即使是旨在改善的变革也是不被信任的，因为这总会搅动那业经确立的东西；因为这一方面的事情是依靠于权威、同意、信誉和意见，而不依靠于论证。而方术和科学则应如矿穴一样，从四面八方听到新事功和新进步的喧声。可是，这事情尽管在正当理性上说来是如此，在实践上做的却并非这样。上述关于管理和管制学术各点，对于科学的进步是加上了一道严厉的限制。

九一

进一步说，即使嫉视消除了，只要人们在科学园地中的努力和劳动得不到报酬，那仍是大足阻遏科学的成长的。现在的情况是耕耘科学和酬报科学两事不落在同一人身上。科学的成长是出于伟大的才智之士，对科学的奖品和报酬则握在一般人民或大人物之手，而他们除极少数外是连中等学问都没有的。并且，这类的进步不止得不到奖品和实在的利益，就是连舆情赞扬都博不到。因为这种事情高于人们的一般水平，为他们所不能接受，而反要被舆论的狂风所压倒、所扑灭。这样说来，一个事物不被人尊崇就不会兴旺，这是没有什么可怪的。

九二

但是，对于科学的进展以及对于科学当中新事业和新职务的承担方面的远远甚于上述诸点的最大障碍还在于这一点，就是人们对那些事感到绝望并认为不可能。聪明的和严肃的人们在这些事情方面往往是全无信心，他们总是想到自然之难知，生命之短促，感官之富于欺骗性，判断之微弱无力，实验之难于进行，以及类此等等；从而就认为在世界悠悠运转的时间和年代当中，科学自有其来潮和退潮，一时生长和繁荣，一时又枯萎和衰落，而在达到某一点和某一情况时就不能再进一步。因此，假如有人所信或所许有过于此，他们就认为这是出于无羁勒的和未成熟的心灵，并且认为这类尝试总是开始时顺利，走下去困难，而终于陷入混乱。现在，正因这些思想是自然地投合于持重而善判断的人们，所以我们就更须好好地注意，切不可被那种对于最美最精的对象的爱好之情所吸引，以致松弛了或减低了我们判断的严肃性；我们必须勤谨地考察究竟有何足资鼓励我们的东西现出曙光以及出现在哪一部位；我们并须撇开那些飘风般的、比较轻浮的希望来彻底筛检那些提供较大稳定性和较大恒常性的希望。不仅如此，我们还必须效

法那种老成谋国的智虑，其规则就是对于人事不予信赖，并就比较不利之处去作估计[①]。

于是我就必须论到希望一事[②]，特别因为我不是许愿大家，既不愿强制也不愿困缚人们的判断，而要拉着手引导他们兴高采烈地行进。虽然说，要鼓动人们的希望心最有力的办法是把他们带到特殊的东西上去，特别是带到我在“发现表”中所类编和排列出的那些特殊的东西（一部分见于《复兴论》的第二部，大部分见于其第四部）[③]上去，因为这已不仅仅是就事物的许愿而径是事物自身。但为“事缓则圆”起见，我仍将按照我的计划先为人们作心理准备，而在这项准备当中，灌注希望乃是一个非常重要的部分。因为若不灌注希望，则其余一切只将反倒令人忧愁（由于给予人们一种看法，比他们现所保有的看法把事物看得更糟和更加轻蔑，并使得他们更加彻底地感到和知道他们自己处境的不快），而不会引起人们的活跃或激发他们的努力去从事于尝试。因此，我合当把我的一些构想宣布和提示出来，这足以表明我们有理由对这种事情怀抱希望。这正和哥伦布（Columbus）的做法一样，他在进行横渡大西洋的惊人壮游以前就先说明他所以坚信必能于已知地域以外发现新陆地和新大洲的种种理由，这些理由起初虽遭拒绝，其后终为经验所证实，并且成为许多伟大业绩的前因和端始。

① 以下的分节是译者擅自处理的。——译者

② 下文九三条至一一四条。——译者

③ 克钦注明，据培根自己在“Distributio Operis”中所说，所谓《复兴论》的第二部就是本书《新工具》；所谓第四部则是第二部的特定应用，其中搜集了许多为进行探究之用的例，就像本书第二卷第一三条中所列关于“热”的那些事例。

九三

事端出于上帝[1]:我们手中的这个任务上面既这样强烈地印有善的特性,可见分明是由上帝那里发出,因为上帝才正是善的元宰,光的父亲。我们又知道,在神的动作当中,即使最小的开端也必走到它的结局。而且,正如人们关于精神的事物所说,“上帝的统治行于不知不觉之中”,[2]在上帝一切更大的工作当中也是这样;一切都平滑地、无声地流过,而工作在人们未觉其开始以前就在顺利进行。在这里,我们还不可忘记但以理(Daniel)关于世界最后一些阶段的一件预言,那是说:“许多人将来来往往,而知识将增加起来。”[3]这明白地暗示出,世界的全部通行(这一点现在似乎已由这样多的远程航行来完成了,或正在完成过程中)和科学的向前进步这两件事乃是被命运,也即被上帝所命定要在同一时期之内碰头的。

九四

其次,还要提到一点极其重要的情由作为关于希望的一个论据。这论据是就过去的错误和迄今所踏过的道路着想而得出的。从前曾有人对于一个管理不智的政府提出检讨,说得是对极了:

---

① 这句话出于阿雷塔斯(Aratus,希腊诗人,著有两首教训诗,曾为圣保罗所称引——译者)所作“Phenomena”一诗中。

② 克钦指出,这句话出于《路加福音》第一七章第二〇节。——译者

③ 但以理是希伯来的一位先知。《旧约》中有但以理书;这句话出于该书第一二章第四节。——译者

“凡就着过去说来是最坏的事情，对于将来说来都应当看作是最好的事情。因为，假如你确已做尽你的职务所要求的一切，而事情仍然并不见好，那么，连可能进一步改善的希望在你都是没有的了。但现在是，你的许多不幸之事并非由于环境的力量所使然，而系出于你自己的错误，那么，你就可以希望，一经消除或改正了这些错误，便会做出一番大革新来。”[①]同样，在发现和培养科学方面，人们在这样漫长的岁月历程中，假如是已经走了正确的道路而还未能有所进展，那么，向前进展仍属可能之说无疑可算是大胆而轻率的。但如果是道路根本就走错了，而人们的劳力是花费在不当的对象上的，那么，这说明困难并非起于事物本身——那就不在我们的权力之内——而系出于人的理解力以及理解力的使用和应用——这却是大有补救和医治之余地的。因此，把这些错误指陈出来，这会有很大的用处。因为，这同一原因在过去所造成的障碍有多少，对将来给希望所提供的论据也就有多少。关于这些错误，虽然我在前面已经提到一部分，我认为在这里还应当用简单明白的话语再把它们表述一番。

九五[②]

历来处理科学的人，不是实验家，就是教条者。[③] 实验家像蚂

① 克钦注明，这段话出于德谟辛尼斯（Demosthenes，古希腊大演说家，公元前三八五年至三二二年，对企图征服雅典的马其顿国王菲列普进行了长期的揭露和谴责，著有极其出色的三大演讲。——译者）《反菲列普演词》第三讲。

② 自九五条至一〇八诸条所举各点错误，与前文论假象各条所提到者颇多相同之处，虽有重复之病，也可互相阐发。——译者

③ 参看一卷七〇、八二两条。——译者

蚁，只会采集和使用；推论家像蜘蛛，只凭自己的材料来织成丝网。[1] 而蜜蜂却是采取中道的，它在庭园里和田野里从花朵中采集材料，而用自己的能力加以变化和消化。哲学的真正任务就正是这样，它既非完全或主要依靠心的能力，也非只把从自然历史和机械实验收来的材料原封不动、囫囵吞枣地累置在记忆当中，而是把它们变化过和消化过而放置在理解力之中。这样看来，要把这两种机能，即实验的和理性的这两种机能，更紧密地和更精纯地结合起来（这是迄今还未做到的），我们就可以有很多的希望。

九六

直到现在，我们还没有一个纯粹的自然哲学，所有的都是被点染过并被败坏了的：在亚里士多德学派那里，它是被逻辑所点染所败坏[2]；在柏拉图学派那里，它是被自然神学所点染所败坏；在后期新柏拉图学派，如扑罗克拉斯（Proclus）[3]及其他诸人那里，它又是被数学——那是只图给予自然哲学以确切性，而并不图生发它或产生它[4]——所点染所败坏。若有一个纯而不杂的自然哲学，则较好的事物是可堪期待的。

九七

我们至今还不曾遇到一个心志坚定的人能毅然决然扫荡一切

---

① 参看序言和一卷六七条。——译者

② 参看一卷五四、六三两条。——译者

③ 参看一卷六五条。——译者

④ 参看二卷八条。——译者

陈旧学说和普通概念，并以由此而致的公正平匀的理解力去对特殊的东西作崭新的考察。由于这样，所以像我们现在所有的人类知识还只是杂七杂八、编列未当的一堆，其中包含着许多轻信和偶然事项，也包含着我们一起始时所吸得的一些幼稚概念。

现在，如有年龄成熟、感官健全、心灵纯净的人投身于经验和特殊的东西而从头做起，则较好的希望是可以寄托在他身上的。在这一点上，我以和亚历山大大帝的命运相同的命运期许于我自己；希望人们不要在未听完以前遂以虚妄见责，因为我所想说的意思正是趋向于驱除一切虚妄的。关于亚历山大及其事业，伊斯金尼斯(Aeschines)曾说过这样的话："当然，我们不过那'与草木同朽'的人们的生活；我们是为着这一目的而生的，就是要使后世之人可以来谈论我们的奇迹"，这话意味着亚历山大所做的事在他看来是很神奇的。[①] 而在后一年代，李维亚斯(Titus Livius)对这事情又有较好和较深刻的见解，他实际是说，亚历山大"所做的不过只是鼓起勇气来蔑视那虚假的可畏现象罢了"。[②] 我想，与此相似的论断也会由后世之人加到我自己身上，就是说：我并不曾做出什么伟大的事，只不过把被认为伟大的事认为较小一些罢了。同时，我还要说，如我所已经说过，除非有科学的新生，希望是没有的。而所谓科学的新生则是把它从经验上有规则地提高起来并重新建

① 伊斯金尼斯(公元前三八九年至三一四年)，希腊大演说家，与德谟辛尼斯为敌。当 Ctesiphon 提议以雅典名义授予后者以金冠时，伊斯金尼斯曾痛斥他为违法。他在这段演词中曾说到雅典力量之虚弱，并说到亚历山大之毁灭西比斯(Thebes)。这里所引的这句话，据原书注明，见于"De Corona"一书，第七二页(H. Stephan 本)。——译者

② 李维亚斯(公元前五九至公元后一七年)，罗马著名历史家，著有《罗马史》。这里所引的话，据原书注明，见于第九卷第一七章。——译者

造起来，这一工作，没有人（我想）会说是已经有人做过或想过的。

九八

现在，说到经验的根据——因为我们总是要归到经验来的——，直到目前，我们不是还没有根据，就是只有极其薄弱的根据。还不曾有人做过搜索工作，去收集起一堆在数量上、种类上和确实性上，足够的、关于个别事物的观察，或者采用其他任何适当的方法来指教理解力。相反，有学问的人们，但亦是轻忽而又懒惰的人们，在建立或证实他们的哲学时，却采用了某些无稽的谣传，含糊的流言，或者经验的一些假态，并赋予它们以合法证据的重量。譬如一个国家指挥百僚，处理庶政，不以大使和可靠使者的书札报告为凭，却以街谈巷议为据，现在在哲学当中处理对经验的关系时所采用的办法就正是这样。现在在自然历史当中找不出一个事物是适当地查究过、证明过、算过、衡过或量过的。当然，凡在观察中是粗疏模糊的东西在指教时就一定是欺罔和无信的。有人或许认为我这话说得很怪，而且近于不公平的指责，因为他看到亚里士多德以如此伟大之身，得如此伟大君王财富之助，已经纂成一部如此精确的动物史；而继起的人们又以更大的辛勤，也以较少的矫饰，做了很多的补充；而且此外还有别人对于金属、植物以及化石也做出了富赡的历史和叙述。如果有人这样想，那么他似乎没有正确地领会到我们现在要干的是什么。须知，为作自然史而作的自然史与那种为对理解力提供消息以期建立哲学而集成的自然史是迥不相类的。二者之间有许多不同之处，而特别是这一点：即前者仅仅包含着各式各样的自然种属，而不包括着机械性方术的各

种实验。而正如在生活事务方面,人的性情以及内心和情感的隐秘活动尚且是当他遇到麻烦时比在平时较易发现,同样,在自然方面,它的秘密就更加是在方术的扰动下比在其自流状态下较易暴露。这样说来,在作为自然哲学的基础的自然历史一旦在较好的计划上纂成之后,亦只有到了那个时候,我们是可以对自然哲学怀抱许多好希望的。

九九

再说,即在极其丰富的机械性的实验当中,那种对于指教理解力方面最为有用的实验却是尤为稀少。因为机械学者由于不肯自苦于查究真理,总是把他的注意局限于那些对自己的特殊工作有关系的事物,既不提起他的心也不伸出他的手去搞任何其他事物。但是,只有到了自然史当中已经接受进并集合起多种多样的本身无用而专能帮助发现原因和原理的实验的时候,①我们才有良好的根据去希望知识的进一步发展。这一类的实验,我称它为光的实验,以别于另一类所谓的果的实验。②

这一类的实验具有一种大可赞美的性质和情况,就是它们永远不会不中或失败。这是因为,人们应用它们时目的不在于产生什么特定的结果,而在于为某种结果发现其自然的原因,所以它们不论结局如何,都同样符合人们的目的;因为它们解决了问题。

---

① 克钦指出,像培根为发现"热"而搜集的若干事例,就是这种实验之一例。参看二卷一一条至二〇条。——译者

② 关于所谓光的实验和果的实验,参看一卷七〇、一一七、一二一各条。——译者

一〇〇

但是,我们不仅要谋求并占有更大数量的实验,还要谋求并占有一种与迄今所行的实验不同种类的实验;还必须倡导一种完全不同的、足以促进和提高经验的方法、秩序和过程。因为经验当它循着自己的轨辙漫行时,如我在前面所说,只是一种暗中摸索,只足以淆惑人而不足以教导人。但是一旦它能照着确定的法则,守着有规则的秩序,并且中途不遭阻扰而向前行进时,那么,知识方面许多更好的事物是大可希望的。

一〇一

但是,即使理解力或哲学进行工作时所需要的自然史方面的以及经验上的一堆材料已经准备在手,理解力若是一无装备而仅靠记忆去对付它们,那还是不能胜任的,正如一个人不能希望用记忆的力量来保持并掌握对天文历书的计算一样。可是在发明方面的工作迄今始终是思维多于写作,经验是还不曾学会其文字的。而我们知道,发明的历程若非由文字记载保其持续推进,总是不能圆满的。一旦文字记载广被采用而经验变成能文会写时,就可以希望有较好的事物了。

一〇二

再说,特殊的东西乃是数目极其庞大的一支军队,而且那支队伍又是如此星罗棋布,足以分散和惑乱我们的理解力,所以我们若只凭智力的一些小的接战、小的攻击以及一些间歇性的运动，那是没有多大希望的。要想有希望，必须借着那些适用的、排列很好的、也可说是富有生气的"发现表"，把与探讨主题有关的一切特殊的东西都摆开而排起队来，并使我们的心就着那些"发现表"所提供的、经过适当整理和编列的各种补助材料而动作起来。

一〇三[①]

即使特殊的材料已经恰当有序地摆列在我们面前，我们还不应一下子就过渡到对于新的特殊东西或新的事功的查究和发现；或者，假如我们这样做了，无论如何亦不应停止在那里。虽然我不否认，一旦把一切方术的一切实验都集合起来，加以编列，并尽数塞入同一个人的知识和判断之中，那么，借着我上面所称作"能文会写"的经验，只须把一种方术的实验搬到另一些方术上去，就会发现出许多大有助于人类生活和情况的新事物——虽然我不否认这点，可是从这里仍不可能希望到什么伟大的东西；只有从原理的新光亮当中——这种新原理一经在一种准确的方法和规律之下从那些特殊的东西抽引出来，就转过来又指出通向新的特殊东西的道路——方能期待更伟大的事物。我们的这条路不是一道平线，而是有升有降的，首先上升到原理，然后降落到事功。

① 本条和下一条充分表明培根是怎样把演绎法与归纳法结合起来，而不是只要归纳法而不要演绎法；充分表明他不是不要最普遍的原理，而是只要那种从特殊的东西出发、通过真正的归纳法、经由正当的上升阶梯而最后达致的非抽象的最普遍的公理，然后它就转过来又指出通向新的特殊东西的道路。——译者

一〇四[①]

但我们却又不允许理解力由特殊的东西跳到和飞到一些遥远的、接近最高普遍性的原理上（如方术和事物的所谓第一性原则），并把它们当作不可动摇的真理而立足其上，复进而以它们为依据去证明和构成中级原理。这是过去一向的做法，理解力之被引上此途，不止是由于一种自然的冲动，亦是由于用惯了习于此途和老于此道的三段论式的论证。但我们实应遵循一个正当的上升阶梯，不打岔，不躐等，一步一步，由特殊的东西进至较低的原理，然后再进至中级原理，一个比一个高，最后上升到最普遍的原理；这样，亦只有这样，我们才能对科学有好的希望。因为最低的原理与单纯的经验相差无几，最高的、最普遍的原理（指我们现在所有的）则又是概念的、[②]抽象的、没有坚实性的。唯有中级公理却是真正的、坚实的和富有活力的，人们的事务和前程正是依靠着它们，也只有由它们而上，到最后才能有那真是最普遍的原理，这就不复是那种抽象的，而是被那些中间原理所切实规限出的最普遍的原理。

这样说来，对于理解力切不可赋以翅膀，倒要系以重物，以免它跳跃和飞翔。这是从来还没有做过的；而一旦这样做了，我们就可以对科学寄以较好的希望了。

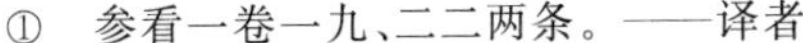

① 参看一卷一九、二二两条。——译者

② 拉丁文为 notionalia，英译文为 notional。克钦指出，这是烦琐学派所喜用的一个字眼，这里的意思则只是说“居于人心的概念之中，而不是居于实存的事物之中”。

一〇五[①]

在建立公理当中，我们必须规划一个有异于迄今所用的、另一形式的归纳法，其应用不应仅在证明和发现一些所谓第一性原则，也应用于证明和发现较低的原理、中级的原理，实在说就是一切的原理。那种以简单的枚举来进行的归纳法是幼稚的，其结论是不稳定的，大有从相反事例遭到攻袭的危险；其论断一般是建立在为数过少的事实上面，而且是建立在仅仅近在手边的事实上面。对于发现和论证[②]科学方术真能得用的归纳法，必须以正当的排拒法和排除法来分析自然，有了足够数量的反面事例，然后再得出根据正面事例的结论。这种办法，除柏拉图一人而外——他是确曾在一定程度上把这种形式的归纳法应用于讨论定义和理念的[③]——至今还不曾有人实行过或者企图尝试过。但是为要对这种归纳法或论证作很好的和很适当的供应以便利它的工作，我们应当准备许许多多迄今还没有人想到的事物，因此我们也就必须在此中比迄今在三段论式中作出更大的努力。我们还不要把这种归纳法仅仅用于发现原理，也要把它用于形成概念。正是这种归纳法才是我们的主要希望之所寄托。

① 培根在这里述明了自己的真正归纳法，参看一卷一七、四六、六九、七〇、八八诸条，以便从普通归纳法与它的对比中来加以理解。——译者

② 拉丁文为 demonstratio，英译文为 demonstration。克钦指出：培根在这里把这一术语错用到指称相反的东西上去了，照以前的逻辑著作家们的用法，“论证”一词是严格地专用于演绎法的，由于培根根本否认演绎法为达致真理的有系统的方法，所以就把“论证”一词照近代的意义来使用，等于“严格证据”的同义语了。——译者

③ 这又是若干段文字之一，足以表明培根毫无自命为归纳法的创见者之意。

一〇六

在用这样一种归纳法来建立原理时，我们还必须检查和核对一下这样建立起来的原理，是仅仅恰合于它所依据的那些特殊的东西，还是范围更大和更宽一些。若是较大和较宽，我们就还要考究，它是否能够以对我们指明新的特殊东西作为附有担保品的担保来证实那个放大和放宽。这样，我们才既不致拘执于已知的事物，也不致只是松弛地抓着空虚的影子和抽象的法式而没有抓住坚实的和有其物质体现的事物。一旦这种过程见诸应用，我们就将终于看到坚实希望的曙光了。

一〇七

在这里，还应当回忆一下前面所说过的一点，就是：要推展自然哲学的界线俾把各个特定科学包收进来，也要把各个特定科学归到或带回到自然哲学上去；这样才使知识的枝叶不致从它的根干劈开和切断。没有这一点，进步的希望也是不会很好的。[①]

一〇八

以上只是从消除或修正过去的错误一方面来解除绝望并鼓起希望。现在要再看看还有什么别的道路成为希望的根据。在这里，这样一个想法立刻就出现了：既然当人们还并非着意寻求有用的发现而是另忙于其他事物的时候，仅仅出于偶然和机遇，尚且有

---

① 参看一卷七四、七九两条。——译者

许多有用的发现做了出来，那么，如果人们投身于追求它们并以此为其专业，又是本着方法和依着秩序而不是凭着间歇性的冲动去做，当然无人能够怀疑他们是会做出远远更多的发现的。虽然有一次两次人们也会于偶然中碰到苦求不得的事物，但是通体说来情况无疑是与此相反的。由此可见，要以较短的间歇得到远远较好而且较多的事物，应当期之于人们的理性和努力，期之于人们的指导有方和用志专一，而不应期之于偶然的机遇，动物的本能，以及类此等等，——而以往的发明却竟是以这些为其根源的。

一〇九

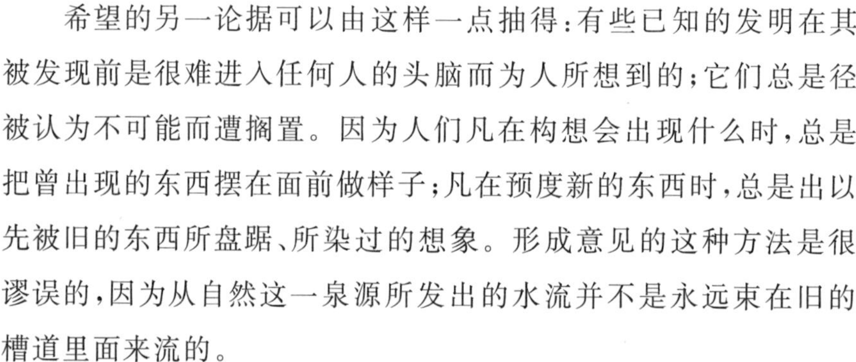

希望的另一论据可以由这样一点抽得：有些已知的发明在其被发现前是很难进入任何人的头脑而为人所想到的；它们总是径被认为不可能而遭搁置。因为人们凡在构想会出现什么时，总是把曾出现的东西摆在面前做样子；凡在预度新的东西时，总是出以先被旧的东西所盘踞、所染过的想象。形成意见的这种方法是很谬误的，因为从自然这一泉源所发出的水流并不是永远束在旧的槽道里面来流的。

举例来说，在发明大炮以前，假如有人从它的效果上来描述这东西，说有一种新的发明能在远距离外撼动以至摧毁最坚固的碉楼和城垣；人们听了，必定首先就想到炮弩和其他机械，想用一切方法，想用能撞击能发射的重物、轮盘和类似的机器来加倍想象它们的力量；至于说会有一股带火焰的疾风，猛然而暴烈地发出并爆炸起来，这个想法就很难进入任何人的想象或幻想；因为除地震和闪电而外，人们从来不曾见过与这东西直接相仿的事物，而地震和闪电则是自然的伟作和神奇，为人所不能模拟，于是这个想法就径直被人们排拒掉了。

同样，在发明蚕丝以前，假如有人说，有一种线发明出来了，可以供衣着和铺陈之用，比麻线和毛线都精得多，结实得多，也美观和柔软得多；人们一听，必会首先直接地想到某种丝状的植物，某种走兽的较精的毛，或是某些飞禽的羽片和绵毛；至于说是一个小小虫儿所作的茧，这种小虫又是如此之多，并且是一年一度重生起来，那无疑是他们从来也没有想过的。甚至，即使有人说到什么小虫，人们必定还要加以嘲笑，又认为他在梦想一种新的蜘蛛网呢。

同样再说一例，在发现磁石以前，假如有人说，某种工具业经发明，能够用来精确地观察和辨认天体的部位和方向；人们听了，一定是听其想象所至作出各式各样的构想，想到一些天文仪器的更精巧的构制；至于说能发现出一种东西，其运动悉合于天体但本身却非一个天体，而只是一种金属或石类的质体，则他们必断为是完全不可信的。上述三种东西以及类似的东西，自有世界以来多少年都是隐而不显，而其最后之被人发现亦非由于哲学和理性的方术，而是出于偶然和机遇；这是因为，如我在前面所说，它们与以前所知的任何东西是种类完全不同，相去非常之远，所以人们就没有一种预先存想的概念可能导致它们的发现。

这样看来，我们就有很多的根据来希望，在自然的胎宫中还贮有许多极其有用的秘密东西，与现在已知的任何东西都不贴近，也无可比拟，而完全处于人们想象的熟路之外，迄今尚未被发现出来。无疑，在此后若干年月的行进和运转当中，这些秘密迟早亦要

同其他已经现出的东西一样自行现露出来；不过若是使用我们现在所论的方法，我们就能迅速地、痛快地、同时一齐地把它们引现出来和提前促成罢了。

一一〇

还有属于另一种类的发现尚待指出，它们证明着有许多高贵的发明可能就在我们脚边，而人们却踏过而无所见。尽管在火药、蚕丝、磁石、糖、纸以及类此等等的发现方面看来是有赖于事物自身的以及自然的某些性质，说到印刷这个方术方面，无论如何总没有什么不是显明易见的东西了。但是就在这里，由于人们没有见到：排版虽比手写较难，但二者却有一种区别，即一版排出可有无数印本，而手写则只能有一本；也或者又由于人们没有见到：墨水可以浓化到能印而不流（在字型朝天由上下印时更是如此）；——我说，只是由于人们没有见到这些事情，就空过了这么久的悠悠岁月，而没有做出这一大有助于传播知识的最美妙的发明。

在这一种发明的进程中，人心方面有着这样一种别扭情况和不顺当的根性，开始是不信赖它自己，随后又蔑视它自己：起初不相信任何这类事物能被发现，既经发现以后则又不能理解何以人世与它迷失如此长久。正是这一情况本身大可取作希望的又一论据；这就是说，还在大量可以发明的东西剩留在那里，不仅可用那些尚待发现的做法，就是借助于上文所说的“能文会写的经验”来把那些已有的做法搬运、比较并应用一番，也能把它们推演而揭露出来。

一一一

希望的根据还有一点也不可略而不论。让人们想一想他们在效用远差、价值远低的事情和业务上对于理解力、时间以及资料的无限耗费吧；只要把其中一小部分移用于健全而坚实的研究，就没有任何困难是不可克服的了。加论这一层，我想是有好处的，因为我明白地承认，要照我所设想的亦是它所应有的样子来集成一部自然史和实验史，[①]确是一件伟大的，亦可说是庄严的工作，而且也是需要很多劳力和费用的。

一一二

同时，人们切不必因特殊东西之繁多而感惊慌，却正应以此来鼓励自己的希望。方术所从事的和自然当中所有的特殊现象诚然繁多，而人的智慧在脱离了事物证据时所虚构出来的东西则更多得多。[②] 再说，前一条路像在广场上明设标的，而且并非遥远；后一条路则绝无标的，而只有无尽的纠缠。人们一向都只和经验短短接触，都只把经验轻轻擞过，而在智慧的沉思和索解上面所浪费的时间则属无限。其实，如果有人真能以此来解答我们的问题并在每一情节上都能告诉我们自然中的真相是什么，那么一切原因和一切科学的发现便应是短短几年就能完成的工作。

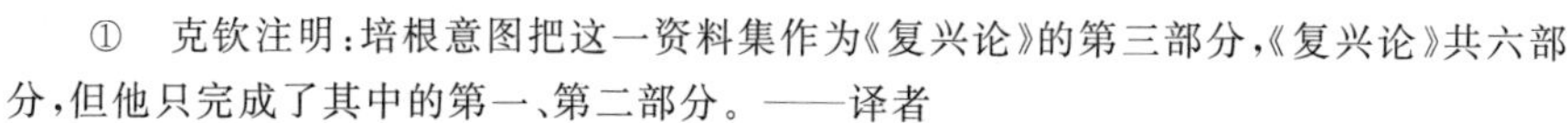

① 克钦注明：培根意图把这一资料集作为《复兴论》的第三部分，《复兴论》共六部分，但他只完成了其中的第一、第二部分。——译者

② 克钦提示说：这样，所以要选择适合的事例，即所谓享有优先权的事例。

一一三

此外，我想人们还可从我本人这个例子得到一些希望。我说这话，并非出于自夸，乃是因为说来有用。如果有人沮丧失望，就请他看看我是怎样的。在与我同时的一切人当中我是国务最忙的一个；[①]我的健康亦不很好（因此也就白丢了许多时间）；在所说的这件事上我又完全是一个开荒者，既无他人的轨辙可循，也未得到任何人参加商讨；只是由于我坚决地走上真路，使我的心服从于事物，我想我尚且把这事多少也推进了一些。那么，就请人们再想一想，当道路业经这样指明之后，在人们富有闲暇，加以共同劳作，加以屡代相承等等条件下，我们的希望又当如何：希望当然是更大的，因为这条道路原非一个人在一个时代所能走完（如同在推理方面所有的那种情形），而是需要把许多人的劳动和努力在最大效果下先行分工，然后再行集合起来（关于搜集经验尤其应当这样）。不要很多人都做相同的事，而要每个人各管一件事：只有到这时人们才会开始知道自己的力量。[②]

一一四

最后，由新大陆向我们吹来的希望的风信[③]即使是较其实际

① 克钦说：培根在这里这样说到他自己，是完全正确的。他的前人和后人，有谁像他既这样深研洞察到科学的一切部门，而同时又那样活跃地投身于社会生活的事务呢？

② 克钦指出，这里有了近代所谓分工原则的萌芽。——译者

③ 这是暗引 Peter Martyr Anghiera 所述哥伦布发现新大陆的故事：他当时观察到一年中某些时候有西风吹到葡萄牙海岸，遂据以得出结论说必有陆地在产生这些风。

为微弱而难于觉察，我们（假如我们的精神不是完全沮丧）也必须用一切办法来做一番尝试。须知不尝试的损失与不成功的损失二者之间是无比较可言的：不尝试是根本抛弃了取得巨大利益的机会，不成功则不过损失了人们的小小一点劳力。如实说来，从我所已论过以及置而未论的道理来想，我看我们是有着足够的甚至用不了的希望，不仅足以使勇者敢于尝试，并亦足以使心清智明的人发生信心。

一一五

关于解除人们绝望心理——这是延缓和阻碍知识进步的最有力的原因之一——的根据，我现在已论述完毕。这就同时把我关于过去所有错误，懒惰与无知的迹象和原因所必须说的话亦作了一个结束；特别是因为有些不在通俗判断和通俗观察之列的比较隐微的原因是必须归到前文所论人心假象一方面来看的。

至此，我的《复兴论》中的破坏部分也应该结束了。这个破坏部分包含着三个驳辩：第一，关于任其自流的人类天然理性的驳辩；第二，关于论证的驳辩；第三，关于学说也即关于公认的哲学体系和教义的驳辩。我进行这些驳辩所用的也是惟一能用的办法，乃是就着迹象以及原因的证据来立论；因为我既然在第一性原理以及在论证规律上都与他人毫无共同之处，我就根本没有展开他种驳辩的门径。

说到这里，已是进而讲论这方术本身和解释自然的规则的时候了；但还有些话须要说明在先。因为在这第一卷论述中我原是打算先为人心做好准备，以便它能理解并接受下卷所说的东西；而现在我既已刷洗、打扫和铲平了心的地面,那么剩下的事就是还要把心放在一个好的位置亦可说是一个便利的方位上去看我所要摆在它面前的东西了。要知道,在一件新的事情,不仅某些旧见解的强烈成见会对它造成伤害,对于所介绍的新事物若先存一种虚妄的预想或预期,这同样亦会造成伤害。因此,关于我所拟议的这些事情,我力图先给人们一些健全的和正确的看法[①],虽然这好比是暂时先支子金(姑且这样说)而作为母金的那个事情本身则尚待下文分解。

一一六

于是我首先要求人们,不要认为我愿意照着古代希腊人以及近代某些人如泰莱夏斯(Telesius)、柏取夏斯(Patricius)和塞维林纳斯(Severinas)[②]等人的样子在哲学当中建立一个新的派别。因为我的意向既不在此,我亦不认为某人对于自然和对于事物的原则怀有某种抽象概念便会对人们的命运有多么大的关系。无疑,属于这一类的许多旧的学说总会复活,许多新的学说亦总会出现,正如关于天体就可假设许多学说,都很合于天文现象而彼此却各

---

① 下文一一六条至一三〇条。——译者

② Bernardino Telesio,一五〇八年至一五八八年,意大利哲学家与自然科学家,文艺复兴中科学运动的倡导者之一;在那不勒斯(Naples)创立学园;其学着重经验的方法,又认为热和冷是物质中两个扩展着的、相互矛盾的力量,企图以此来解释一切物理现象;著有"De Natura Rerum juxta propria Principia"一文。

Francesco Patrizio,一五二九年至一五九七年,泰莱夏斯的弟子;曾发表"Nova de Universis Philosophia"一文,反对亚里士多德。

Marco Aurelio Severino,意大利医生;亦曾著论反对亚里士多德。

以上三人都是和培根差不多同时的人。——译者

不相同。

至于在我这方面，我却不以任何这种揣想的同时也是无益的事情来给自己找麻烦。相反，我的目的是要试试能否就在事实本身当中来替人类的权力和伟大把基础打得更坚固些，把界限推得更宽广些。并且虽然我对于某些特殊题目在不完备的形式下握有一些我以为比现所公认的要真实得多、准确得多同时也实惠得多的结果（这些我都已收入《复兴论》的第五部分），但我仍没有整套的或普遍的学说可以提出。因为看来现在还没有到做这样一种尝试的时候。我也不能希望终我一生能把《复兴论》的第六部分完成（这一部分是命定要讲那从对于自然的合格解释中发现到的哲学的）；我只要清醒地和有益地鞠躬尽力于中介性的职务，为后世播下一些较纯的真理种子，自己则尽到开创这伟大事业的责任，那我就认为是很够了。

一一七

正如我不求创立一个学派，同样我也不许下什么有关特殊事功的奉献或诺言。人们诚然不免要想，我既然这样经常地提到事功，并且把什么事都归结到这一目的，那么我自己总应当认真地做出一些事功来。但是我的程序和方法，我业经屡次明白宣示亦愿再来宣示一次，却是这样的：我不是要从事功中引出事功，或从实验中引出实验（像一个经验家），而是要从事功和实验中引出原因和原理，然后再从那些原因和原理中引出新的事功和实验，像一个合格的自然解释者。并且，虽然在我的发现表（即《复兴论》的第四部分）当中，在特殊东西的举例（见第二部分所引证）当中，以及在我的关于历史的议论（在第三部分中有所发挥）当中，即使中智的读者也能随处见到许多高贵事功的征兆和轮廓；但是我仍公正地承认，我现在所备有的自然史，无论是由书本中搜集而来或是由我自己调查而来，实在还是既不足够丰富，也未经足够精确的验证，来供一种合格的解释之用的。

这样说来，如果有什么人对机械性的研究较为适宜，较有准备，也有聪明能够仅弄实验而猎获一些事功，那么就让他以一切方法尽其努力从我那历史和列表当中顺便搜集许多事物，应用它们来产生事功，这也足以充母金到期以前的子金之用。至于我自己，由于我的目标更有大于此者，所以我深以在这类事情上作非时的逗留和过早的打算为不当，认为那是像亚塔兰塔赛跑一样（如我所常说的）。我不能像那个孩子为追逐金苹果而跑上了岔道，我是要在这竞赛中倾一切赌注来博取方术对自然的胜利；我也不能犯急性病去刈割那尚未吐开的小草或谷穗，而是要等到适当的季节来得一场好收获。

一一八

无疑，人们读了我的自然史和发现表以后，还会在那些实验本身当中看到一些不甚准确或甚至很为虚妄的东西，这就不免令人想到我的那些发现所依据的基础和原则就是虚妄的和可疑的。但是这并不致引起什么后果；这一类的事情在起初总是必不可免的。这只像在写就或印就的篇章上出现一两个写错或排错的字母，并不会十分妨碍读者，因为这类错误很容易随着文义而获得校正。同样，在我的自然史当中也会出现许多做错了或断错了的实验，而亦随即很容易地因原因和原理的发现而被消除掉和排弃掉。但假如在自然史和实验当中的一些错误是重要的、经常的和有连续性的，那就非智慧或方术的妙用所能校正或补救，这却是真的。再说，由此并可想到，假如在我以这等审慎、这等严肃、也可说这等宗教性的小心所搜集成和考验过的自然史当中，尚且在细目上仍有某些虚妄或错误乘隙钻进，那么，对于那种相比之下是十分粗疏而不精确的普遍自然史，我们应该说些什么呢？对于那些建筑在这种沙滩（甚至可说是流沙）上的哲学和科学，我们又该说些什么呢？这样说来，请人们就不必为这一点而担心吧。[①]

一一九

在我的自然史和实验当中，人们还会看到许多琐屑的、普遍都知道的事物；还会看到许多卑贱的、低级的事物；最后亦还会看到许多过于隐微和仅属揣想的，而且看来是一无用处的事物：所有这些事物都会打消和打断人们的兴趣。

先说所谓普通常见的事物。人们应当常常想着，他们一向所习惯的做法不外是把罕见事物的原因归溯到常见的事物，至于对

① 本条是一项很明智亦很重要的启示。我们读本书第二卷时，常见培根在物理知识方面有些错见；对于这种情况，应当怎样看呢？克钦提示说：这些错误在我们今天看来觉得奇怪，在培根当时则是可以原谅的，有时甚至是值得赞美的。这些错误并不足以玷污他的原则；而且没有谁比培根自己更乐于改正这些错误。大凡一种生长着的哲学，其职能之一就是接受好的东西而减除一切前人的错误；正因如此，所以多数物理学著作往往不出几年就要报废。而本书的光荣之处却在前进的时间并不能使它作废，而且随着物理科学的发扬，它还将愈来愈受到尊重；因为它的一般原则是站得住的，它对自然的洞察是深入的，甚至它的某些错误也往往是足资启导的。——译者

常见的事物则从来不问其原因,而径认实然为当然。由于这样,所以他们对于冷、热、软、硬、稀、浓、光、液体、固体、重量、生气、无生气、相似、不相似、天体运转、机体组织以及类此等等,便都不去查究它们的原因,而是在认定它们为自明的事物之下,据以对比较不常出现的其他事物进行争辩和判断。

但是在我,由于我清醒地知道,若不首先恰当地考察和找出常见事物的原因,以及那些原因的原因,就不能对罕见的或非凡的事物做出什么判断,更不能揭示出任何新的事物,所以我必然不得不把一些最常见的事物收纳在我的自然史当中。不仅如此,依我判断,哲学一向所遭受的最大阻碍正就是这样一点:人们都不留心注意于熟知习见的事物,只是于过路中把它们接受下来而完全不究问其原因;至于对有关未知事物之求知还不如对既知事物之更常注意。

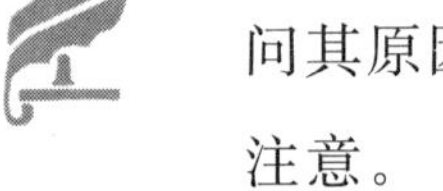

一二〇

再说那些所谓卑贱的或甚至污秽的事物,即那些如朴林尼(Pliny)所说须先道歉然后才好出口的事物。[①] 这也必须容纳在自然史当中,正不亚于那最华美最贵重的事物。而自然史也并不因此而蒙玷污,犹如太阳既照宫殿也照阴沟,而并未染到污垢。至于我自己,我并不是要建立一座万神殿或金字塔以资人矜夸,而是要

① 朴林尼,二三年至七九年,罗马博物学家;维苏维亚(Vesuvius)火山爆发时,趋往观察,为烟气窒息而死;他博览群书,汇集前人对自然界观察研究的记载,成《自然史》一书。此处引句即出于该书第一卷。——译者

在人类理解中照着客观世界的模型来给神圣的庙宇奠定一个基础。因此,我就依照那个模型。凡值得存在的东西就值得知道,因为知识乃是存在的表象;而卑贱事物和华贵事物则同样存在。并且,正如某些腐烂的质体——例如麝鹿和香猫——有时会产生最甜的香味,同样,从卑贱可鄙的事例中有时也会发出最好的光亮和消息。关于这点,说到这里已足够了,已太多了;因为这类的吹求本不过是妇人孺子之见而已。

一二一

还有一点反对意见却必须较仔细地来看一看。有人说,这部自然史当中有许多事物对于普通理解力说来,实在说即对于那种习于现有体系的理解力说来,似乎是奇怪地也且无益地过于精微了。关于这一点,我必须特别把前面说过的话重说一下,那就是说:我开始暂时是寻求光的实验,而不是寻求果的实验;我这样做时,我常常说过,乃是仿照上帝创世的榜样,那是在第一天仅只造出了光,把整整一天的工夫都用于这一件事,并没有在当天插进任何物质的工作。[①]

这样说来,若认为那类事物无用,就等于说光是无用,只因它不是一个坚实的或物质的东西。实情是,经过很好考校和界定的关于朴素性质的知识正像光一样;它指明了通向自然作坊中一切秘密的门路,实际也含有并拖带着成群结队的事功在后面,它也给我们打开了最高贵的原理的源泉;可是它自己本身却并无多大用

① 参看一卷七〇、九九、一一七诸条。——译者

处。同样，字母系列中的各个字母若是分开而从其自身来说，也没有什么用处或意义，可是它们却是作文的材料和一切谈话的工具。又如东西的种子，它是有着很多潜在性德的，可是除非发展起来也没有什么用处。又如光这东西本身，其散乱的射线若不弄成辐辏在一点，也是不能传布它们的功用的。

若说反对思考中的精微，那么对于经院学者们又当怎么说呢？他们溺于精微到过甚的程度；他们的精微之处又是费在文字上面，或至少也是费在通俗概念（这与文字实是一回事）上面，而不是费在自然的事实上面；他们的这种精微又不仅在原始中为无用而且在后果上也无用；他们的这种精微又和我所说的那种不一样，并不是眼前诚然无用后效则属无穷的；——对于他们的这种精微，又当怎么说呢？人们应当明确这一点：争辩上的议论上的一切精微若非到公理发现之后才来应用，那是违时的也是出乎常理之外的；应用精微的真正的、适当的或至少是主要的时机乃在对经验进行衡量并据以建立原理的时候；因为那另一种精微虽能抓攫自然，但绝不能把它握牢。人们关于机遇或幸运的一句说话无疑可以真确地移用于自然，那就是说，它前额有一堆卷发，后头却是秃的。[①]

① 机遇前额有一堆卷发，后头却是秃的——克钦注明，这出于菲德拉斯所作题为“Occasio Depicta”的一则寓言，见其寓言集第五卷第八首（Phaedrus，罗马奥古斯塔时代的一位寓言作家，用诗的体裁写出九七则，多数是根据《伊索寓言》改写），英谚有“要捉机遇，捉其前发”（take occasion by the forelock）一语，盖源于此。（这寓言和这谚语是说：要捉机遇，须预作准备，迎头去捉，若落在后头，就无可把捉；而培根移用此意于解释自然，则是说：须适时地在掌握到实在的经验之后来建立公理，而不可违时地从空无所据的原理出发去进行争辩。——译者）

总之，关于鄙视自然史中收纳常见的事物、卑贱的事物、过于精微的事物，和在原始情况中无用的事物这一层，我们大可把当年一个贫妇对一位高贵王子的答语来作喻解，当那王子把贫妇的请愿斥为冒渎尊严，不值一顾而加以拒绝时，她就说道："那么你就别当国王好了"。[1] 毫无疑义，凡把那类事物认为琐细可鄙而不屑加以注意的人是既不能赢得更不能统治自然这个王国的。

一二二

有人又会想，我们怎么可以同时一举而把一切科学和所有作家都推在一边，而且还不借任何古人的帮助和支持而单靠我们自己的力量，这未免是奇怪也是鲁莽的事了。

我知道，假如我所选定的做法比较不是这样诚意的，那我大可很容易地替我这些提议找到权威，只须把它们归溯到希腊以前的远古（当时自然哲学许是比较更为发达，虽然由于还未经过希腊人这传声筒的扩大吹嘘而比较少有声息），或者甚至只须把它们一部分归溯到某些希腊学者，就可以替它们既找到支援又求得声誉，正如家世不明的人们援借宗谱来自称华族远裔一样。但我不是这样。我一切依靠事物的证据和真际，我拒绝一切形式的虚构和欺骗。并且我认为，我们当前所要做的发现之是否早为古人所知晓，是否随事物之变迁与年代之嬗递而迭有兴衰，这和我们当前的任务根本没有什么关系，正如新世界之是否那古人所熟知的雅特兰

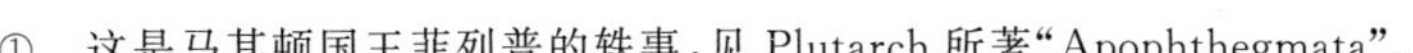

① 这是马其顿国王菲列普的轶事，见 Plutarch 所著"Apophthegmata"。

地(Atlantis)岛,[①]抑或现在才是第一次的发现,这也和人类没有什么关系。总之,新的发现必须求之于自然之光亮,而不能溯求于古代之黑暗。

至于说到我那种责难的广泛性,我们只要把事情认真思量一下,必然就会看到,这样的责难比那种局部性的责难不仅是较为确当的,而且也是较为客气的。因为各种错误如果不是根于始基的概念,则一定早有某些真实的发现来纠正虚妄的发现。正因各种错误是属于根本性的而不是属于判断虚谬以及粗心失察之类,所以人们之没有获得本未企求的东西,没有达到本未树立的目标,也没有完成本未走上或本未坚持的途程,那是并无足怪的。

至于说我那种责难含有傲慢自夸之意,那我可以说明,假如一个人自称单凭手劲和目力就能比别人把一条直线画得较直,把一个圆形画得较正,那么他当然是在和别人挑起能力的较量;但如果他只说,他凭借尺和规的帮助能比那单凭手眼的人把一条直线或一个圆形画得较好,那就不能算怎样自夸。这一层说法,希望人们留意,还不仅适用于我自己这首次的、发轫的尝试,并且也适用于此后担起这项工作的一切人们。我这种发现科学的方法大能划齐人们的智慧,而甚少有赖于个人的卓越性,因为在这里一切事情都是凭着最可靠的规则和论证来做的。[②] 这样说来,我在此中的贡献,我曾常说,与其归之于能力,毋宁归之于幸运;与其说是智慧的

① 克钦注明,见柏拉图对话集中的“Timaeus”篇。——译者

② 参看一卷六一条。——译者

产物，毋宁说是时间的产物。[1] 无疑，在人们的思想方面也和在人们的工作和事业方面一样，机会多少也是有些关系的。

一二三

说到这里，我可以引用前人说过的一句戏谑之言来说明我自己（因为它把我和别人之间的区别标明得异常真切），那话是说："如果一个人喝水，一个人喝酒，那么我们的想法是不会相同的"。[2] 现在在科学问题上，别的人们，古代的也好，近代的也好，都是喝着像水一样的未经提制的饮料，有的是自发地涌自理解力，有的是为逻辑所抽起，像用辘轳汲取井水一般；而我所举以祝福人类的杯酒则是从无数葡萄滤出的，那些葡萄都是当熟到恰好的时候一簇一簇被摘下来，聚在一起，在压榨器中将汁挤出，最后还在大桶中加以纯化和净化。这样看来，我和他们思想之不同正是无足怪的。

一二四

无疑，有人又想，我自己所设置的目标和鹄的（这又正是我反对别人的一点）并不是真确的，也不是最好的；因为思辨真理比一切事功的宏效伟绩都要更为崇高和更有价值；若长此急切地沉溺于经验、物质以及个别事物的波动变异，则无异把心灵撤离抽象智慧之澄静天界，[3]而把它拖曳在地面或竟是把它降入扰攘混乱的

---

① 见一卷七八条。——译者

② 这是菲罗克拉特（Philocrates）说到德谟辛尼斯的话，见后者所著"De Falsa Legatione"一书。

③ 克钦指出，这是暗指柏拉图式的亦是亚里士多德式的一种想法，参看亚里士多德所著"Nicomachean Ethics"第十卷第七章。

阴府。对于这话，我很同意；并且他们所指为如何如何可取的那一点实在正是我所要做的事。我正是要在人类理解中建造一个世界的真实模型，如实然那样，而不是如各人自己的理性所愿望的那样；而要这样做，就非辛勤地把世界解剖一番不成了。我还要说，人们在哲学体系中凭幻想创造出来的那些愚蠢的、杜撰的世界影像都必须抛入风中，使其消散净尽。我们应当知道在人心假象和神意理念之间（如前文所说）有着何等巨大的区别。前者不过是一种任意的抽象；后者则是造物者自己打在创造上的章记，以真确而精细的线条划印在物质中的章记。[①] 这样说来，真理和功用在这里乃是一事：[②]各种事功自身，作为真理的证物，其价值尤大于增进人生的安乐。[③]

一二五

还有些人会想，我所正在做着的事不过是前人所已经做过的事。这就是说，古人们也曾采取我现在所采取的途程；因此也就是

① 参看一卷二三条和注。——译者

② 拉丁本原文在这里用的是 ipsissimoe res 二字，照字面看，实不能译作“乃是一事”，不过原译者认定培根的意思必是这样。（这样认定是完全有根据的。本书一开头在第三条中就说，“人类知识和人类权力归于一”；二卷第三条中又说，“法式的发现能使人在思辨方面获得真理，在动作方面获得自由”；二卷第四条中说得更清楚，“凡在动作方面是最有用的，在知识方面就是最真的”。这些话都可以为这句话作注解。——译者）

③ 关于培根对真理与事功的关系、科学的目的以及怎样达到这目的等问题的见解，也就是说，关于培根是否一个简单的功利主义者的问题，细读此句并参看一卷八一、一一七两条，就可有所理解。——译者

说，我在经过一切这些骚动和挣扎之后，最后也不免要达到古代早曾盛行过的许多体系之中的某一体系。他们说，古人们在开始思考之初，也曾备有大堆丰富的事例和特殊的东西；把它们分条列目地汇成长编；据以完成他们的哲学体系和各种方术；并在把事情弄明白之后就将那些体系和方术发表出来，——可是这时却仅在几个地方插入少数的举例以当证明和解说之用，至于要把全部札记、注解、细目和资料长编一齐刊出，古人们认为那是肤浅而且亦不方便。他们说，这种做法正和建筑工人的办法一样：房屋造成之后，台架和梯子就撤去不见了；古人们无疑是这样做的。对于这一点反对意见（或毋宁说是一种疑虑），我要指出，只要人们还没有十分忘记我在上文所说过的话，谁都会很容易地予以答复。古人们所惯用以从事探讨和发现的方式是他们自己所明白承认的，在其著作的浮面上就可看到。这个方式简单地就是这样：他们从少数例子和特殊的东西（加上一些普通概念，或许还加上一部分最流行的公认的意见）一下子就飞到最普遍的结论或科学的第一性原则，并把它们当作定而不移的真理，进而以中间命题为手段从它们引出并证明一些较低的结论，而从这些较低的结论当中来构建方术。[①]在此以后，假如又有与他们的教条相违反的新的特殊东西和例子被提出而引起讨论，他们不是对自己的规律作一些区划或解释而把它们巧妙地融入他们的体系之中，[②]就是干脆把它们作为例外

① 参看一卷一九、二二、一〇四、一〇五诸条。——译者

② 参看一卷二五条和注。——译者

而粗暴地加以排除；[①]至于对那些不相违反的特殊东西，他们则努力要用合于他们那些原则的原因来作解释。但要知道，这种自然史和经验不是我们所需要的，远远不是我们所需要的；并且还要知道，那种飞到具有最高普遍性的东西的做法把一切都毁光了。

一二六

还有人想，我既这样禁止人们在未经正当地通过中间阶梯来达到具有最高普遍性的东西以前不得把什么原则视为业经确立而加以宣布和予以制定，我便是主张将判断悬搁起来，而这就走到希腊人所说的不可解论，即不承认人心有了解真理的能力。关于这一点，我要说明，我所思所陈的实际上不是不知论，而是利知论；不是不承认理解的能力，而是供以装备俾真确地进行理解。因为我并不取消感官的权威，而是要给它以帮助；我并不轻视理解力，而是要管理它。[②] 我们应知所须知，而尚以所知为不周，若以所知为已周，而却不知所须知，那就差得多了。

一二七

还有一点，与其说是反对，不如说是疑问。人们问，我提倡这种方法，是只说自然哲学应当照此进行呢，还是说其他各种科学以

① 克钦举例阐论说，关于对待所谓例外现象的正确态度，可举天文学者们对天王星问题的处理为例：他们看到天王星的扰乱情况，这看来是足以作为反证来推翻有关行星运动的法则的；他们并没有把这一事实解释掉，而是去追求它的原因，由此又发现了海王星。又如，归纳起来的叫人不得不承认引力这条法则的例证是太强有力了，实在不能因一个看来似乎相反的事例就把它推翻的。

② 参看一卷三七条和六七条末节。——译者

及逻辑、伦理学、政治学等亦都应当照此进行呢？我回答说，我前面所进当然是指着所有这些而言的。正如那种以三段论式来统治的普通逻辑不仅被及自然科学而且被及一切科学，同样我这种依归纳法来进行的逻辑也是通贯一切的。我不独在冷、热、光、植物以及类此方面制成历史和发现表，关于愤怒、恐惧、羞耻以及类此等等；关于政治方面的事情；关于精神动作如记忆、分合[①]、判断和其他等等，我亦都同样制成历史和发现表。可是要知道，在把历史准备好并排列妥当之后，由于我的解释方法不限于涉及心的活动或思论（如普通逻辑那样）而且还涉及事物的性质，所以我要对人心提供一种规则和指导，使它在每一情节都能恰当地把自己投在事物的性质上。因此，我在有关解释的学说中又提出许多不同的条规，以便人们依其探讨主题的性质和情况来略略变化其发明方法。

一二八

还有一点其实连怀疑都不该发生，那就是问我是否要把现行哲学、方术和科学全都推倒并加以摧毁。我回答说，远非如此；我是最高兴看到它们被使用，被培植，并受到尊崇的。若说现在时兴的各种技术不该继续去作争论的材料，不该继续去作谈话的装饰品，不该继续去供教授先生们或生意人士们方便之用，总之是说不

① 这里所谓分合（composition and division），爱理斯说，或许是谓综合和分析（synthesis and analysis）；弗勒则指出，这是循用亚里士多德的术语，意谓肯定和否定（affirmation and negation）。

该继续像通用货币那样凭大家同意而流行于人们之间，那是毫无理由的。不仅如此，我还直率地宣告，我现在所倡导的东西根本很少适合于那样一些目的，因为它除在效果上和事功上外是不能降低到为一般人所领会的。[①] 我这样宣称我对于公认的科学的好感和善意究竟是多么诚恳，这从我所发表的著作特别是几卷《进学论》(*Advancement of Learning*)当中可以充分看到，所以我就不图再以文字作进一步的证明了。可是同时我亦提出经常的和明白的警告说，要凭现在通用的方法，那是既不能在学说方面和科学的思辨部分方面做出什么巨大进步，也不能把它们实现为什么宏伟事功的。

一二九

说到这里，只有再就心目中这个目标的卓越性略谈几句了。这些话若在早先说出，或许被看作空疏的愿望；现在希望既经鼓起，不公正的成见既经消除，再说这些话也许就有较重的分量。再说，假如我自己业已把一切做完，而没有机缘再邀请别人来帮助和参加这个工作，那么即到现在我也仍要避免说这些话，以免人们会认为我是在宣布自己的功罪。但是由于我要促进别人的努力和燃起他们的热情，那么我就该使人们留心到某些事情，这却是适宜的。

首先要说，引进著名的发现，这在人类一切活动中应该高居首位，这是历代前人所作的评判。历代对于发明家们都酬以神圣的

① 参看序言第四节。——译者

尊荣；而对于功在国家的人们（如城国和帝国的创建者、立法者、拯救国家于长期祸患的人、铲除暴君者，以及类此等人）则至高不过谥以英雄的尊号。人们如正确地把二者加以比较，无疑会看出古人的这个评判是公正的。因为发现之利可被及整个人类，而民事之功则仅及于个别地方；后者持续不过几代，而前者则永垂千秋；此外，国政方面的改革罕能不经暴力与混乱而告实现，而发现则本身便带有福祉，其嘉惠人类也不会对任何人引起伤害与痛苦。

再说，发现可以算是重新创造，可以算是模仿上帝的工作，正如诗人说得好：

脆弱的初民不知道耕稼，
雅典人首先播种真伟大，
从此生长出油油的田禾，
再造了我们下界的生活。[①]

说到这里，可以指出梭罗门（Solomon）确有值得称道之处。虽然他在统治帝国方面，在金银财富方面，在丰功伟业方面，在朝廷家室方面，在舰队武备方面，以及在名耀海内敬在人心等等一切方面莫不显示其伟大有力，可是他都不把这些引为光荣，却只说道：“上帝的光荣在于藏物，国君的光荣则在于把它搜出。”[②]

其次一点，让人们想一想在欧洲最文明的区域和新印度最野

① 卢克吕夏斯（Lucretius），公元前约九五至三一年，罗马诗人，作了一首题为 De Rerum Natura 的哲学训言诗，凡六卷，倡无神论和唯物论；这里所引的几句见于第六卷一至三行。——译者

② 见《圣经》，《箴言》第二五章第二节。

蛮的地方之间人们生活是怎样大不相同，他们就会感到“人是人的上帝”[①]这句话乃是有道理的，不仅从人们所得到的帮助和福利说来是这样，从生活情况的比较说来也是这样。而这个差别却是从何而来呢？这无关于土壤，无关于气候，也无关于人种，这个差别只在方术。

复次，我们还该注意到发现的力量、效能和后果。这几点是再明显不过地表现在古人所不知、较近才发现，而起源却还暧昧不彰的三种发明上，那就是印刷、火药和磁石。这三种发明已经在世界范围内把事物的全部面貌和情况都改变了：第一种是在学术方面，第二种是在战事方面，第三种是在航行方面；并由此又引起难以数计的变化来；竟至任何帝国、任何教派、任何星辰对人类事务的力量和影响都仿佛无过于这些机械性的发现了。

进一步讲，我们不妨把人类野心的三个种类也可说是三个等级来区分一下。第一是要在本国之内扩张自己的权力，这种野心是鄙陋的和堕落的。第二是要在人群之间扩张自己国家的权力和领土，这种野心虽有较多尊严，却非较少贪欲。但是如果有人力图面对宇宙来建立并扩张人类本身的权力和领域，那么这种野心（假如可以称作野心的话）无疑是比前两种较为健全和较为高贵的。而说到人类要对万物建立自己的帝国，那就全靠方术和科学了。因为我们若不服从自然，我们就不能支配自然。

再说，既然人们把某种个别的发现尚且看得比那种泽及人类

① 克钦注明，这是引用开希里阿斯(Caecilius)的一句箴言，可是培根把它的原意扩展了。——译者

的德政还要重大，那么，若有一种发现能用为工具而便于发现其他一切事物，这又是何等更高的事啊！还要以光为喻来说明（完全说真的），光使我们能够行路，能够读书，能够钻研方术，能够相互辨认，其功用诚然是无限的，可是人们之见到光，这一点本身却比它的那一切功用都更为卓越和更为美好。同样，我们对事物进行思辨这件事本身也是比各种发明的一切果实都要更有价值，只要我们的思辨是如实的，没有迷信，没有欺骗，没有错误，也没有混乱。

最后再谈一点，若有人以方术和科学会被滥用到邪恶、奢侈等等的目的为理由来加以反对，请人们也不要为这种说法所动。因为若是那样说，则对人世一切美德如智慧、勇气、力量、美丽、财富、光本身以及其他等等也莫不可同样加以反对了。我们只管让人类恢复那种由神所遗赠、为其所固有的对于自然的权利，并赋以一种权力；至于如何运用，自有健全的理性和真正的宗教来加以管理。

一三〇

现在已到我来陈述这解释自然的方术本身的时候了。在这一方术当中，虽然我觉得我已经提出了真确的亦是最有用的条规，可是我却既不说它是绝对必要的（好像没有它就什么事都不能做的样子），也不说它是尽善尽美的。因为我认为，人们只要手边备有一部正确的自然史和经验史而辛勤地致力于此；只要能够恪遵下述两条规则：——第一，要把公认的意见和概念都撇在旁边，第二，暂时不要萦心于最高普遍性以及仅差一级的次高普遍性——，那么，他们就能不借任何方术而单凭心所固有的真纯力量来走入我这种解释的方式。因为所谓解释，原不过是心无障碍时所作的真实的和自然的活动罢了。不过若说，有我的条规则诸事较有准备亦较有把握，这却是真的。

我亦不说我的那些条规是再不容有所改进的了。恰恰相反，我既是不单就心本身的机能来论心，而且要就其与事物的联系来论，那么我当然就必须主张：发现的方术是会随着发现之前进而前进的。

第 二 卷

一

要在一个所与物体上产生和添入一种或多种新的性质，这是人类权力的工作和目标。对于一个所与性质要发现其法式，或真正的种属区别性，或引生性质的性质，或发射之源（这些乃是与那事物最相近似的形容词），这是人类知识的工作和目标[①]。附属于这两种首要工作之下，另有两种次要的、较低的工作：属于前者的，是要尽可能范围把具体的物体转化；属于后者的，是要就每一产生和每一运动来发现那从明显的能生因和明显的质料因行进到所引生的法式的隐秘过程[②]，同样在静止不动的物体则是要发现其隐秘结构[③]。

二

人类知识现时处于何等恶劣的情况，这甚至从一般公认的准则中也可看出。人们说，"真正的知识是凭原因而得的知识"[④]，这

① 本卷整个说来就是就发现性质的法式这个目标来进行讨论的。——译者

② 详见二卷六条。——译者

③ 详见二卷七条。——译者

④ 克钦指出，亚里士多德曾说："我们对于一个事物，只有知道了它的原因时，才能说对它有了科学的知识。"见"Posterior Analytics"一书第一卷第二章。——译者

是对的。人们又把原因分为四种，即质料因、法式因、能生因和目的因，这亦并无不当[①]。但且看这四种原因，目的因除对涉及人类活动的科学外，只有败坏科学而不会对科学有所推进。法式因的发现则是人们所感绝望的。能生因和质料因二者（照现在这样被当作远隔的原因而不联系到它们进向法式的隐秘过程来加以查究和予以接受）又是微弱、肤浅，很少有助甚至完全无助于真正的、能动的科学。还请不要忘记我在前文曾说到法式产生存在这种意见乃是人心本身的一个错误，我并曾加以纠正[②]。在自然当中固然实在只有一个一个的物体，依照固定的法则做着个别的单纯活动，此外便一无所有[③]，可是在哲学当中，正是这个法则自身以及对于它的查究、发现和解释就成为知识的基础也成为动作的基础。我所说的法式，意思就指这法则，连同其各个条款[④]在内；我所以采用此名，则是因为它沿用已久成为熟习之故。

三

一个人如果仅只对某几种东西认识到其性质（如白或热）的原因，他的知识就算是不完全的；如果他只能对某几种质体加添一种

① 克钦指出，这些亦就是亚里士多德所提出的四种原因，参看他所著“Metaphysica”一书第二卷第二章。——译者

② 克钦指出，所谓法式产生存在之说是指柏拉图的理念说（或译理型说）。参看一卷五一条有关的注。——译者

③ 这几句话（还有一卷一二〇条中的一些话）充分表明了培根的唯物论的立场。——译者

④ 拉丁本原文为 paragraphos，英译文为 clauses。克钦指出，所谓法则的条款，特别是所谓法式的条款，殊难明其所指；二卷二〇条在描述热的法式时把运动作为热的类属而给以若干点规限，也许这些规限就算是热的法式的条款。——译者

效果(在能够有所感受而发生这种效果的质体上),他的权力也同样算是不完全的。要知道,假如一个人的知识是局限于能生因和质料因(二者都是不稳定的原因,都只是仅在某些情节上会引出法式的转运工具或原因),他固然也可能就预经选定的、相互有几分类似的某些质体方面做到一些新的发现,但是他没有接触到事物的更深一层的界线。可是如果有谁认识到法式,那么他就把握住若干最不相像的质体中的性质的统一性,从而就能把那迄今从未做出的事物,就能把那永远也不会因自然之变化、实验之努力,以至机缘之偶合而得实现的事物,就能把那从来也不会临到人们思想的事物,侦察并揭露出来。由此可见,法式的发现能使人在思辨方面获得真理,在动作方面获得自由。

四

虽然通向人类权力和通向人类知识的两条路途是紧相邻接,并且几乎合而为一,但是鉴于人们向有耽于抽象这种根深蒂固的有害的习惯,比较妥当的做法还是从那些与实践有关系的基础来建立和提高科学,还是让行动的部分自身作为印模来印出和决定出它的模本,即思辨的部分。于是我们就必须想到,如果一个人想在一个所与物体上产出和添入一种什么性质,他所最愿意得到的是怎样一种规则、指导或引导;我们也还要用最简单的、最不艰深的语言把这些表述出来。譬如说,如果有人(注意到物质的法则)想在银子上面添入金子的颜色或是增加一些重量,或者想在不透明的石头上面添入透明的性质,或者想对玻璃添入韧性,或者想对一些非植物的质体加上植物性质——如果有人想这样,我说我们必须想一想他所最想要的是怎样一种规则或指导。第一点，他无疑是愿意被指引到这样一种事物，在结果上不致把他欺骗，在尝试中不致使他失败。第二点，他必定愿意得到这样一种规则，不致把他束缚于某些手段和某些特定的动作方式。因为他可能既没有那些手段，也不能很方便地取得它们。因为亦可能在他能力所及之内另有其他手段和其他方法（在所规定者外）去产出所要求的性质，而一为规则的狭隘性所拘束，他就将被摈在那些手段和方法之外而不能把它们利用。第三点，他必定要求指给他这样一些事物，不像计议中所要做的事物那样困难，而是比较接近于实践的。

这样说来，对于动作的一种真正而完善的指导规则就应当具有三点：它应当是**确实的，自由的，倾向或引向行动的**。而这和发现真正法式却正是一回事。首先，所谓一个性质的法式乃是这样：法式一经给出，性质就无讹地随之而至。这就是说，性质在，法式就必在；法式本义就普遍地包含性质在内；法式经常地附着于性质本身。其次，所谓法式又是这样：法式一经取消，性质就无讹地随之而灭。这就是说，性质不在，法式就必不在；法式本义就包含性质的不在在内；性质不在，法式就别无所附。最后，真正的法式又是这样：它以那附着于较多性质之内的，在事物自然秩序中比法式本身较为易明的某种存在为本源，而从其中绎出所与性质。这样说来，要在知识上求得一个真正而完善的原理，其指导条规就应当是：**要于所与性质之外发现另一性质，须是能和所与性质相互掉转，却又须是一个更普遍的性质的一种限定，须是真实的类的一种限定**。现在我们可以看出，上述两条指示——一是属于行动方面的，一是属于思辨方面的——乃是同一回事：凡在动作方面是最有

用的，在知识方面就是最真的。

五

关于物体转化的规律或原理分为两种。第一种是把一个物体作为若干单纯性质的队伍或集合体来对待的。例如在金子，有下述许多性质汇合在一起。它在颜色方面是黄的；有一定的重量；可以拉薄或展长到某种程度；不能蒸发，在火的动作下不失其质体；可以化为具有某种程度的流动性的液体；只有用特殊的手段才能加以分剖和熔解；以及其他等等性质。由此可见，这种原理是从若干单纯性质的若干法式来演出事物的。人们只要知道了黄色、重量、可展性、固定性、流动性、分解性以及其他等等性质的法式，并且知道了怎样把这些性质加添进去的方法以及它们的等级和形态，他们自然就要注意把它们集合在某一物体上，从而就会把那个物体转化成为黄金。关于物体转化的第一种动作就是这样。要产出多种单纯性质，其原则是和产出某一种单纯性质一样的；不过所要求产出得愈多，在动作中就愈感到缚手缚脚，因为要在自然踏惯的通常途径之外把这许多本来不便于聚在一起的性质硬凑合为一体，这原是很困难的。但须指出，这种动作的方式（着眼于复合物体中的若干单纯性质）乃是从自然当中经常的、永恒的和普遍的东西出发，开拓出通向人类权力的广阔道路，为人类思想（就现状而论）所不易领会到或预想到的广阔道路。

关于物体转化的第二种原理是有关发现隐秘过程的，这便不是就着单纯性质来进行，而是就着复合物体（照我们在自然的通常进程中所见到的那样）来进行的。例如，我们要探究黄金或其他金属

或石类是从何开始，是以何方法、经何过程而生成的，是怎样由最初的熔液状态和初形而进至完全的矿物的。同样，我们也可探究一些草木植物又是经何过程而生成的，是怎样经由不断的运动和自然的多方的、连续的努力而从最初在地中凝结的汁液或者是从种子而进至成形的植物的。同样，我们还可探究动物生成的发展过程，从交媾到出生的过程。此外，对于其他物体也都可作同样的探究。

这种查究不只限于物体的生成，还可施于自然的他种运动和动作。例如，我们要探究营养的全部历程和连续活动，由最初受食到完全消化的历程和活动。又如，我们要探究动物的自发运动，看它怎样从想象力上的最初感受经由元精的不断努力而进至肢体的屈伸和各种活动。再如，我们还可探究唇舌和其他器官的运动，看它是通过怎样一些变化而达到最后发出清晰的声音。上述这第二种的各项探究也是涉及若干具体的性质，也是涉及合成一个结构的若干性质，但这却是着意在自然的所谓特定的和特殊的习惯，而不是着意在自然的那些足以构成法式的基本的和普遍的法则。可是必须承认，这个计划和那个始基的计划相比，看来是较为便当，较为切近，也是提供着较多的希望的根据的。

同样，与思考部分相对应的整个动作部分，由于它是以自然的通常细事为出发点，所以它的动作也只能及于一些直接切近的事物，或至多能及于离开不远的事物。至于要对自然施加任何深刻的和根本的动作，那就完全依靠始基的原理。还有，关于人们只能有所知晓而无法施以动作的一些事物，譬如说关于天体(这是人们所不能施以动作，加以改变或使之转化的)，我们要查究这事实自身或这事物的真际，正和关于原因和关于同意的知识一样，也必须

求之于那些关于单纯性质的始基的和普遍的原理，例如关于自发旋转的性质的原理，关于吸力或磁力的性质的原理，以及关于其他比天体自身具有较普遍的法式的东西的性质的原理。因为人们如果不先了解自发旋转的性质，就不必希望去断定在逐日运转当中究竟是地在转动还是天在转动①。

六

但我所说的这个隐秘过程，与现在心有成见的人们所易想见的却迥非一事。我这里所谓隐秘过程，不是指着在物体过程中能够看到的某些度量，某些标志，或一个接一个的若干步骤而言；而是一个完全没有中断的过程，而且大部分又是感官所不能知觉到的。

举例来说，在物体的全部生成和转化当中，我们必须探究什么失去和跑掉了，什么保留下来，什么加添上去；什么扩张了，什么缩减了；什么合起来，什么分离开；什么继续着，什么割断了；什么是推动的，什么是阻碍的；什么占优势，什么退下去；以及其他各种各样的细节。

还有，不仅在物体的生成和转化当中要明确这几点，在一切其他变化和运动当中也要同样探究到什么先来，什么后到；什么较快，什么较慢；什么产生运动，什么管理运动；以及类此各点。可是在科学的现存状态下（其结构粗陋到极点，而且是一无用处），所有

① 关于自发旋转运动的性质的问题，以及由此而联系到的地转还是天转的问题，培根在二卷三六条和四八条（论第十七种运动）中还有详细的论说。克钦指出，培根在这里和那里的说法都否定了考伯尼的体系，在我们今天看来显然是荒谬的；但是，尽管这样，我们必须回顾并记住，在当时，培根的这些见解却几乎是普遍公认的见解，而考伯尼的体系倒被认作只是一种假设；须知最后永久解决这个问题的法则和原理是直到牛顿发现万有引力的法则时才显现出来的。——译者

这些点都是人们所不知，也未加以处理的。这是因为人们有见于每一自然活动都是靠着无限小的或至少是小得打不动感官的事物，所以在适当地了解到和观察到它们以前就没有一个人能希望去管理或改变自然。

七

要查究和发现物体中的隐秘结构[①]也不亚于要发现隐秘过程

① 拉丁本原文为 latentis schematismi，英文译本作 latent configuration。培根使用这一名词，含义复杂，不够明确。有人把它简单地理解为物体中分子的排列或相对位置，这无异把它说成完全像德谟克利塔斯的原子论，而这恰是培根所不同意的（参看二卷八条）。克钦在注释中说，人们很难同意培根以蒸馏法为对物体的隐秘结构进行查究的方法之一，因为蒸馏法属于化学范围，而化学的对象则是物体构成分子的质料而不是它们的结构或组合方式；这话是首先认定所谓隐秘结构为物体中分子的组合方式或排列式样，从而说蒸馏法之例为不合，似乎亦有失原义。按：培根在这里一则说蒸馏法之把复合物体的若干同质分子合在一起不失为解剖隐秘结构之一法，并且还怕这种单凭火炼的动作会弄乱物体的性质；再则说对于每一物体必须探究其中元精（尽管这一概念是十分陈旧和怪诞）和可触本质的各种情况；三则说物体的真正组织和结构是事物中一切隐秘的性质和所谓种属的性质与性德所依附，也是每一有力的变化和转化的规律所从出；四则说对物体进行分剖和分解要用推理和真正的归纳法，并辅以实验，要用与其他物体相比较的办法，还要用把复合物体还原为若干单纯性质及其若干法式的办法；在下文第八条中又接着说，我们却不可由此就被引至原子论，而只应被引至那实在的分子，照它们实际存在着的样子：从这些说法中可以概见培根所谓隐秘结构的复杂含义，与简单的原子论是不同的。

克钦注释说，密尔在论述他的同异法时曾作了一些例解（见《逻辑》一书第三卷第八章第一节），可作为很好的事例来说明培根所谓发现隐秘结构并以此知识应用于隐秘结构。密尔提到了石英晶体的制造，其方法是以矽石微粒冲水，注入小瓶，搁置几年；他还举出了郝尔（Sir James Hall）的人造云母，其方法是用极大压力把材料熔解后再使它冷却。这些就可说是把隐秘过程应用于隐秘结构。因为我们必须首先分析例如说石英晶体或云母的构成分子，然后把这个知识通过仿效自然过程的动作应用于创造隐秘结构。培根在“New Atlantis”一书中曾草画出一些动作，与上述这些是颇为相像的。——译者

和法式，同样是一件新的事情。因为直到现在，我们还只是逡巡于自然的外庭，还没有给自己准备下一条进入自然内室的道路。可是绝无人能够对一个所与物体赋予一个新的性质，或者能够成功地和恰当地把它转变成为一个新的物体，除非他已经获得关于所要这样加以改变和加以转化的物体的充分知识。否则他就会跑到一些纵非无用至少也是困难的、不对头的、不合于所搞物体的性质的方法上去。因此，很明显，关于发现隐秘结构这一点，也必须打开和铺出一条道路。

诚然，在有机物体（如人和兽）的解剖上，人们已经很好地下了一些苦功，也已经收到了良好效果；这似乎是一件精微的事，也是对自然很好的钻研。可是这种解剖是限于视觉和感官，并且是只在有机物体中才有进行的余地。此外，这种解剖若与另一种解剖相比，那就还是浅显和容易的事情。有些想来在组织上是一致的物体；特别是具有种属特性[①]和具有部分的东西，如铁、石之类；还有植物和动物中的一致组织的各个部分，如根、叶、花、血、肉、骨之类；其隐秘结构的真正解剖便不是这样浅显和容易的了。但是即在后一种解剖当中，人类也不是完全无所努力；人们之应用蒸馏法和其他方式的分析法来对于组织一致的物体进行分解，想用把复合物体的若干同质分子合在一起的办法来把其复杂组织显露出来，其目的所在就正是这种解剖。这种解剖也是有用的，也足引至

① 在培根的时代，人们只把若干某些东西认为属于自然种属，其他一切东西则被认为是元素性的；如红宝石就算具有种属特性，而一般的石头或岩石则只算土这一元素的变种。所谓“种属性德”则是由一个东西的种属特性所赋予的性德，超出一个东西所含元素的属性。

我们所寻求的目标。不过这种解剖在结果上常常是谬误的，因为许多在事实上是新得出的、是由火和热以及其他方式的分解法[①]所添入的性质，却被认作只是分剖的结果，认为原来早就存在于复合物体之中。究竟说来，就着发现复合物体之中的真正结构这一工作来说，这种解剖乃不过是其中很小的一个部分；而那真正的结构却是一个精微得多、细密得多的事物，若单凭火炼这一类的动作，那是只有把它弄乱而不会把它揭出并弄清楚的。

由此可见，我们必须做到对物体进行分剖和分解，可不是要用火，而是要用推理和真正的归纳法，并辅以实验；要用与其他物体相比较的办法；还要用把复合物体还原为聚会并混合于其中的若干单纯性质及其若干法式的办法。一言以蔽之，我们若想揭露物体的真正组织和结构——那是事物中一切隐秘的性质和所谓种属性质与种属性德所依附，也是每一有力的变化和转化的规律所从出——，我们必须由火之神[②]转为工艺之神[③]才行。

举例来说，对于每一物体，我们必须探究其中元精有多少分

① 克钦评注说，关于火的应用，赞美的话是说也说不尽的。在帮助化学的发现方面，在改进有关生活的方术方面，火比任何其他手段都贡献得多。关于所谓“新得出的、由火和热的分解法所添入的性质”，有一个事例是：人们相信有一种假想的名为燃素(phlogiston)的质体，据说它是绝对地轻，一经熔解就从铁当中跑掉了；而其实，铁之增重是由于氧气从空气中被吸收掉之故。所以，尽管不无理由提出警告，但培根之谴责火和热的使用还是错的。火和热在实验上是最有价值的工具，虽然也和一切工具一样有它们的错处而需要加以小心的矫正。——译者

② Vulcan，罗马人心目中的火神和金属巧匠，相当于希腊人心目中的Hephaestus；神话中讲他在伊特那山(Mount Etna)底下有一冶炉，替天神制造雷电。——译者

③ Minerva，罗马神话中的工艺女神，相当于希腊神话中的Athena。——译者

量，可触本质又有多少分量。关于元精，我们还必须探究它是丰盈和浮胀的还是瘠瘦和稀微的；是精的还是粗的；是近于火的还是近于空气的；是矫捷的还是懒慢的；是强的还是弱的；是前进的还是后退的；是间断的还是连续不断的；与外面周围的东西是相一致的还是不相一致的；以及类此等等。关于可触本质（其中容有的差异也不少于在元精方面的），我们同样也要探究到它的外皮、纤维和组织种类。此外，通贯于这实在体架直至其肤孔、通道、脉络和细胞的元精的倾向，以及有机物体的初形或最初努力，这些亦都应加以同样的查究。不过在这些探究方面，也可以说在隐秘结构的全部发现方面，也须求之于始基的原理才能见到真正的和清晰的光亮，那始基原理是能完全驱除一切黑暗和隐晦的。

八

我们却又不可由此就被引导到原子论，那个暗含着虚空和物质不可变两条假设的原子论（这两条假设都是虚妄的）；[①]我们只应被引导到那实在的分子，照它们实际存在着的样子。我们也没有任何理由见研究之精微而惊慌失措，仿佛那是无法解开的样子。恰恰相反，研究愈是接近于单纯性质，一切事物就愈变得容易和浅显；工作是由复杂的事物转到单纯的事物了，是由不可比量的事物转到可以比量的事物了，是由不尽根数转到并无不尽根数了，是由无限的、模糊的事物转到有限的、明确的事物了，其情节正好像字母系列中的字母和音乐中的音符似的。应当指出，对自然的探究

① 关于培根否认有虚空存在的说法，克钦指出，参看一卷六六条。——译者

如果始于物理学而终于数学，那就会有最好的结果[①]。还要指出，人们都不必害怕极大的数目或极小的分数。因为在处理数目时，千和一是同样容易存想和处置的，一个整数的千分之一和那个整数本身也是同样容易存想和处置的。

九

根据上述原理的两个种类就得出哲学和科学的正当分划；这可以采用一般所公认而在一个意义上也合于我自己的观点的名词（最切近于这事物的）来加以表述。要查究那种永恒的、不变的法式（至少在理性眼中看来和就其本质的法则说来是这样的），这就构成**形而上学**；[②]要查究那能生因、质料因、隐秘过程和隐秘结构

① 克钦注释说，这句话的确切意义还有费解之处。一种意译可作："当一种物理学的发现被转成数学的定理的时候，对自然的探究就会有最好的结果。"例如，开勃勒的几条法则被人们以数学的方式表述出来，就是这样。又如在光学上，在对若干事例作了适当查究之后，得出某些数学公式来替换若干物理事实，就大大获得了确实性。再如数学在物理实验的基础上对中心诸力进行探究，既得出了自然中前所不知的结果，又给物理现象所依循的一切法则作出了最简单的表述。

这个理解是对的。培根在一卷九六条中曾论到数学与自然哲学的关系，肯定数学能给予自然哲学以确切性，但说它不图生发或产生自然哲学，因而若单靠数学就会败坏自然哲学。这里说，对自然的探究要始于物理学而终于数学，也就是说，由物理学从物理事实出发、根据物理实验而获得的自然知识也即所产生的自然哲学，又经数学最后加以公式化，赋以数学的确切性和确实性，那当然是最好的结果了。——译者

② 这里所提出的哲学和科学的分划包含着一系列的带根本性的问题。首先，这是否把法式或法则分为两种：一种是自然的永恒的、不变的、基本的法式或法则（这是形而上学探究的对象）；另一种是只关涉到自然的一般进程的法式或法则（这是物理学探究的对象）呢？如果是这样，那么，所谓前一种的法式法则又是什么样的概念呢？这是否像斯宾诺莎所讲的潜在因，亦像柏拉图所讲的理念或理型（尽管培根在口头上反对它）呢？如果是这样，那么，是否可以说，培根尽管在方法论上是经验论的，是科学的，在宇宙论上却是客观唯心论的，还脱不开形而上学的窠臼呢？参看一卷五一条及二卷一条有关的注。——译者

(所有这些都是关涉到自然的一般的和通常的进程,而不关涉到自然的永恒的和基本的法则),这就构成物理学。在这两种之下还附有实践方面的两个分支:在物理学之下有机械学;在形而上学之下有我所谓之幻术(在这个字的较纯粹的意义上来说的),[1]这是因其活动途径之广阔,因其控制自然之较强而言的。

一〇

我们既经这样树立了知识的目标,我们就要前进到各项条规,而这又要以最直截最明显的次序来进行。先要说明,我对于解释自然的指导含有两个类别的分部:一部是指导人们怎样从经验来抽出和形成原理;另一部是指导人们怎样从原理又来演出和推出新的实验。[2] 前者又要分为三种服役:一是服役于感官,二是服役于记忆,三是服役于心或理性。

首先,我们必须备妥一部自然和实验的历史,要充分还要好。这是一切的基础;因为我们不是要去想象或假定,而是要去发现,自然在做什么或我们可以叫它去做什么。

但自然和实验的历史是如此纷纭繁杂,除非我们按适当的秩序加以整列再提到人们面前,它会反而淆乱和分散理解力。因此我们第二步又必须按某种方法和秩序把事例制成表式和排成行列,以使理解力会能够对付它们。

① 参看二卷五一条。——译者

② 由这里可见培根并非只注重归纳法而忽略演绎法;也可测知培根所想的演绎法不是抽象的,而是根据从经验抽出和形成的原理来演出和推出新的实验,——只是他从未把后者加以阐论罢了。——译者

即使这个做到了，若把理解力置之不睬，任其自发地运动，而不加以指导和防护，那它仍不足也不宜去形成原理。于是第三步我们还必须使用归纳法，真正的和合格的归纳法，这才是解释自然的真正钥匙。这一步虽居最后，我却必须把它提到前头来谈，然后再回过头去讲其他两种服役。

一一①

对于法式的查究是这样来进行的：有了一个所与性质，第一点，要把所有已知的在一些极不相像的质体中而一致具有这同一性质的各种事例聚集并列示在理解力之前。这种事例的搜集还必须照着历史的样子去做，不要作不成熟的揣想，也不要有什么大量的精微性。拿热这一性质为例，对于它的法式的查究首先应有下列表式。

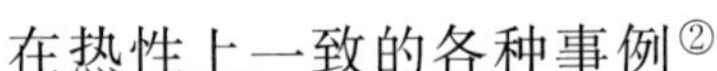

在热性上一致的各种事例②

（一）太阳的光线，特别是夏天的并当中午的。

（二）太阳的光线，反射的和经过缩聚的，例如在两山之间，在墙壁之上，最主要的是在取火镜和镜子之下。

① 从本条至二〇条，是用热这一性质为例来具体地表明怎样发现法式的方法。这在本书中是很突出的一个部分。——译者

② 关于以下各项事例，克钦指出几点：其中有些是错误的（分见第二二、二五、二七各项的注），多数则是苦心经营，也是审慎聪明的；这二七项事例不分先后次序，并非照着历史的样子去搜集的；其中还有些项只是另项的分支，如第五项对第六项，第八、九两项对第一四项就是；赫薛尔（Herschel）所指出的热的两个最强烈的来源，即（一）氧气和氢气在其比例正合于产生水时燃烧起来，（二）电流通过小的导电体多量地继续地发放出来（见所著《自然哲学论》第三四八节），培根在当时是还无所知的。——译者

(三)带火的流星。

(四)燎烧性的雷电。

(五)山口里喷射出的火焰。

(六)一切火焰。

(七)燃着的固体。

(八)天然的温泉。

(九)滚沸的或加了热的液体。

(一〇)热的蒸气和烟气,以及空气自身;空气在受闭时便孕着最有力的和发光的热,像在反射炉[①]中便是这样。

(一一)某些美好无云的天时,由于空气本身的构造的缘故而出现的,与一年之中的季节无关的。

(一二)受闭的和在地下洞穴中的空气,特别是在冬天。

(一三)一切带绒毛的质体,像羊毛、兽的皮和鸟的绵毛,都有热。

(一四)一切物体,不论固体液体,不论是浓是稀(像空气本身的浓稀),靠在火边一些时候,就都带热。

(一五)由燧石与钢相互猛烈撞击而打出的火花。

(一六)一切物体,像石头、木头、布等等,经强烈摩擦就会生热,轮的轴杆和轴端有时甚至着火;在西印度,人们就是用摩擦的办法来取火的。

① 克钦注明,反射炉的结构是内外两室,外室无烟囱,但有一通路与装有烟囱的内室相连。将欲烤热的质体置于内室地上,而燃火于外室,火焰在外室既无出路,遂进入内室,加于质体,并带着大量热力集中在它上面。——译者

（一七）嫩而潮湿的植物捣碎并闷闭起来，像玫瑰花压装在筐中，就会生热；草垛带湿堆起时，甚至往往着火。

（一八）生石灰浇上水。

（一九）铁初被镪水熔解于玻璃杯中，这并不必置近火边。锡和其他类似的东西也是一样，不过热的强度不等。

（二〇）动物都有热，特别是而且永远是在内部；昆虫体中的热是触觉所知觉不到的，由于它们的身量太小之故。

（二一）马粪和类似的动物排泄物，当新鲜的时候。

（二二）强烈的硫磺和硫酸能发热烧坏麻织物。①

（二三）薄荷油以及类似的油能发热烧坏牙齿的骨质。

（二四）精馏的强烈酒精有热的效果，甚至蛋白一经投入就变硬变白，几乎像煮过似的；生面包投入，也会变干，起硬皮，像烘过似的。

（二五）芳香草类和辛辣草类，像龙蛇草和葶菜以及其他等等（不论是整的或者是粉末），在手触来虽然不热，可是略加咀嚼，舌和腭就觉到热和灼烫。②

（二六）强烈的醋和一切酸类，一碰到身体上任何没有表皮的部分，像眼睛和舌头；或者一碰到身体上任何受伤脱皮的部分，就

---

① 在第二二至二六几项事例中，培根似乎是把化学作用和热混为一谈了。如英译本原注在第二四项下指出，面包之例，恐是由于酒精对水有强烈的亲和力，对生面包起了收燥作用，才使它变成像烘过似的。——译者

② 克钦注明，赫薛尔在《自然哲学论》第三四五节中指出：培根在这里是把真热的东西和那些在我们器官上，主要是在味觉器官上，刺激起一种热的感觉的东西混为一谈了，那些东西之引起热的感觉，乃是由于它们是化学的刺激物，而绝不是由于它们实际有什么热。——译者

产生一种疼痛，与热所造成的疼痛几乎无别。

（二七）甚至尖锐的、极度的冷也产生一种灼烫的感觉[①]。诗句有曰，“北风尖冷兮如灼”。

（二八）其他事例。

上面这个表我称作要质临现表。

一二

第二点，我们还必须把缺乏所与性质的事例也列示在理解力之前。因为如上所论，法式应随所与性质之不在而不在，正不亚于它应随所与性质之在而在[②]。但若要记录所有这些事例，这将是无穷无尽的。

因此反面事例只应附缀于正面事例来举，这就是说，缺乏所与性质的事例只应限于和具有或会有所与性质的事物最相近似的事物。在这意义上，我就把这个事例表叫作歧异表，或叫作近似物中的缺在表。

近似物中热性缺如的各种事例[③]

对照正面的前表第一例——（一）月亮、星和彗星的光线在触

① 克钦指出，这项事例亦是错的，错在人们由自己的感觉论到引起这些感觉的事物。——译者

克钦注明，这句诗引自 Virgil 所著“Georgics”第一卷第九三行。

② 参看二卷四条。——译者

③ 克钦指出：这个表不只列举反面的事例，也包含一些补充的观察和偶然的限制。人们可看到它对一些化学真理是怎样无知——这正表明那时是怎样缺乏科学知识（因为培根在大多事物方面是并不后于时人的）；也可看到它的巨大注意力。这个表不失为一个活跃的心灵的一篇可称的纪录，而培根也算实现了自己所说的一句话：“太阳既照宫殿也照阴沟，而并未染到污垢。”（见一卷一二〇条）——译者

觉上不觉到热；[①]在满月之下倒会感到一种严冷。[②]

但是较大的恒星，当太阳行经或行近它们时，据想能对太阳热的强度有所增加，像太阳在狮子宫时和在三伏时的情节就是。[③]

对照前表第二例——(二)在所谓空气的中界中，太阳光线并不发出热。人们解释这种情况有一个不坏的理由，就是说，这个界域距发出光线的太阳既不够近，距反射光线的地球也不够近。[④]有些山顶上面，除开是很高很高的，积雪永久不化；另一方面，像泰挲律弗(Teneriffe)峰和秘鲁的安梯斯(Andes)山脉，只因稍稍较低一些，山顶上就没有雪。这个事实就表明了这一点。并且在这山顶上，空气本身也不冷，却只是稀薄和尖利；在安梯斯山顶上竟至过于尖利而撩伤人目，也能刺激胃口使人呕吐。古人们曾说过，在奥林柏斯(Olympus)山顶上，空气是如此稀薄，以致登山的人必须随身携带醋水浸过的海绵，时时捂在口鼻，因为空气竟稀薄到不够供呼吸之用了。古人们还有一个记载，在这个山峰上，空气极其

① 梅隆尼(Melloni)力图使月光的热能被感觉到，近已获得成功。

② 克钦指出，满月下所以会感到冷，或许是由于月亮使云彩气化了，致空气得机稀化，因而月满的时候亦往往是天气最晴的时候。——译者

③ 克钦指出，这是错的：恒星并无这类影响；太阳在狮子宫时或在三伏时所以特别热，乃由于地轴倾斜的角度，也由于太阳过了夏至热便增至最高度。至于所谓“太阳行近恒星”之说，则是与太阳和恒星对地球距离相等的想法相联系着的。——译者

④ 克钦注明，正确的解释是：地势愈高，则空气愈稀，空气的稀化是和压力的降减成正比例进行的。阳光反射也是增热的一种原因，但不能来解释这个现象。

太阳光线经过仔细分析可分为三种：一种是热而不亮，一种是亮而不热，第三种则是引起化学变化的光线，只有它才能在银和其他质体上产生某些适用于摄影术的化学结果。——译者

稳静，完全无风无雨无雪，竟至人们用手指在鸠壁特(Jupiter)[①]坛前祭灰中所画的字迹隔年还照样留存，完全无动。还有，今天攀登泰拏律弗峰的旅客还都在夜里而不在白天上山；太阳一出，向导就要警告并催促他们赶快下山，否则就有因空气稀薄以致动物元精发生晕厥和被窒息的危险。[②]

对照前表第二例——(三)在接近两极圈的地带，太阳光线的反射很微弱，缺乏生热的效果，[③]以致那队从事东北通路探险的荷兰人，原来希望能够脱出那从七月初就把船只围困起来的冰阵，竟不得不在新忍卜拉岛(Nova Zembla)度过一冬，直到次年六月才得回船。[④] 这就可见，太阳直接的光线似亦只有很小的力量，即便是射在平地上面；其反射的光线也复如此，除非把它们倍乘起来，集拢起来。所谓把太阳光线倍乘起来，集拢起来，就是当太阳照射愈趋垂直时的情节；因为那时射出的光线就愈构成锐角，也就是光线彼此愈相接近；反之，太阳照射愈斜，光线就愈构成钝角，也就是光线相互距离愈远。同时我们还要注意到，太阳的动作可以有多种，看热性如何而定，而热性在我们触觉上却并不是平匀的；因此太阳

① 古罗马神话中的天帝，相当于古希腊神话中的“Zeus”，其右手挥舞雷电，象征着对下界秩序的监护。——译者

② 克钦指出，这样行动不外是因为：雪情在夜间比较稳定；可以避免日映雪光的刺射；而日出一二小时后也往往是景色最好的时候。——译者

③ 克钦指出，这种情况(还有所举其他情况)是表明程度问题，而不能说是相反。——译者

④ 这是指巴伦茨(Barentz)寻找东北通路的探险而言。他于一五九四年作第一次航行，在七月十三日为冰所阻，被迫返回。第三次航行是在一五九六年，七月十九日首次遇到相当大的阻难，只能在新忍卜拉岛北端岸边绕行一番；到八月廿六日，船紧紧冻住了，他们只得舍船登岛，度过一冬；于一五九七年六月初驾小舟返回。

动作的结果会在我们方面并不产生可以感觉到的暖热，而在其他一些物体方面则发生热的效果。

对照前表第二例——(四)把下述实验试做一下。拿一块与普通取火镜式样正相反的玻璃镜，放在你的手和太阳光线之间，看它是否减少太阳的热，正如取火镜增加和加强太阳的热一样。很明显，在视觉的光线方面，随着镜子中心对边缘比较厚薄之不同，透过它而看到的物体就有扩散与缩紧之不同。要观察在热这方面是否亦有相同的情况。①

对照前表第二例——(五)请仔细地试做这样一个实验，看看用一具最精制最强度的取火镜能否把月亮的光线捉聚起来而产生哪怕是最低度的暖热。② 如果这种程度的暖热过于微弱而不能为触觉所觉到，我们就还须求助于那种指示空气冷热状况的玻璃仪器。③ 那就是要令月亮的光线通过取火镜而落在这种玻璃仪器的顶上，看看其中的水是否受到热因而降低下来。

对照前表第二例——(六)还可把取火镜试用于那种并不发射光线或光亮的热，例如受到热但未烧红的铁或石头的热、沸水的热以及类此等等，看看它们在取火镜下是否随而增加起来，像太阳光

① 克钦指明，这点是可以证实的。太阳光线自然是视其某一点上聚集光线之多少而增减其热量的。——译者

② 克钦注明，这个实验，人们已经做过了。钦豪申(Tschirnhausen)曾制造一种透镜，其强度足以熔解铜、银、瓦、浮石，甚至坩埚；但满月的光线在其最高点上并未产生出能被觉到的热。一八〇二年，在班克斯(Sir Joseph Bonks)和皇家学会其他会员们主持之下，曾以当时所制最强度的透镜再次把月亮光线集中过来，并使用了最敏感的温度计，但结果被认为是倒出现了减热而不是增热的情况。见《大英百科全书》“取火镜”条。参看本条第一项下的注。——译者

③ 参看二卷一三条(第三八项)及二四条。——译者

线的那种情节。[①]

对照前表第二例——(七)还可把取火镜试用于普通的火焰。

对照前表第三例——(八)彗星(假如我们把它也算入流星之列)在使季候加热这一点上并不见其有经常的或显著的影响,虽然常见天旱随之而至。[②] 此外,天上的光梁、光柱和光口在冬天出现的时候比在夏天出现的时候多,而且主要是在严寒之时,却也永远伴有干燥的天气。[③] 但是闪光和雷电则难得在冬天遇到,而总是发生在大热之时。[④] 说到所谓陨星,一般认为它含有某种发亮带光的胶黏的质体,而没有什么强烈的火的性质。但是在这一点上还须作进一步的探究。

对照前表第四例——(九)有某种闪光,发光但不燎烧。它们来时,没有雷声相随。[⑤]

对照前表第五例——(一〇)山口喷射火焰的现象发生在寒带

① 麦尔申(Mersenne)说,《新工具》第二卷中所提到的各实验,大多数已经有人做过了,并特别提到(好像他亲自做过似的)使用取火镜来反射一切种类的热的试验。他还断言,光是永远有热伴随着的。见《论科学的真理》(*De la Vérité des Sciences*)一书,一六二五年版,第二一〇页。克钦注明,这里和下一项中所提出的问题是已经解决了的;实验的结果证明,这些热和太阳热是同类的;因此在这些地方没有反面事例可以援引。参看《大英百科全书》"取火镜"条。——译者

② 克钦指出,彗星对于热和旱都无影响,或许除开当它们行至距离我们的行星很近以致对空气有所影响的时候。可是一般人几乎都相信它们有此影响。——译者

③ 克钦注明,光梁、光柱、光口等现象,申尼喀(Seneca)在其《自然界的一些问题》一书中曾描写过(分见七章四节、七章二〇节及一章一四节)。它们显然都是北光(Aurora Borealis)。北光或许是由电引起,而电则是在天气干燥时才最活跃的。——译者

④ 克钦注明,这些现象现在都可用关于电的知识来解释,而雷电在冬天确是也有时遇到的。——译者

⑤ 克钦注明,人们认为幕电不过是一般闪电的反光。——译者

国度并不减于在暖热的地方，如在冰岛和格陵兰(Greenland)都有。在寒带国度里，树木在许多情节上也比在暖热地方较易着火，具有较多的沥青性质和松香性质，如枞树、松树和其他都是。但是，这种火焰喷射常常发生的地方，其土壤的情势和性质还未经足够仔细地加以鉴定，致我们还不能把这现象作为一个反面事例来附缀于这个正面事例之后。

对照前表第六例——(一一)一切火焰在一切情节上多少都是暖热的；这里没有任何反面事例可缀。不过人们说，有一种鬼火(他们就这样称它)，有时甚至停在墙上，却没有多少热，也许只和酒精的火焰差不多，那是温和而柔弱的。[①] 但是还有一种更温和的火焰，根据某些郑重和可靠的记载，那是闪耀在男孩和女孩们的头上和鬈发上，一点也不灼烧头发，却只是轻柔地在发边做戏。还有一个最为确定的现象，马在路上出汗时，在天气晴朗的夜间就现出一种光辉，却并没有显著的热。还有一件著名的事实，而且被认作一种奇迹，就是在不多几年前有件女孩子的胸衣一经轻摇或轻搓竟发射出火花来；这或许是由于在浆洗时使用了明矾或盐质，浓厚一些而形成了硬膜，一经摩擦就迸裂开来。[②] 还有一切糖类，不论是精糖或粗糖，只要多少是硬的，在黑暗中用力来割切或刮削时就会发出火花，这也是最为确定的。同样，海水和咸水在猛烈打桨

① 克钦指出，所谓鬼火只在沼泽或其他有腐烂物质在蒸发的地点出现。纽顿(Sir I. Newton)和勃律斯特莱(Dr. Priestly)曾给以不同的解释；原因尚未能确知，可能是起于磷化氢，为电所燃着，或自身有在空气中燃着的倾向。至于酒精的火焰，那不但不是温和而柔弱，却是火焰中最有剧热的一种。——译者

② 克钦解释说，这件胸衣或许是丝料制成，而火花则出于电。——译者

下，有时在夜间亦会看到火花。[①] 还有在风暴之夜，海水的沤沫于受到猛烈激动时也会射出火花，西班牙人称之为“海肺”。[②] 至于说到古代水手所谓北河二和北河三两星也即近人所谓圣爱尔摩之火(St. Elmo’s Fire)，[③]其焰热的情况如何，则还没有作过充分的查究。

对照前表第七例——(一二)每一烧到火红的物体，即使不伴有火焰，也都总是烫的；这一点正面事例也没有任何反面事例可缀。最相近似的反面事例似乎可以提到烂木，它夜间发亮，但并不见有热；还有腐烂的鱼鳞也在黑暗中发亮，但触来并不觉热；[④]萤火虫和意大利火蝇的身体，触来也是不热的。[⑤]

对照前表第八例——(一三)在何种土地及在土地何种情势下

① 这个虚妄的解释是培根的无端失误之一。这现象并非总是出于震动，所以他的这一推断是根本站不住脚的。

② 西班牙文为“pulmo marino”，意大利文为“polmo marino”，同为 Dioscorides(公元一世纪时希腊名医——译者)在“De Materiâ medieâ”一书中所用某希腊文名词(见第二章第三九节)之译文。海水沤沫发光现象像是起于蛇水母，而此种蛇水母在组织上与肺的质体相似，遂因以命名。(克钦解释说，这种磷样的光亮究竟因何而生，尚难十分确定。Ehrenberg、Darwin、Schönbein 诸人都不同意说它起于水中的纤毛虫类；最可能的结论说它是由海水中不断进行着的自净过程所引起。臭氧(磷的一种产物)把磷氧化了，这样就射出亮光来。这就是说，或许是海水在动荡时(在别的时候就不见这种光亮)，有机物质的新微粒就与空气中的氧得到接触，因而产生臭氧，臭氧又把它自己所由来的植物物质氧化了，破坏了：在这样的过程中就出现火花。Darwin 还加述了一点关于所谓“海肺”的见解说：“我倾向于设想这种磷光系有机分子腐烂的产物，这个过程(人们几乎要称它一种呼吸过程)正是海洋所借以得到净化的。”——译者)

③ 克钦解释说，圣爱尔摩之火是一种电光。他还说明，培根在其“风的历史”中曾对此作出解释，并设想它对天气的影响。——译者

④ 克钦解释说，这是由于腐烂过程中有磷光发散。——译者

⑤ 克钦解释说，这些小虫亦是发出磷光，其发散情况和过程，可参看上面关于“海肺”的注。——译者

才常出温泉，这一点还不曾作过充分的考究；所以在这里不能附缀什么反面事例。

对照前表第九例——(一四)对于热的液体，我以在自然状态下的液体本身缀为反面事例。我们从未见过一种可触的液体在自身性质上是热并经常保持热的。热在那里乃是一个并非固有的性质，是暂时外加上去的。所以那些在能力上和在作用上都是最热的液体，如酒精、化学香料油、硫酸和硫磺以及其他类似的东西固然不一刻就成灼烧，但最初触到时却原是凉的。[①] 说到天然温泉的水，如果把它与源头分开，淘在一个器皿里，它也和用火烧热的普通的水一样会凉下去。但油质物比水质物对于触觉冷度较低，这却是真的，因为油比水根本冷度较低；丝比亚麻也冷度较低。但这点是应归入“冷的各种程度表”里去的。[②]

对照前表第十例——(一五)同样，对于热蒸气，我也以在我们自己方面所看到的蒸气自身的性质缀为反面事例。油质物所发生的蒸气虽易于着火，却也不见暖热，除开是刚从暖热的物体发出的。

对照前表第十例——(一六)同样，对于热的空气，我也以空气自身的性质缀为反面事例。在我们这里从来找不到任何空气是暖热的，除开它是受闭，受压，或是显著地从太阳、火以及一些其他暖热的质体那里得到暖热。

---

① 克钦注明，参看二卷一一条第二五项下的注。——译者

② 克钦指出，在培根那时，人们是深信“绝对冷”之说的。在这里，我们又一次看到培根把真热的东西和有相似化学作用的东西混为一谈了。——译者

对照前表第十一例——(一七)我在这里附缀的反面事例是那种比正常季候较冷的天气,像在刮东北风时所遇到的那样,正如刮西南风时就有比正常季候较暖的天气一样。还有,酿雨的趋势,特别是在冬天的时候,总伴随着暖的天气;而下霜则伴随着寒冷的天气。

对照前表第十二例——(一八)我在这里附缀的反面事例是夏天关闭在地洞中的空气。[①] 但是关于受闭的空气这个题目还大应更勤谨地加以考究。因为在涉及冷热方面,空气的性质自身究竟是什么,这首先就很可成为疑问。空气显然是从天体的影响受到暖热,寒冷则或系从地的呼气而得,在所谓空气的中界中又或系从冷气和雪而来。这就可见,空气若是在其无拘无束铺散暴露的状态下来考察,那就不能对它的性质形成什么看法;但若把它控闭起来来考究,则可能做出比较真确的判断。可是要控闭空气,必须是把它封入这样一种质料的器皿,其本身的性质不会对空气传递冷热,也不会容许外面空气的影响轻易透入。这个实验最好这样来做:把空气收入一个泥坛,四围用几层皮革裹好,以防外面空气进入;这样严密封存三四天之后,再把坛子打开,用手或用那个划有度数的玻璃仪器来试验冷热的程度。

对照前表第十三例——(一九)这里同样发生一个疑问:那羊毛中、兽皮中、鸟羽中以及类似东西中的暖热,还是从它们本身作

① 克钦解释说,这点的原因是:夏天的日光使室外气温上升,却不能影响到地洞中的空气,因此洞中比外边较凉:这和在墙垣较厚的建筑物中能享有比较平匀的气温是一个道理。空气的一般情节是(这一点解答了这里所提到的大多数的难题),作为一种导热体来说,它的作用很差,它接受热很慢,保留热亦很长。——译者

为动物的排泄物所固有的某种微弱程度的热而来；还是从那种在性质上本来近于暖热的脂肪和含油性而来；或者还是如前条所揣测那样简单地从空气的收闭和隔离而来——因为一切和外面空气割断联系的空气都像是有些暖热的。因此，我们要取用亚麻所制成的纤维性的质体来做这个实验，而不要取用羊毛、羽毛或蚕丝那些动物排泄物所制成的质体来做。我们还要看到，凡是粉末（显然有空气包在里边）总比其所从出的整的质体冷度较低；正如我们还同样设想，凡是泡沫（也因其含有空气）总比其所由来的液体冷度较低。

对照前表第十四例——（二〇）对于这一例没有反面事例可缀。因为在我们这里所见无论是可触的或者是无形的[①]一切东西，置近火边时都没有不致热的。不过却有这样一层差别：有些质体得热较快，像空气、油和水就是；有些质体得热较慢，像石头和金属就是。[②] 但这是应该归入那“各种程度表”的。

对照前表第十五例——（二一）对于这一例我亦没有反面事例可缀，不过只请注意到一点，就是说：燧石与钢或任何其他坚硬质体之发生火花，只是当有些极小的微粒从那石块或金属的整体被擦脱的时候；而空气的摩擦自身则从不像普通所想那样会发生火花的。[③] 至于火花本身，由于燃着物体具有重量之故，

① 拉丁本原文为“spirituale”。克钦指出，把一切东西分为可触的与无形的，这是经院学派的分划法；培根在这里使用此词，或许是指气体的东西。——译者

② 克钦指出，这里的说法是错误的。空气是很差的导热体，得热很慢。金属则得热特别快；不过由于分子数量比较大得多，不能很快地表现出来；由于同样的理由，它们散热亦很快，所以触来就觉得较凉。

③ 克钦指出，空气受压，确会发出火花，其强度足能燃着德国火绒。——译者

又总是就下而不向上的；而且一经发出，就变成可触的带煤炱的质体。

对照前表第十六例——（二二）对于这一例我想也没有反面事例可缀。因为在我们这里所见一切可触的物体没有经过摩擦而不显著地得热的，以致古人竟因此想象说，天体之产生暖热并没有什么别的办法或能力，也不外是出于空气在其疾速而急促的转动中所引起的摩擦。但是在这个题目上，我们还必须进一步探究那种从机括射出的物体，例如从大炮射出的炮弹，是否确因猛烈冲撞而获得某种程度的热，以致在落下的时候多少还有点烫。至于空气运动，那实在不会致热，倒是能够致冷的，例如刮风，拉风箱，缩口吹气等都是这样。[①] 但是这一类的运动本都不是疾急到能够生热的，而且又是一个块体的运动而不是若干微粒的运动，所以它之不能生热是并不足为奇的。

对照前表第十七例——（二三）关于这一例，还应作更勤谨的探究。草类和蔬类在青嫩潮湿时都似乎含有某种隐伏的热，不过当其各别散在时，这热是微弱到在触觉上知觉不到；只有把它们聚拢并闷闭在一起，使它们的元精不致泄入空气之中而却可以相互护养，这样才会生起一种可触知的热，并且在适合的物质中有时还会起火。

① 克钦指出，物体经过空气都因摩擦而变热，例如流星。但空气运动则生凉，这是因为它把物体中的热散去之故。凡热从物体放射出来时，若遇气流不断使它移动，就放射得较为急遽而热的平衡趋势也因而受到障碍。相反，热的放射若因有厚密的皮毛等物覆盖而受到阻碍（参看本条第一九项事例），它就进行得较缓。下句所谓“是一个块体的运动而不是若干微粒的运动”一语，想来是说这运动只笼统地影响着整个物体而不引起微粒之间的摩擦。这个见解是错的。——译者

对照前表第十八例——(二四)关于这一例,也应作更勤谨的探究。生石灰浇上水就能致热,这看来可以有两个原因:或者是由于把原先散开的热集中起来的缘故,像前条所述闷闭草类的情节一样;或者是由于火成的元精为水所刺动、所激怒,以致引起一种冲突和反动。[①] 若要知道这两个原因中哪个是真实的,只须用油代水浇上去就能很便当地看出;因为油具有与水一样的集中所闭元精的用处,但却不会对它刺激。我们还要把这个实验加以扩展,要以各种不同物体的灰和锈来试,也要用各种不同的液体去试浇。[②]

对照前表第十九例——(二五)对于这一例,我以那些比较柔性和比较易于熔解的他种金属缀为反面事例。金叶为王水[③]所分解时就不生热于触觉;铅在强水中分解时也不生热;还有水银亦然(据我记忆所及);但是银就生热;铜也然(据我记忆所及);锡更为显著;而铁和钢则甚至不仅激生壮热,并且还发生猛烈的沸腾。[④]由此可见,热是产生于冲突:一方面强水在钻,在掘,在分裂质体的各个部分;另一方面质体本身则在抵抗。质体愈是轻于退让,就愈少有热激生出来。

---

① 拉丁本原文为 antiperistasis,英文本译作 reaction。培根屡用此字,见二卷二七及四八条。——译者

② 克钦注明,培根建议用油代水去试浇石灰,这已有人做过。事实是,以任何液体施加于生石灰,在其转为固体状态中,都生出剧烈的热。又,关于生石灰的腐蚀性质,勃莱克(Dr. Black)就是用隐伏的热这一原理来加以解释的。见《大英百科全书》。——译者

③ 克钦注明,王水是硝酸盐酸混合剂,专用以分解金子,是对金子的惟一溶解剂。它亦可分解其他金属,但银除外。参看下面第二八项事例。强水是强烈的硝酸。——译者

④ 这所谓沸腾当然不是热的结果,而是生于酸起作用于金属时所散发出来的气。

对照前表第二十例——(二六)对于动物都有热这一点,没有反面事例可缀,除开说昆虫(如前边所提到)因身量太小之故可以作为一个反例。即以鱼类来说,也只是在与陆地动物相比之下看到其热的程度较低,而不是没有热。但在蔬类和草木,无论在其渗出的汁液当中,或者在其新暴露出的木髓当中,都没有触觉能够知觉到的热的程度之别。而在动物,我们就看到热有很大的差别,无论在其各个部分方面(如在心边,在脑里,在皮上,热的程度都各不同),或者在其某些偶然事故方面,例如做着剧烈的体操和发着高烧之类。

对照前表第二十一例——(二七)对于这一例,很难附缀什么反面事例。动物的排泄物即在已不新鲜的时候显然仍有一种潜热,由其加肥土壤一事可见。[①]

对照前表第二十二、二十三两例——(二八)[②]具有巨大和强烈刺激性的液体,不论是水或是油,都有像热一样分裂物体的作用,并且一晌之后还把它们烧坏;可是一开头时它们在触觉上是并不烫的。但它们的作用是相对于并依据于所施物体的多孔情况的。例如,王水能分解金而不能分解银;[③]强水则相反,能分解银而不能分解金;而二者却都不能分解玻璃;以及等等类似的情形,都说明了这一点。

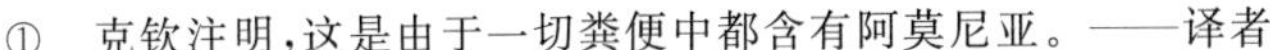

① 克钦注明,这是由于一切粪便中都含有阿莫尼亚。——译者

② 克钦指出,从本项至第三二项所举这些例外事例,都与热无关,参看二卷一一条第二五项事例下的注说。——译者

③ 王水之所以能分解金,据戴维(Davy)说,是因为硝酸盐酸的中和作用使得氯游离了;其所以不能分解银,则是因为银的氯化物具有不可溶解性。

对照前表第二十四例——(二九)把酒精试用于木头,也试用于奶油、蜡或沥青,看看它能否用热使它们有任何程度的熔化。[1]因为这第二十四例是显示酒精在硬化结皮方面具有和热相像的能力,所以现在要同样试试它在液化方面的能力。还可以用那划有度数的玻璃仪器即温度表来做这个试验:器的顶部是空的,取精馏的酒精注入空部,把器盖严,使酒精可以更好地保持其热在内,看它是否用它的热使水下降。

对照前表第二十五例——(三〇)香料和具有刺激性的草类在腭上刺起热觉,在胃部还更厉害得多。因此要注意它们还在什么其他质体上产生热的效果。据水手们说,在大包和大堆香料久经闷闭乍一打开的时候,那首先去搅动和取出它们的人是冒有热病和炎症的危险的。[2] 还可以试验一下,把这种香料和草类舂碎,看看它们能否把挂在上头的腌肉和鲜肉燎干,像烟熏那样。

对照前表第二十六例——(三一)在冷的东西如醋和硫酸,在热的东西如薄荷油之类,同样都有一种刺激性和辛辣性。因此二者同样都能致使有生命的质体疼痛,也能分裂和销蚀无生命的质体的各个部分。对于这一事例也没有反面事例可缀。并且还可指出,凡动物之感到疼痛没有不带有某种热的感觉的。[3]

对照前表第二十七例——(三二)有许多种活动是热和冷所共

① 克钦注明,酒精能溶解蜡和沥青,但不能溶解木头和奶油。——译者

② 《哲学年报》中记载一事:有一次,在桂拉地方(Guayra)打开了一所大的树皮堆房,当时发出强烈的臭气,竟足以治愈一种严重的热症。

③ 克钦指出,这是无根据的断言。——译者

同的，虽然样子很不相同。玩雪的孩子们一晌之后就感到雪灼烫他们的手；冷藏能防止食肉的腐坏，[1]正不亚于用火；热使物体收缩，冷亦一样。但这些和类似事例概可归入关于冷的探究，还更方便些。

一三

第三点，我们还必须把探究中的性质所表现为或多或少程度不同的一些事例列示在理解力之前；这就必须把这个性质在同一东西中的增减或在不同东西中的多少加以一番比较。因为既然说一个事物的法式就是这事物自身，既然说事物之别于法式不外为表现之别于实在，外表之别于内里，也不外为就人来说的东西之别于就宇宙来说的东西，那么，接下来就必然要说，一个性质若非永远随着讨论中的性质之增减而增减，就不能把它当作一个真正的法式。因此我把这个表叫作各种程度表，或叫作比较表。

热的各种程度或比较表

在这里我当然首先要说到那些质体，其中根本不含任何程度的能为触觉觉到的热，而似乎只有一种潜在的热，或说是只有热的倾向和准备。其次，我要再进到那些实际有热的质体，要论到触觉，并要论到它们的各样强度和程度。

（一）凡坚实的和可触的物体，没有在其性质上原来就是热的。

① 克钦在注中提到，培根即死于做这一实验。他曾在高门山（Highgate Hill）用雪填塞一只野禽，着了凉，发起烧来，于一六二六年四月九日病逝。——译者

石头、金属、硫磺、化石、木头、水以及动物的尸体都不见其是热的。[1] 至于温泉中的热水，那似乎是由一些外在原因所弄热的：或者是由于一种火焰或地下的火，如同从伊特纳(Aetna)和其他许多高山中喷射出来的那些；或者是由于物体之间的相互冲突，像铁和锡在分解中生出热来那样。由此可见，在〔无〕生命的质体中就没有任何程度的能为触觉觉到的热；它们只是在冷一方面有程度之不同，如木头之冷和金属之冷是不同等的。但这一点应该归入“冷的各种程度表”。

(二)不过若就潜在的热和燃烧的适宜性而论，那我们可以看到许多无生命的质体是强烈地有此倾向的，像硫磺、石油精和石油就是。

(三)一度热过的质体，像通过动物体温的马粪，经过火的石灰，或者还有由火而来的灰烬和煤渣，都保留一些隐伏的余热。[2] 所以某些物体埋入马粪就得到蒸发和熔解，而用水去浇石灰，如前面所说，也能激发出热来。

(四)在植物界中，我们没有看到任何植物或其附属部分(如树胶或树脂)在人们触觉上是暖热的。尽管这样，但如上所述，青嫩的草类闷起来时却能得热。至对于内部触觉，如腭或胃，则有一些植物是可感觉到地热而另一些植物则是冷的；甚至对于外部触觉，

① 克钦指出，这个说法完全错了。一切物体或多或少都有些热；一切微粒的聚结中都有某种程度的热。至于金属所以触来比木头较凉，并不是因为它含有较多的内在的冷，而只是由于其微粒的密度较大，散去比较大得多的热量。参看前条第二〇项下的注说。——译者

② 克钦指出，这里所谓“隐伏的余热”(latent remains of former heat)与“隐伏的热”(latent heat)不可混为一谈；后者是直到勃莱克做过实验之后才被发现的。——译者

像涂上植物药膏和抹上植物药油一会儿工夫以后，也有这种情况。

（五）死了的动物或其脱离了整体的什么部分，在人们触觉上也没有热。甚至马粪，除开闷闭和掩埋起来，也不能保持它的热。可是一切粪似乎都有一种潜热，从其加肥土壤这一点可以看出。同样，动物的尸体也有这样一种隐伏的、潜在的热，因而在每天葬人的公墓里，其土壤就集有一定的隐热，对新埋尸体的侵蚀要比纯净土壤快得多。[①] 我们还知道东方发现了一种精致而柔软的织品，用鸟的绵毛制成，其内在力量能把轻轻包入的牛油消解和溶化。[②]

（六）凡能使土壤肥沃的质体，如各种粪、白垩、海滩的沙、盐以及类似的东西，都有一些热的倾向。

（七）一切腐坏作用本身都含有一些微弱的热的成分，不过不到触觉能觉到的程度。就是那些一腐坏就变成微生虫的质体，如肉和乳酪等等，在触觉上也不觉其热；还有在黑暗中发亮的朽烂木头也是这样。[③] 不过亦要指出，腐坏质体中的热有时是被强烈的恶臭所岔乱了。

（八）在人类触觉能觉到有热的那类质体当中，最初一级的热要算动物身上的热；而那在程度上又是有相当多的层次的。最低的如昆虫身上的热，在触觉上几乎知觉不到；但最高的也很少与最热国度中最热季节的太阳的热相等，也不至热到为手所不能经受。

① 克钦指出，这个断言是没有根据的。——译者

② 克钦指出，这种情况是会有的，假如包裹严密能把空气闭留在内的话。——译者

③ 参看前条中第一二项事例。——译者

不过却也有人提到君士坦舍(Constantius)[①]以及其他一些体质特燥的人,据说他们在患剧烈的热病时竟烫到多少有些灼手的样子。

(九)动物在运动、体操、饮酒、断食、性爱、发高烧和疼痛时,热都会增加起来。

(一〇)动物在患间歇性的热症时,开头是一阵发冷和发抖,但随后就变成极热;若在发高烧的和疠疫性的热症,则这种高热的情况是开头就来的。

(一一)还要进一步对不同动物的热的不同程度作一番探究,例如对于鱼、兽、蛇、鸟等;也可以依其种属来探究,例如分为狮、鸢、人等。一般意见认为鱼的内部的热是最少的,而鸟则最热,特别是家鸽、鹰和麻雀。[②]

(一二)还要进一步对同一动物的不同部分和不同肢体的热的不同程度作一番探究。乳、血、子、卵只有中等程度的热,不及动物在运动中和受激动时外部肌肉那样热。至于脑子、胃脏和心脏等等当中的热是到何种程度,则还没有同样地探究过。

(一三)当冬季和寒冷的天气,一切动物在外部是凉的,但内部想来倒是更热一些。

(一四)天体的热,即使在最热的国度里并在一年中最热一天的最热的时候,也不会强烈到能把最干燥的木头或草或甚至火绒

---

① 这是指君士坦丁大帝的儿子君士坦舍二世而言。他死于热病,其发高烧的情况,在 Ammianus Marcellinus(希腊人,曾在罗马军队中当兵,卒于公元三九〇年)《罗马帝国史》一书的第二一卷、一五章中曾有记载。

② 拉丁本原文为 struthiones,通常是指 ostrich(鸵鸟)。斯百丁臆测在这里应作 strutheus,即 sparrow(麻雀)。(弗勒指出,没有理由怀疑原意不指鸵鸟,鸵鸟消化力之强,一般人正认为系因它胃中有高热之故。——译者)

燃着或燎灼，除开用取火镜或镜子来把它加强。不过它却能从潮湿的质体中提出蒸气来。

（一五）照天文学家们传统的说法，星的热是有等次之别的。在行星之中，太阳以下要算火星最热，木星次之，金星又次之。[①]还有其余则被认定是冷的，例如月亮就是，而以土星为最。拿恒星来说，天狼星据说是最热的，其次为狮心星，再次为小天狼星，以及诸如此类。[②]

（一六）太阳愈近于地平垂直线也即愈行近中天时，所给的热就愈大。[③] 其他行星，依其热的比例，或许也是这样。例如木星当其在巨蟹宫或狮子宫时比它在摩羯宫或宝瓶宫时对于我们或许要更热一些。

（一七）我们还相信，太阳和其他行星当其在近地点时，由于距地球较近之故，比它们在远地点时所给的热要多一些。可是如在某一区界，太阳虽在近地点但照射却系倾斜时，那么它的热必定比它既在近地点而同时又近于地平垂直线时要小一些。由此可见，行星所升到不同区界的高度是应联系着它们的垂直度或倾斜度来注意的。

（一八）我们还设想，太阳和其他行星愈和一些较大的恒星相近，所给的热就愈大。例如太阳在狮子宫时就比在巨蟹宫时较近

① 有人估定金星为冷而湿。但托里米(Ptolemy，古代天文学家兼地理学家，公元第二世纪生于埃及)之见则与培根所说相同。

② 克钦指出，这完全是以谬误为根据的说法。参看前条中第一项事例下的注说。——译者

③ 参看前条中第三项事例。——译者

于狮心星、狮尾星、处女星、天狼星和小天狼星;可是它在巨蟹宫时却较近于地平垂直线。[①] 我们还必须设想,天空中星座特别是较大星座点缀最密的部分,发出的热最大(虽然在触觉上是完全觉不到的)。

(一九)总之,天体的热有三条途径来增加:一是对地平的垂直度,二是接近地球即所谓近地点,三是与众星的会聚或结合。

(二〇)以下要说到火焰,哪怕是最温和的一种;要说到一切燃着的物体;要说到由火加过高热的液体以及空气自身。它们的热和上述动物身上的热以及天体所发射的光线的热(照它们所给到我们身上的那样)相比,在程度上可就有很大的距离了。即便是分散而不集中的酒精火焰也足能把纸张、草料和麻布烧着起火;那是动物身上的热所绝不能办到,也是未通过取火镜或镜子的太阳的热所绝不能办到的。[②]

(二一)但是说到火焰与燃着的物体的热,其间也有多种强弱程度之别。[③] 不过这一点还从来未经认真地探究过,所以我们只能把它轻轻带过。单就一切火焰来说,酒精的火焰看来是其中最柔和的;也许只有所谓鬼火和动物出汗时所起的火焰或火花还要更柔和些。次之,我想要算那种从轻而多孔的植物如草料、芦苇和

---

① 培根大概想解释七月所以比六月还热之故,因而提出这点天文学上的假想。我们知道,黄道带划分为四个三合,各相应于四大元素之一,在其中,狮子宫为火性三合之一角;它并且是太阳的本宫。

② 克钦指出,火焰比许多热度更高得多的物体还易点着可燃物,这是因为它有条件能够很容易地和物体中易燃的化学元素化合起来之故。——译者

③ 克钦注明,不同质体所发的火焰,其热的强度要依燃烧体的组合而定,也要看它与空气中的氧化合起来难易如何。——译者

干叶等所发生的火焰了；而那种从头发或羽毛发出来的火焰则和这个亦差不多。再强一些的或者要算从木头发出的火焰，特别是那种仅含有少量松香质的木头所发出的。这里却又有一层区别，就是小片木柴（如普通捆就的束薪）所发的火焰比那大块木材和树根所发的火焰要温和些。这一点，你任何一天都可在熔铁炉方面去试，就会看出用薪柴和树枝所生的火在那里是没有多大用处的。再下来，我想要数到那种从油、脂、蜡和诸如此类不带多大苛性的肥而多油的质体所发生的火焰了。最后，最猛烈的火焰则见于松脂和松香；见于硫磺、樟脑、油精、石油以及盐（去了粗质以后的）者则更甚；见于这些东西的混合体如火药、希腊火（普通称为野火）以及其各种不同种类者亦然；[①]这种火焰是如此顽强，甚至用水都不容易把它扑灭。

（二二）我想还有从某些不完全的金属[②]发生出来的火焰也是很强烈而活跃的。不过这还有待于更进一步的探究。

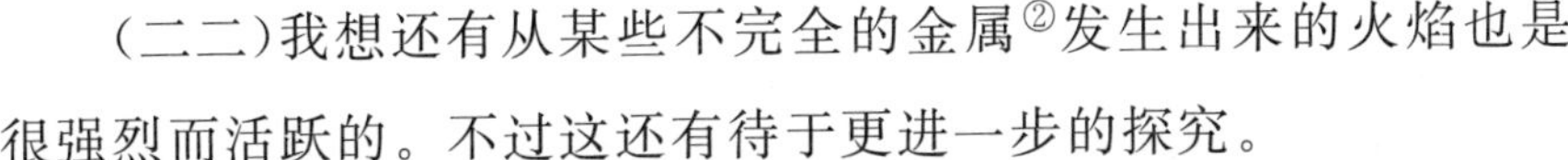

（二三）强有力的闪电所发的火焰似乎又比上述一切都有更大的力量；我们知道它甚至曾把熟铁熔为水滴，这是上述那些火焰所办不到的。

（二四）在燃着的物体之中，热亦有多种不同的程度，不过这又

① 克钦注明，火药的合成一般是：硝石七分之五，硫磺七分之一，木炭七分之一。参看二卷三六条中的第七项事例。

希腊火据说为硫磺、石油精、沥青、树胶及地沥青所合成，在水下亦能燃烧。它是公元七世纪时希腊的一位名叫 Callinicus 的工程师所发明的。——译者

② 克钦注明，所谓不完全的金属是这样一些金属的质体：在火中能展长展薄，能耐久，但只是到一定的程度，过久则为火所销毁，就变成一块土，失去金属的一切特性；如铜、铁、铅、锡就是。——译者

是从来还没有认真地考察过的。我想其中最微弱的要算从我们用以点火的火线当中所发出来的热；从发炮所用的引火木或火捻所发出的热也是一样。其次就要数到燃着的木头、煤炭，还有燃着的砖，以及类此的烧热的东西。在一切燃着的质体之中，我以为最热的是燃着的金属，如铁、铜等等。但这些亦还有待于进一步的查究。

(二五)有些燃着的物体比有些火焰要热得多。例如燃着的铁就比酒精的火焰要热得多，烁毁力亦大得多。

(二六)有些仅受火热并非燃着的质体，例如沸水和闭在火炉中的空气，亦比许多火焰和燃着的质体更热一些。

(二七)运动能够增热，其例从风箱和吹火筒可见；①比较坚硬的金属为死火或静火所不能分解或熔化，非用吹筒把火加强不可，其道理就在此。

(二八)可用取火镜来这样(照我所记忆的)试验一下。你如果一下子就把取火镜放在距离一个可燃物体有(姑且说)一指尺远的地方，就不如起初把它放在(姑且说)半指尺之远然后慢慢逐渐移到一指尺之远那样容易把那物体来烧着或烁毁。光线之集为圆锥形还是一样的；可是运动本身却增加了热的作用。②

(二九)在烈风中着起来的火，据想是向逆风方面比向顺风方

① 克钦指出，这是因为从输进空气中补充了更多的氧。光靠运动就不行，若喷射蒸气去鼓火，只会把火吹灭了。——译者

② 克钦指出，说运动本身增热，并无根据。或许是，后一进行过程更能找准焦点，因而产生更强的热力。英译本原注同样说，这里的惟一解释是：这取火镜的焦点距离是在半指尺与一指尺之间。——译者

面进展得较多；因为火焰在风力退让时的反冲要比它在风力吹送时的前进较为猛烈。①

（三〇）火焰若不得一些虚空的空间让它运动活跃于其中，它就不会突发出来，也不会产生出来。唯有火药以及同类物的爆炸性的火焰则是例外，在那里，紧压与严闭倒增加了火焰的狂暴。②

（三一）铁砧在锤打之下会变得很热。假如它是薄铁片制成的，我想在大力连续锤击之下甚至会变成像火烧的红铁那样。不过这点尚待以实验来试一下。③

（三二）但在具有孔窍使火得有运动余地的燃着的质体，如果这个运动一被重压所遏止，火立刻就会灭掉。例如火绒，或烧着的烛芯和灯芯，或甚至烧红的木炭或煤，一经用熄火器或任何类似的工具加以压盖，或是用脚一踩，火的动作立时就停止下来。

（三三）靠近于一个热的物体，这也能够增热，其程度与靠近的程度成正比例。这在光也有同样情形：一个东西摆得离光愈近，就愈清楚可见。④

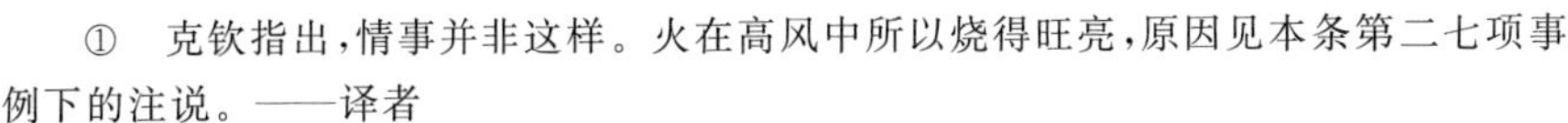

① 克钦指出，情事并非这样。火在高风中所以烧得旺亮，原因见本条第二七项事例下的注说。——译者

② 克钦指出，一般火焰需要氧，所以需要空当，也即空气。火药的情况所以不同，系因那里的爆炸另有其他原因；至于所谓严闭，则不过对爆炸力指给方向。实际的膨胀还和在开敞空气中一样。——译者

③ 克钦引赫薛尔的话注明，“压缩，无论是借压力对空气的压缩，或者是借撞击力对金属的压缩，总是热的一种有力源泉。所以铁是可以巧妙地锤打成像烧红那样烫的。”见所著《自然哲学论》第三四七节。——译者

④ 克钦引赫薛尔的话注明，“关于热的放射的法则，已见到它的光的放射的法则在某些点上有十分类似之处，在另外一些点上亦有特别不同之处。”……我们愈靠近放射的物体（不论是亮的还是烫的），就愈觉到较大强度的光或热；反之亦然。参看所著《自然哲学论》第三五一节。——译者

（三四）不同的热联合起来也能互增其热，除开几个热的质体是融在一起了。例如同室中有一炉大火和一炉小火，彼此之间就互增其热；但以热水倾入沸水则把后者变凉一些。[1]

（三五）一个热物体的连续施用也能增热，因为其中永远发射着的热和以前存在着的热掺和起来，当然就把热乘大。同一炉火在半小时内不能像延续到一小时后那样把一间房屋烘得暖热，这就是显例。但这种情形在光就不一样，例如灯烛在久点后并不比在初点时给出较多的光。[2]

（三六）四围冷气的刺激也能增热，这从火当严霜的情形可见。[3] 这种情形，我想不是仅仅由于热的闷闭和缩聚——那也是一种联合——的缘故，而也是由于刺激的缘故。由于这样，所以当空气受到猛压或一根木棍受到猛弯后，它们并不是仅仅回弹到它们遭到强制的那一点，而是超过到那一点的那一边。我们可以仔细地试验一下：把一根木棍或类似的东西放入火焰之中，看看它是否从火焰的边上比从火焰的中心烧着得较快。

（三七）对于热的感受性也有多种程度。这里首先要指出，无论怎样微弱的热也能对那最不易感热的物体引起变化，并多少把

① 克钦注明，诸火焰在消耗氧当中把它们的力量集合起来。水则不消耗氧，而是借其他手段来致热，而且也没有固有的热，所以当混在两个不同温度之下集合起来时，就取得折中的温度。热是遵循着一条法则的，就是总趋向于平匀。

② 克钦注解说，光似乎不像热一样会透入空气。在一间屋里，不见光有稳渐的增长，像热那样。空气对热，接受很慢，而善于保持它。所以，在把热源移去一段时间以后，还能感到它的影响；而灯烛则一经移去，光亮就几乎立刻随之而逝。——译者

③ 克钦注解说，在干而多霜的天气中，氧是更易于从空气中脱出，而空气流通也更快。火焰靠边最烫，这亦是因为接触到喂养着它的空气。——译者

它弄热。甚至一只手把一个铅球或任何其他金属物握了片刻，也会把手的热传给它们一些。总之，在物体毫不显出什么变化之中，热就能够很便当地并很普遍地传递过去和激生出来。

（三八）在我们所熟知的一切质体当中，最容易接受也最容易丢失热的要算空气；[①]这从寒暑仪器（用气温度计）中最能看得明白。[②] 这种仪器的构造如下。拿一个腹空而颈是细长方形的玻璃瓶，把它口朝下腹在上地倒插入另一盛着水的玻璃器皿，使前者的口触到后者的底，使前者的颈轻轻靠着后者的口，让它可以立住。为安置得更加便利一些起见，也可在后者的口边用上少量的蜡，但不可把口完全封住，以免在进行后文所述那种轻捷而灵敏的运动时会因缺乏空气而遭到阻碍。

在把前者插入后者之前，必须先将其倒插后的上部即腹部就火边烘热。现在把它安放在上述那样的位置以后，原先因感热而膨胀起来的空气，经过足够的一段时间消尽那由外加来的热之后，就把自己收缩到和原瓶入水时的周围空气相同的体积，同时就把水吸到相应的高度。在这玻璃瓶上应粘贴一个窄的长方形的纸条，随你的意思在上边画出若干度数。这样，视天气之冷暖，从随着空气之缩胀而现出的水之升降，你就可以看出空气是在冷的作用之下则缩，在热的作用之下则胀。而且空气对于冷热的感受力

① 克钦指出，这是错误的。参看本条第三五及前条第一八各项事例下的注说。——译者

② 克钦引赫薛尔的话注明：“这种温度计，照 Cornelius Drebell 原始制造的样子，不是利用空气的，还不像现在的温度计借水银的扩胀来计量热度的增高，而是借空气的扩胀来计量的。”见所著《自然哲学论》第三五六节。——译者

又是异常精微和敏锐，远远超过人类触觉的知觉，竟至只要太阳的一条光线，或者呼吸的一点热气，特别是人手的一些热量一加到那个玻璃瓶的顶上，立刻就会引起瓶水的显然可见的下降。[①]

不过我又想到，动物的元精，若不是因为身体的臃肿所阻碍和抵消，它们对于冷热的感受将更加敏锐。

（三九）自空气以下，对于热最为敏感的物体我以为要算那种新被冷所变成所压成的物体，例如雪和冰；因为它们是一遇到任何柔和的热就要开始分解和融化的。其次，或者就该数到水银。在此以后就数到一些含油的质体，如油和奶油以及类似的东西；然后就数到木头；然后是水；而最后则数石头和金属，它们对于热的感受是迟钝的，特别其内面更是如此。[②] 可是，它们一经得热以后，却能把热保持得很久，例如一块燃着的砖、石或铁投入盆水以后，竟能在一刻钟左右还是烫得不能去触它。[③]

（四〇）一切物体的体积愈小，它在靠近热的物体时就热得愈快。这个情况表明，我们经验所知的一切热都是有几分和可触的

---

① 关于温度计的原始发明，说者不一。爱理斯在英译本注中说，由于培根对这寒暑仪器作了这样的描述，就有人把这项发明归诸培根，但理由是不充分的。他认为，发表有关温度计的记载的，Fludd 是第一人，而可能培根正是从他那里听说的。但他又承认 Nelli 的说法有其权威性，那却是说，Galileo 发明温度计还在 Fludd 有所发表之前。爱理斯于此有很长的考注，不具引。

弗勒在前条第五项事例下注明，不同的记载把温度计的原始发明分别归诸 Galileo（在一五九七年）、Drebell（在一六〇九年）、Paolo Sarpi（在一六〇九年）和 Sanctorio（在一六一〇年）等人。而 M. Bouillet 和 M. de Vauzelles 则把这项发明归诸培根本人，虽然根据并不充足。弗勒最后说，这次发明之功或许应当首先归诸 Galelio。——译者

② 弗勒指出，作为一般的规律说来，金属乃是最好的导热体；银和铜尤然，铁则较差。——译者

③ 克钦注明，这当然是因为石头和金属密度较大之故。——译者

物质相违反的。[①]

（四一）热这个东西，就其涉及人们的感官和触觉来说，乃是多变异的，也是相对的；冷手浸入微温的水便觉其热，热手入之则觉其凉。

一四

从上面几个表，任何人都可以看出我们在自然和实验的历史方面是怎样贫乏；在那些表当中，我不但有时要插入一些仅属传说和报告的事例（虽然从未不注意到其可疑的信用和权威性）来代替证实过的历史和确实可靠的事例，并且还常常被迫要使用"须要试验一下"或"尚待进一步探究"等等字样。

一五

上面那三个表的工作和任务，我说是对理解力列示事例。这项列示事例的工作一经做过，就必须使归纳法自身动作起来了。因为既经把那些事例全部和逐一看过一遍之后，问题就在于要找到那样一个永随所与性质之有无而有无、永随所与性质之增减而增减，并且又如前文所说成为一个更普遍的性质之下的一个特定情节的性质。[②] 可是，假如人心一开头就照着它在自流状态下所倾向的那种样子去单就正面事例来做这工作，[③]那么所得结果就会是一些虚想和猜测，就会是一些界定不当的概念，就会是一些每

① 克钦指出，这又错了，理由同前项。固体乃是最好的导热体。物体愈大，变热愈慢，其原因完全在于密度较大，也就是说，需要烘热的微粒较多。——译者

② 参看二卷四条和二〇条。——译者

③ 参看一卷四六、一〇五两条。——译者

天都需要修改的原理;而我们也就非像经院学者们那样具有一个专为虚妄事物而奋斗的心不可了。[①] 当然,所得结果无疑也视从事工作的理解力的机能和力量如何而有优劣之分。上帝这位法式的赋予者和设计者当然是从一开头思辨就直接具有对于法式的正面认识的;天使们和其他智慧者或许也是这样。[②] 但这无疑是人所不能办到的;对于人,只能认可他开头从反面的东西出发,在排除工作做尽以后,最终才达到正面的东西。

一六

因此我们必须对性质作一个完全的分解和分剖,可不是用火来做,而是用心来做,心正可说是一种神圣的火。这样看来,真正归纳法的第一步工作(就着发现法式来说)乃是要把那在某个事例中所与性质出现而它不出现的性质,或者那在某个事例中所与性质不出现而它出现的性质,或者那在某个事例中所与性质减少而它增加的性质,或者那在某个事例中所与性质增加而它减少的性质,一概加以排拒或排除。[③] 真的,当这项排拒或排除工作恰当地做过之后,在一切轻浮意见都化烟散净之余,到底就将剩下一个坚

① 弗勒指出,这是指经院中的辩论而言,而那里,一个问题的两方面都要得到辩护,不论其中一方面看来是怎样虚妄或邪异。克钦并注明,牛津大学在作神学的练习时,至今尚保留这种辩论原则的遗骸。

② 凡天使性所能及的知识都是一下子就获得的,这是当时公认的一条教义。克钦指出,这点看来很像柏拉图。所谓"智慧者",是经院派中的名词,指高人一级的存在,本性能直有所知而不必经何过程。人则需要作反面的查究,这正表明人类智力的薄弱。——译者

③ 其实例见二卷一八条。——译者

实的、真确的、界定得当的正面法式。这个说来很轻快，但行到那里的道路却是纡曲而错综的。不过我定要尽力不放过足以帮助我们走向那里的任何一点。

一七

我既赋予法式以这等非凡的职务，我就要不惮烦地警告并劝诫人们，不要把我所说的话应用到他们的思辨迄今所想惯的那种法式上去。[①]

首先，我现在所说的不是复合法式，不是如狮子、老鹰、玫瑰、金子等等的法式。如我已经说过，那是一些单纯性质依照宇宙的一般进程而形成的结合。[②] 那是要等到我们进至隐秘过程和隐秘结构并要就其在所谓质体或具体性质中的表现来发现它们的时候才来加以论究的。[③]

其次，即使在单纯性质方面，我也希望人们不要认为我是在说那种在物质上不是全无界定就是界定不当的抽象法式和理念。[④] 当我说到法式时，我所指的不外是绝对现实的法则和规定性，即那种管制着并构成任何物质中的任何单纯性质（如热、光、重量）以及能对这些性质有所感受的东西的法则和规定性。这样说来，所谓热的法式或光的法式和热的法则或光的法则就是一回事了。再

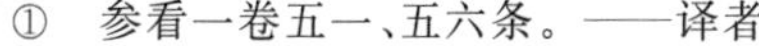

① 参看一卷五一、五六条。——译者

② 参看二卷五条。——译者

③ 弗勒指出，培根曾打算在《新工具》的后续部分来作这些探究。参看二卷二一条及五二条最后一节。——译者

④ 克钦指出，这是柏拉图式的法式。培根在“De Augmentis Scientiarum”一书中曾使用过与此相类的语句，见第三卷第四章。——译者

说，我也从不让我自己脱离事物本身和动作部分。因此当我在查究热的法式中说“要排拒稀薄性”或者说“稀薄性不属于热的法式”时，这就等于说“要在浓厚物体中添入热的性质是可能的”，或者等于说“要从稀薄物体中去掉或摒出热的性质是可能的”。

或许有人认为我所说的法式也多少带有抽象的性质，因为它把许多异质的事物混合和联结在一起了（例如天体的热和火的热似乎是性质大异的；玫瑰或类似东西的固定的红色与彩虹或蛋白石或金刚石中所显现的红色亦似乎是这样；还有不同种类的死亡，如溺死、缢死、刺死、中风而死、衰弱而死等等也似乎是这样的；可是它们分别一致具有热、红、死亡的性质）。假如有人抱持这种见解，那么可以确定地告诉他，是他的心被习俗，被事物的粗疏的外貌，和被人们的意见所俘虏了。须要知道，那些事物不论怎样各自独异和彼此不同，在那管制着热、红和死亡的法则或法式上却是一致的；还要知道，除非把这样一种法式揭露出来，发现出来，人类的权力便没有可能摆脱自然的一般进程而获得解放，便没有可能扩展和提高到新的效率和新的动作方式：这些都是毫无疑义的。可是尽管我一方面说到了性质的这种统一性，[1]而这又是最关紧要的一点；但另一方面我仍要进至性质的区划和脉络，不论是通常的还是比较深入和比较精密的，在应该说到它们的地方就要说到。

一八

现在我要就着由上面三个列示表看出是不属于热的法式的一

① 参看二卷三条。——译者

些性质来给排除法或排拒法举一个例子。同时应该指出,不仅每个整表都足够用来排拒任何一个性质,就是每个表中所包含的任何一项特定事例也是足够的。因为从以上所论看来,很明显,任何一个矛盾的事例都足以推翻一个有关法式的揣测。[①] 但是为了清楚起见,也为了把几个表的用处显示得更加明白起见,我有时还用双重或几倍的事例来进行排除。

排除或排拒某些性质于热的法式之外的举例

(一)由于太阳光线,所以排拒四大元素的性质。

(二)由于一般的火,主要是由于地下的火(那是与天体的光线最疏远的和完全无关的),所以排拒天体的性质。

(三)由于一切种类的物体(矿物、植物、动物的皮、水、油、空气以及其余)只要一靠近火或其他热的物体就都获得暖热,所以排拒物体的特异的或更加精微的组织。

(四)由于燃着的铁或其他金属传热于其他物体而不损失自身的重量或质体,所以排拒其他热物体的质体之传送或混合。

(五)由于沸水和空气以及金属和其他固体皆可受热而不至燃

① 这是指属地性质(terrestrial nature)与属天性质(celestial nature)之间的相反性。经院学派认为,凡属地性质莫不可分解还原为四大元素之一种或几种,故又称元素性的性质(elemental nature 或 elementary nature);而一切天体则为另一种完全不同的质体(称为第五种元素)所构成。所以培根在这里说,由于作为天体之一的太阳的光线是热的,所以热这一性质的法式中便不容有元素性的性质。

弗勒另在二卷二〇条末节有关的地方注明,近来分光景的分析已经表明,所谓属天的物体和属地的或元素性的物体实在都属大致相同的化学合成。克钦亦在同处指出,近代天文学和化学已使我们能够判断,天体与地之间在物质上实无不同;而且,由于人们已经知道它们二者之间借助于引力的联系,人们也不会期待还有什么别的东西。——译者着或烧红，所以排拒光或亮。

（六）亦由于月亮和其他天体的光线（太阳的光线则除外），所以排拒光和亮。

（七）还由于燃着的铁与酒精火焰二者之间的比较（前者热较多而亮较小，后者亮较大而热较少），所以排拒光和亮。

（八）由于燃着的金子和其他金属整个说来是具有最大的密度，所以排拒稀薄性。

（九）还由于空气大部分是冷的但却保持稀薄，所以排拒稀薄性。

（一〇）由于燃着的铁并不胀大[①]而仍保持在其原来看得出的体积之内，所以排拒作为整体的物体的本位运动或扩张运动。

（一一）还由于空气在寒暑表或类似仪器中的膨胀，显见其有本位运动或扩张运动，但热并无显著的增加，[②]所以排拒作为整体的物体的本位运动或扩张运动。

（一二）由于一切物体都很容易弄热而并无任何毁坏或可以察到的变化，所以排拒毁坏的性质或任何新性质的暴烈的传送。

（一三）由于热和冷所造成的某些相似结果有其一致和相合之处，所以排拒作为整体的物体的运动，不论是扩张的运动还是收缩的运动。

（一四）由于热系为物体的摩擦所引起，所以排拒一个自为主

① 克钦指出，这是错了。铁受热是要扩张的。——译者

② 弗勒指出，空气膨胀，唯一原因在其温度增高；不过温度计中所含空气数量太小，其增加的温度触来不觉罢了。培根在二卷一三条第二八项事例中曾说到空气最容易接受热，而这里却有此误，要觉可怪。——译者

体的性质。[①] 所谓自为主体的性质，我的意思是指那种主动自行存在于事物的性质之中而不作为任何前在性质的产果的东西。

此外应予排拒的还有其他性质；这个表中所列是不完全的，不过作为举例而已。

以上所举的全部和每一性质都不在热的法式之内。人们在对于热有所动作时，可以把它们完全置之不顾。

一九

我们在进行排除的过程中已经为真正的归纳法打下基础，但真正的归纳法不到取得一个正面的东西时是还不算完成的。排除部分本身也绝对不是完全的，它在开头时也根本不可能是这样。因为排除显然是对于若干单纯性质的排拒；而我们既是对于一些单纯性质还没有什么健固的、真确的概念，那又怎能把排除过程进行得准确呢？就拿上表当中的某些概念（如四大元素的性质、天体的性质、稀薄性等概念）来说，它们就是模糊不清、界说不明的。因此，我既充分知道也没有忘记我所从事的工作是何等重大（就是要使得人类理解力能够成为事物和自然的对手），所以我绝不满足而停止于我所已经订定的条规，而要更进一步为理解力的使用设计

① 培根在这里不仅先见到近代热学理论（就是热之动力说——译者）中的主要特点，而且也先见到这种理论所据以成立的证据。温素（calorie，很久以来人们假想中的一种质体，认为是热的起因——译者）之被证明为并不存在，也就是说热之被证明为并非出于散布在自然中的某一质体，主要正是依据有关摩擦作用的一些实验的。这个证明之发现，据 Joule 和 Thomson 二人所述（见 Beddoes 所著"Contributions to Physical and Medical Knowledge"一书第一四页），主要归诸 Sir Humphrey Davy；但是，虽说 Davy 的实验曾防避了产生错误的来源，为培根所未注意，但观察到摩擦生热这一点，仍应公正地归功于培根。

并供给一些更有力的帮助，那就是我现在所要缀述的。我要指出，在解释自然当中，人们的心应当尽力做到有这样的准备和倾向，要在准确性质的适当阶段和程度上已经站定脚步而停歇下来的时候（特别是在开始的阶段），还能同时记住它当前所有的东西是在很大程度上依赖于尚留在后头的东西的。

二〇

鉴于真理从错误中会比从混乱中出现得较快，我以为在三个初步列示表（像我所展示的那样）业经做出并经考量以后，就宜允许理解力凭着各表所列事例以及他处所遇事例的力量来作一回正面地解释自然的尝试。这种尝试我称之为理解力的放纵，或解释的开端，或初步的收获。

关于热的法式的初步收获

我们要指出，一个事物的法式要在那个事物本身所在的每一和全部事例当中去寻找（这从以上所论看来是很明白的）；否则就不成其为法式。因此就必然要说，矛盾的事例是不能有的。同时我们还要指出，法式在某些事例当中会比在另一些事例当中显得更较明白和显著；那就是说，在某些事例当中，法式的性质所受其他性质的约束、阻碍和限制是比较少的。这样的一些事例，我称之为显耀的或触目的事例。[①] 现在我们可以进而讲到关于热的法式的初步收获了。

① 参看二卷二四条。——译者

从上述全部和每一事例看来，有一个性质为热之所属而成为其特定情节，这就是运动。这在火焰中表现得最为明显，那是永远在运动中的。表现在滚沸或渐沸的液体中也是一样，那也是在不断运动中的。这还表现在由运动所引起的热的激长和增加，例如在风箱和暴风下的情形，这可参阅第三表，第二九例；还有在他种运动下的情形，这可参阅第三表，第二八、三一两例。这还表现在用遏止运动的任何重压来消灭火和热，可参阅第三表，第三〇、三二两例。还有一种情形也说明了这一点，就是一切物体都会被强烈的火和热所毁坏，无论如何也会引起显然可见的改变；这就清楚地表明热能够在一个物体内部的分子之中引起一种骚动、混乱和猛烈的运动，显然可见地导向那个物体的解体。

必须指出，当我说到运动而把它当作类并把热当作它的种时，我的意思不是说热生运动或运动生热（虽然在某些情节上[①]二者也都是真的），而是说热之本身，其本质与要素，就是运动而非他物。[②] 不过这运动还有些种属区别性的规限。关于这些规限，我随后就要论到。现在为避免混淆起见，还先要提出几点告诫。

感觉上的热乃是一个相对的概念，是和人而不是和宇宙关联着的，其正确的定义应该仅是热在动物元精上所产生的效果。并

① 弗勒指出，热和运动不止是有些时候在某种场合可以相互转化，而是始终如一地不易不变地可以相互转化的。——译者

② 克钦指出，这是说，热之所以为热就在运动。这样，看来培根好像相信自己已经真得出热的法式了。——译者

且它在本身上是会变异的，因为同一物体，视感官的预有状态如何，会引起冷的知觉亦会引起热的知觉。这一点，从第三表第四一例可以看得很清楚。

还有热之传送，或说是热的引渡性质，即一个热物体加于另一物体就能把它变热的那种性质，这也不能和热的法式混在一起。因为热是一回事，传热另是一回事。热是为摩擦的运动所产生而不需要先有任何热，这个事例就证明传热这事应被排除在热的法式之外。即使说一个热物体的临近也产生热，这也不是由热的法式而来，而是完全依赖一个更高的和更普遍的性质，即完全依赖所谓同化或自我增殖那个性质；而那是需要另行探究的问题。[①]

还有一点，我们对于火的概念乃是流俗之见，乃是没有用处的；这种概念乃是把任何热的和亮的物体，例如一般火焰和热到发红的物体，合并起来而形成的。

这样肃清了一切混淆之后，我最后便要讲到那些给予运动以规限而使运动构成热的法式的真正的种属区别性。[②]

第一点区别性乃是这个。热是一个扩张的运动，[③]物体

① 参看二卷四八条中所论第十一种运动。——译者

② 弗勒注明，在经院派逻辑使用的语言中，所谓区别性是将类划分而构成种的。

③ 弗勒指出，培根在二卷一八条第十项事例中排除了“作为整体的物体的扩张运动”，在本条第三点区别性下又说“热的扩张运动并不是整个物体平均一致，而是只在其一些较小的分子之间进行的”。可是很难看出，一个物体的细小分子在扩张又怎样能够不引起整个物体的扩张，特别是培根既否认分子之间有虚空存在（参看二卷八条），就更难加以解释。但事实却是，一切物体（除极少数的例外，如水在华氏表三二至三九度时的情况和铋在凝固的时刻的情况外）没有不随着温度之增高而扩张的。——译者

借以努力去把自身膨胀和伸展到大于其以前所占据的范围或广袤。这点区别性从火焰当中最容易观察到，在那里烟和浓重的蒸气都是显著地把自身膨胀和扩张成为火焰的。

这也表现在一切沸的液体，那是显著地在扩张，在升腾，在起泡，并把这种自我扩张的过程继续下去，直到把自己变成一种远较液体本身伸展得多膨胀得多的物体，就是说变成蒸气，变成烟，或变成空气。

这一点也显现于一切木头和一些易燃物体之中，其中往往发生渗汁的现象，并且总在蒸发。

这还表现在熔化金属方面。金属因其具有最紧密的组织结构，并不是易于扩张和膨胀的；但由于它们的元精在本身膨胀起来，并从而孕有进一步膨胀的欲望，就强迫着和搅动着其较粗的分子成为液体状态。假如热还大大增加，就把它们的大部分质体分解并变成易于蒸发的状态。

这表现在铁和石头上也是一样；它们虽不是被熔化和被分解，但却也被软化。[①] 木棒置于热灰当中稍稍感热以后，就变成柔韧可弯，便是这种情节。

但这种扩张运动的最好表现还在空气，那是但遇小热便不断地和显著地膨胀起来的，从第三表第三八例可见。

这一点还从冷这相反的性质当中表现出来。[②] 冷把一切

① 克钦指出，培根在这里似乎是想铁和某些种石头可能不会熔化。可是赫薛尔说："迄今还不知道有何种固体，在足够的高热之下会不熔化，会不终于消散为蒸气。"见所著《自然哲学论》第三五七节。

② 弗勒指出，在这里，我们又看到把冷当作一种积极性质的概念。——译者

物体收紧并使它们缩拢,[1]以致在严霜之下钉子会从墙上掉下,铜的器皿会裂开,热的玻璃骤然经冷就会碎裂,也是这个道理。同样,空气一受微寒便要收缩,如第三表第三八例就是这样。这些事例,我将最后在关于冷的探究当中再来细说。

在这一点(即我现在所讲的)种属区别性当中,热和冷两个性质的活动是背对背相反的;因为这里说的是热产生扩张和膨胀的运动而冷则产生收缩和凝聚的运动。但当我们看到下述两点种属区别性(这是我立刻就要来讲的)竟同样适合于冷热两个性质,看到它们二者竟现出许多共同的活动(这可参阅第二表第三二例)时,我们也不必感到诧异。

第二点区别性是对于前一点的修饰;就是说:热是一个扩张的、朝向圆周的运动,但有这样一个条件,即物体须同时有向上的运动。[2] 无疑可以有许多混合的运动。例如,箭或标枪在前进中有转弯,在转弯中仍有前进。同样,热的运动则同时既是扩张的运动又是向上的运动。这点区别性可从如下的试验中观察出来:在把铁钳或火箸放进火中时,假如垂直插入而握其顶端,不一会儿就觉得灼手;假如从旁或由下插入,发烫就不会这样快。

---

① 弗勒指出,这句话也不尽然,例如水管就往往因结冰而被胀裂。——译者

② 克钦指出,热本身并无向上的趋势;受到热的分子固然升起,但这不过是分子膨胀的结果(就是说,在其密度相对而言,比其他分子占据较多的空间)。弗勒并且说,这种现象只在气体和液体中才有,叫作流通;固体中并无类似的现象,培根所举铁钳或火箸的例子乃是想象出来的。

在用下降器来进行蒸馏，即如人们在提吊各种细花香露时，也可以观察到这一点。人类的努力已经发现到不把火放在下面而放在上面以使它灼烧较弱的办法了。[①] 不仅火焰是向上的，一切的热也都是向上的。

关于这一点，让我们在冷这个相反的性质上也来试验一下，要看看冷是否把一个物体向下收缩，正如热把一个物体向上膨胀那样。取完全一样的两根铁棒或两个玻璃管，把它们稍稍弄热，拿两块在冷水中或雪中浸过的海绵分别放在一个棒的底下和另一个棒的头上。我想有雪在头上的那根棒的首尾两端会比有雪在底下的那根棒的首尾两端凉得较快一些，正与热的情形相反。

第三点种属区别性是：热的扩张运动并不是整个物体平匀一致，[②]而是只在其一些较小的分子之间进行的；[③]这运动又受阻遏，遭抗拒，并被击回，致使物体取得一种来回交替的

① 弗勒注明，流通和传导两种方式都可布热于液体，而前者布热较多。显然，热在其中上升比下降较快，前注已说明其故。因此，把火放在液体上面比放在下面烧热较慢。——译者

② 弗勒指出，这只是说，有些分子比其他分子得热在先，于是就整个块体而言其不同部分就在一定时间内得热不匀。但这种情况并无碍于整个物体的膨胀，即使只有一部分分子膨胀，整个物体也必然要随着膨胀的。参看本条第一点区别性下有关的注。——译者

③ 弗勒指出，要注意这里所用“较小的分子”一词，在下一点中并把这种分子与最后最细的分子明白区别开来。培根认为热乃是这种分子的运动。这样说来，培根的热的理论和较晚的一些学者们(例如 Tyndall)的理论，虽非在种类上但是在程度上还有很大不同的。——译者

运动，[①]不断地在震颤，在奋斗，在挣扎，并为回击所激怒，从而发出火和热的狂暴。

这一点种属区别性最显现在火焰和沸的液体之中，那些都是在小的部分中不断震颤着，不断扩张着，而又不断沉降着的。

这亦表现在这样一些物体之中，其组织结构是如此之紧密以致在受热或被燃着后体积都不扩张，如燃着的铁就是这样，[②]其中的热实在是很厉害的。

还有一种情形也表明了这一点，就是火在最冷的天气下燃烧得最炽烈。[③]

这一点区别性还可从这样一些情形中看到：当空气在寒暑表中扩展而不遭到阻碍或抗拒时，也就是说当这种扩展是平匀而一致时，就没有可以觉到的热。还有，当风从封闭中钻出时，虽系以最大的猛力冲来，也没有很大的可以觉到的热；这是因为这运动是属于整体的，其中没有若干分子间的交替运动之故。有见及此，我们应该来试验一下，看看火焰是否向诸边比在其中心灼烧得较为厉害。

还有一种情形也表明了这一点区别性。一切灼烧都是作用于被灼烧物体的细微孔窍；所以灼烧作用乃像无数针尖一样在掘着，钻着钉着和刺着一个物体。所有强水（假如适合于

① 弗勒指出，这里的描述颇像是先见到热之波动说。克钦也说，这种热波传送的想法，如同光波、声波或色波的传送一样，可能是对的。但是若把热当作物质的（看来差不多无疑正是这样），那么就必须放弃波动说了。——译者

② 参看二卷一八条第十项事例下的注。——译者

③ 参看二卷一三条第三六项事例下的注。——译者

它们所施物体的话)以其侵蚀性质和刺激性质所作用的结果都和火所作用的结果一样,也是这种作用的结果。

热的这一点种属区别性(就是我现在所说的这一点)也是和冷这性质相共的;因为冷的收缩运动之为抵抗的扩张趋势所阻遏正和热的扩张运动之为抵抗的收缩趋势所阻遏一样。这样看来,不论一个物体的分子的动作是内向还是外向,活动的方式总是一样,虽然力量的程度则有很大的不同,因为我们这里在地球上面根本没有什么冷到极度的东西。[①] 参阅第九表第二七例。

第四点种属区别性是对于第三点的修饰;就是说,前述那种戟刺或钻穿运动一定多少是疾急的而不是懒慢的,一定是由若干诚然微小但非最后最细而系较大到一种程度的分子来进行的。[②]

这点区别性从火所产生的效果与时间或岁月所产生的效果二者之间的比较可以看出。岁月或时间之把物体耗干,销蚀,暗损以至化为灰烬,其活动诚然比火细微得多,但作用则并不亚于火;但由于这种运动是十分懒慢,其作用又仅及于一

① 克钦指出,二卷五〇条中(第六节,论施加动作于自然物体的第三种方式)论及此点更详。在培根那时,人们对于制冷(或者更正确地说,使热蒸发)的方法还几乎全无所知,这不免使他见到缺乏极冷乃是一种缺欠。我们产冷的能力比产热的能力要有限得多,至今还如此。把气从一种液体状态中突然膨胀成为蒸气,这是迄今所知的冷的最有力的来源。参看赫薛尔所著《自然哲学论》第三五四节。——译者

② 弗勒指出,后一点是错的,而且似乎是由下述幻想中的岁月与火的对比而来。热乃是物质中最后最细的分子的运动,不论这些分子的性质怎样。参看本条第三点区别性下面的注。——译者

些极小分子，所以热就觉不到了。

把铁的熔解与金的熔解比较一下，也可以看到这一点。[①]金的熔解并不激生出任何热来，而铁的熔解则伴有一股猛烈的热，虽然是发生在差不多同一时间。这理由就在：在金子，那起分解作用的酸素进入得很缓和，动作得很细巧，同时金子的分子也屈服得很轻易；而在铁，酸素的进入则是粗暴的而且有冲突的，同时铁的分子又具有较大的顽强性。

这一点还在某种程度上表现于一些坏疽，由于其腐烂过程具有细巧的性质，所以它并不激生大热和剧痛。

以上就是关于热的法式的初步收获，或说是解释的开端，其所采的做法则是对于理解力的放纵。

现在有了我们的这个初步收获，热的法式或真确定义[②]自然就随之而来（这里所说的热是关联于宇宙而不是单与人相关联的），这可以用很少的字来表述如下：热是一种扩张的、受到抑制的、在其斗争中作用于物体的较小分子的运动。但这里应有两点修饰。关于所谓扩张，应作这样的修饰：与向一切方面扩张同时，[③]它具有一种向上的倾向。[④]还有关于在分子中的斗争，也应修饰如下：这不是懒慢的，而是急遽并带有猛力的。

着眼于动作方面来说，这亦是同一回事。对这方面的指导亦可

---

① 参看二卷一一条第一九项事例和一二条第二五项事例。——译者

② 弗勒指出，注意这里把“法式”与“定义”等同起来。——译者

③ 弗勒指出，这是说扩张是向着一切方向，是圆的。——译者

④ 参看本条第二点区别性下面的注。——译者

表述如下：假如你能够在任何自然物体当中激生出一种膨胀的或扩张的运动，并能把这个运动抑制得返转到它自己身上，使得膨胀不能平衡地来进行，却只能是有一部分得路而进而在另一部分则遭到抗阻，那么你一定就会产生出热来。至于物体是属于四大元素性的还是服从于天体影响的；[①]是发光的还是不发光的；是稀薄的还是浓厚的；是在位置上有了扩张还是局限于其原有体积的界线之内；是倾向于分解还是保持其原来状态；是动物还是植物或矿物，是水是油还是空气，或者还是任何其他能感受上述运动的质体；——这些都不必加以考虑。说到感觉上的热，这乃是同一回事，不过是必须联系到感官来考虑罢了。现在，让我们再向一些更进一步的帮助前进。[②]

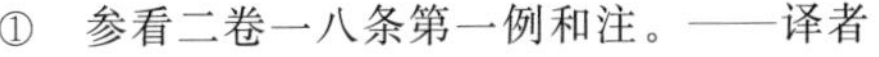

① 参看二卷一八条第一例和注。——译者

② 对于培根对热的法式的这种探究，爱理斯作了几点总的评注：

一、其中大部分没有助成什么结果。这可以说是这种探究方法的自然后果。

二、把热和一些化学作用的结果混为一谈了（例如二卷一一条中第二二至二七各项，又如一二条中第二七至三二各项）。

三、凡物体都倾向于获得其周围物体的温度，而触觉上某物比他物或较烫或较凉的不同亦非出于该物之较烫或较凉，而是由于它们各自传送其温度的敏捷程度有所不同。培根对于这条原理全无认识，这是产生错乱的一个更大的来源。由于这样，所以他常常教导说，某类物体在其自身性质上是凉的，另一类物体则是热的，以及类此等等的话。又说，一切液体都是凉的（例如二卷一一条中第一、三项，又如一二条中第一四至一九各项）。而其实，若用温度计来实验一下，便会早已看出它们并非这样。可是培根并未一试——这是诸多事例中的又一事例，表明他怎样拒绝了前人已曾教给他的东西。

四、热和冷似被认为各自分立而非相互关联的性质了。

五、采用了占星术中所谓星和行星能影响冷热的一些无稽之谈（见二卷一三条中第一五以下诸项）。（爱理斯此注尚有很长一段细微的部分，不能尽译于此。学者若能径予参阅，自将有得。不过，诚如弗勒于此所说，阅时要记住一点，即自爱理斯写作此注以来，热之动力说在证据方面又取得很多新的收获了。克钦指出，培根对自己的方法所作的例解到此结束。初时，这二十条语录似乎看作《新工具》全书中最宝贵的部分，一六三八年在 Leyden 地方曾印发单行本。——译者）

二一

几个初步列示表以及排拒工作或排除过程既经完成了，从而初步收获亦已经做出来了，我们现在就要进至对于理解力在解释自然也即掌握真正的和完整的归纳法方面的其他一些帮助。在陈述这些帮助时，如果表还是必需的，我打算仍循着热和冷的那些事例前进；但如果只要较少例子就足够说明的话，我便将无拘无束地来进行；这样才可以既保持探究的清晰，又可以留有较多余地来阐论系统。

我计划分九部分来论：(一)一些享有优先权的事例；[①](二)归纳法的一些支柱；(三)归纳法的精订；(四)论研究随题目的性质而变化；(五)研究中一些具有优先权的性质，也即研究对象的先后次第；(六)研究的界限，或说宇宙中一切性质的概略；(七)实践上的应用，也即就人的联系来论事物；(八)研究的准备；(九)原理的升降等级。[②]

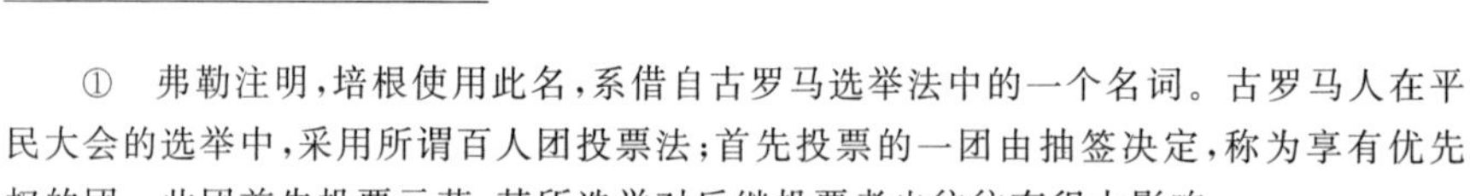

① 弗勒注明，培根使用此名，系借自古罗马选举法中的一个名词。古罗马人在平民大会的选举中，采用所谓百人团投票法；首先投票的一团由抽签决定，称为享有优先权的团。此团首先投票示范；其所选举对后继投票者也往往有很大影响。

弗勒又引赫薛尔的话作注说，“培根所谓享有优先权的事例，系指一些具有特征的现象。自然中存有大量庞杂的事实，数目过多，模糊而又复杂；人类心灵在寻求原因和归纳的纲目时，不但不能从中得到指引，反而易受淆乱。培根从其中选择出一些具有特征的现象；由于这些现象能经由某种特殊有力的途径来打动理性，并深深印给我们一种因果之感或某种类推之势，所以认为而且是正确地认为它们具有一种享受着优先权的尊严，有权要求我们在进行物理探讨时首先特别予以注意。”见《自然哲学论》第一九〇节。——译者

② 克钦指出，在这九种帮助之中，只做完了一种，其余各种中有的只有些断简零篇。我们知道，就是这九种帮助全部还不过是《新工具》中部分之部分，而《新工具》全书又还只是《大复兴论》中之第二部分；由此我们不免想到培根的整个规划是怎样伟大而所完成的部分又是怎样微小。——译者

二二

所谓享有优先权的事例有二十七种，[①]逐一论述于后。

（一）单独的事例——一些东西与另一些东西除共同具有所要查究的性质外即别无共同之点，凡表现这种情形的事例就叫作单独的事例；还有一些东西除不具有所要查究的性质外便与另一些东西在一切方面都很相似，凡表现这种情形的事例也叫作单独的事例。[②] 很明显，这种事例能把排除法的路程缩短，能加速和加强排除法的过程；在这种事例方面，少数和多数是有同样效用的。

举例来说。假定我们是在探究颜色这个性质，[③]三棱镜和水晶便算是单独的事例。它们不仅在自身中现出颜色，而且还把颜色外放到墙壁、露珠等等上面。这样，它们除颜色外，便和固定在花中、彩石中、金属中、木头等等中的颜色毫无共同之处。由此事

① 弗勒注明，据二卷五二条所述，这些享有优先权的事例首先分为两大部类：一是关于知识的（一至二〇），二是关于动作的（二一至二七）；第一部类中又分两部分：一是帮助理解力的（一至一五），二是帮助感官的（一六至二〇）。还有细分，可径阅五二条本文。

克钦评议说，这里不见有多少安排；其全部企图也觉过于笨重，不适于一般使用；标题和分目也往往是出于想象的。但是，有些特定的事例，从实际上说来，则是始终不断在得到利用的。——译者

② 克钦指出，这两种独出的事例正与密尔所讲的两条实验方法即相同法（Method of Agreement）和差异法（Method of Difference）相同。见密尔所著《逻辑》一书第三卷第八章第一、二节。

③ 克钦指出，牛顿（Sir I. Newton）后来之发现光的合成，也正是依靠了颜色的这些事例（参看赫薛尔所著《自然哲学论》第一八和二七五两节）。培根于此所作的解释已接近真理，并表现出高度的明敏。——译者

例我们就可很容易地测知，所谓颜色不外是投在物体上的光的一个变种，在上述前一情节系出于不同的投射角度，在后一情节则系出于物体的不同的组织结构。这些就是在相似性方面的单独的事例。

在同一对颜色的探究当中，如云母石中清楚的黑白纹理，或同一种属的许多花卉中的杂色斑纹，也都算是单独的事例。因为云母石中的黑白条纹，或石竹花中的红白斑点，都是除颜色外几乎在一切方面尽相一致的。由这些事例我们就可很容易地测知，颜色和一个物体的真正性质并无多少关系，而只是依赖于其分子的较粗的也可说是机械的排列。这些就是在差别性方面的单独的事例。这两方面的这种事例，我都叫作单独的事例，或者借用占星家的一个名词，叫作野星。[①]

二三

（二）移徙的事例——在讨论中的性质是原先不存在而在产生过程之中，或就另一方面说是原先本存在而在消失过程之中，凡表现这种情形的事例就叫作移徙的事例。[②] 这样说来，无论在哪一

---

① 拉丁本原文为 Ferinae。克钦注释说，关于这一个字，找不到什么解释；疑指古时天文学家所观察到的某些不规则的不合纳入其系统中的天体而言。——译者

② 克钦指出，水变成汽或变成冰，可算是适当的例子。这类事例颇近于对“隐秘过程”的查究。

弗勒引 Playfair 的话作注说：“矿物界就是这种移徙的事例的大舞台，在那里可看到同一性质的各个等级，从最完善的状态直到完全消失。例如贝壳在石灰石阶段中，我们看到它在形象和结构上都十分完善，而逐步消入较细的云母石，直到最后不复可辨。”

弗勒又引赫薛尔的话说：“这种移徙的事例以及另一种所谓跨界的事例使我能够循迹找到那一条渗透整个自然界的普遍法则即所谓连续法则。”——译者

种过渡当中，这种事例永远总是两面的，或者毋宁说就是一个事例在运动或过渡中，直继续至达到对面的状态。这样的事例不仅加速和加强排除过程，而且把正面的东西或法式自身驱入一个狭窄的范围。因为一个事物的法式必然是在这个移徙过程中要传过去也即在另一方面要消除掉和消灭掉的什么东西。虽然说每一个排除过程都推进着正面的东西，但这在同一事物中做来比在不同事物中做来更有决定性。只要仅仅一个事例把法式泄露出来，这就会引导到法式在全部事例中的发现（由前边所说过的一切看来，这是很明显的）。而且这移徙愈是简单、这事例就该有愈高的估价。再着眼于动作方面来说，移徙的事例亦是大有用处的。因为这种事例既是联系着什么致使法式或存或灭这一点而把法式表示出来，这自然就在某些情节上为实践提供出明白的指导，从而使得向下一步情节的过渡容易起来。[①] 不过在这种事例当中有一层危险须要加以警戒，就是说，要提防它会迫使我们把法式与能生因过多地连在一起，以致会有一种从能生因观点发生出来的关于法式的错误见解把持了或至少点染了我们的理解力。须知能生因永远只能被了解为仅系载送法式的工具。[②] 但这层危险性，只要我们能把排除过程合格地做起来，则是易于防治的。[③]

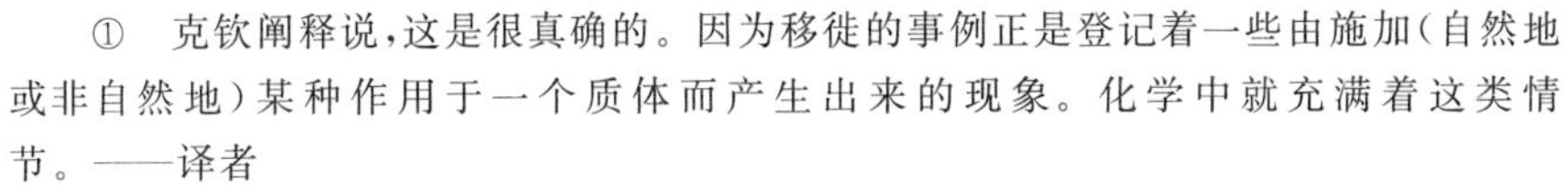

① 克钦阐释说，这是很真确的。因为移徙的事例正是登记着一些由施加（自然地或非自然地）某种作用于一个质体而产生出来的现象。化学中就充满着这类情节。——译者

② 弗勒指出，培根在这里把法式与能生因明白地区别开来。——译者

③ 弗勒注解说，在能生因已经停止动作之后，结果（即展示着法式的性质）还往往能见。因此，依靠排除法就能把法式与其能生因区别开来。例如，在我们停止摩擦许久之后，一个物体还会保持其通常温度以外的烫热。——译者

现在我要给移徙的事例举一个例了。假定所要查究的性质是白。这里有一个向产生或存在方面移徙的事例就是完整的与砸得粉碎的玻璃。还有本来面目的水和搅浑起沫的水也可作为同例。玻璃和水在其本来面目下都是透明而不是白的,而砸成粉碎的玻璃和搅浑起沫的水则都是白的而不是透明的。[①] 于是我们必须查问,在这一移徙当中玻璃和水究竟遇到了什么事情。很明显,白的法式是由玻璃之砸碎和水之搅浑传送过来的。可是我们看到,这里除玻璃和水裂为细小部分并有空气进入外,什么东西也没有增添。由此我们就知道,同为透明但程度有高低之别的两个物体(即水和空气,或玻璃和空气),当它们的微小部分掺和在一起时,通过光线的不平匀的弯折,就展示出白的颜色。这一点在发现白的法式方面说,进步可是不小的。

但同时也要举一个例子来指出我方才提到的那点危险性以及应有的警戒。因为从这一点上,一个被这种能生因引入迷途的理解力容易得到一种提示,以为在白的法式中空气永远是必需的,或者以为白只能从透明物体来产生;而这些概念都完全错误,有无数排除的事例都说明它们是不能成立的。实际上,我们会看到(把空气和类似的东西撇在一边),凡其分子(这是触动视觉的)完全平匀

① 克钦注明,玻璃在完整的状态下和水在未经搅浑的状态下,都允许光线通过,只作小小一点的折光,因此不给我们以白的感觉;而玻璃一经砸成碎粉,折光情况就不像以前那样了,大量光线在其自然状态下受到反射,就把白的感觉传送到眼睛。克钦又引赫薛尔的话说:"读到这点以及本书中其他许多事例,人们几乎会想这些说法简直是从牛顿的《光学》中抄过来的(假如这书在那时已经写出的话)。"——译者

的物体就是透明的；凡结构单纯而分子不匀的物体就是白的；凡分子不匀而结构又属复合但还规则的物体就是除黑以外的一切颜色；凡分子既不平匀而结构又属复合、混乱和不规则的物体则是黑的。[①] 以上便是就着白这性质来说的向产生或存在方面移徙的事例的一个例子。至于向消减方面移徙的事例，仍以白这性质来说，则可举消解中的水沫或雪。在这里，水在恢复其排去空气的完整状态之时，取消了白而加上了透明性。

这里还有一点无论如何也不可略而不提，就是所谓移徙的事例不仅包括这些渡向生灭的事例，也还包括那些渡向增减的事例；因为那些事例也有助于发现法式，这从上文所论法式的定义，以及所列程度表看来是很清楚的。以纸为例，它在干的时候是白的，打湿之后（就是说排出了空气而引进了水之后）就减少了白而愈接近于透明。这和上面所举的例子是相类似的。

二四

（三）触目的事例——这在关于热的初步收获当中已经提过，

① 弗勒指出，关于物体颜色的这种解释只是猜测之说。我们还没有，至少现在还没有充分的证据足以确定各种物体是依靠什么条件来吸收颜色的。在牛顿的《光学》中（第二卷第三部分）也有一种奇特而有趣的企图，想确定这同一问题。例如，他曾想到"凡构成自然物体的分子，其大小可借物体的颜色来测知"；他又说道，"若要产生黑，则物体中的微点必须比任何现色物体中的微点都少"；他还说过，"显微镜终将改进到能够发现物体中为颜色所依赖的分子，即使还不能说现在已经相当地达到那种完善的程度"。

在培根的另一著作"Valerius Terminus"当中（第一一章），还有一段很长的关于颜色的理论，可参看。——译者也可叫作显耀的事例或得到自由和占有优势的事例。[①] 在这种事例当中，在讨论中的性质是赤裸裸地和独树一帜地被展示出来；它的具有最高度力量的崇高地位也被展示出来，这是由于它摆脱了和解除了一切障碍，或至少是以其力量在管制着、镇压着和压迫着这些障碍。我们知道，每个物体当中都包含着许多性质的许多法式，联结在一个具体状态之中，结果是它们分别相互摧毁，相互抑压，相互击破和相互禁制，以致各个法式都黯淡下去。但我们也见到在某些物体当中，我们所要的性质，或是由于不见什么障碍之故，或是由于其本身性德占有优势之故，比在其他物体当中显得较为有力。这种事例把法式显示得很触目。而同时我们对于它也必须有所警戒，要遏止理解力的躁进。大凡把法式显示得太明白、仿佛是在强迫理解力不得不加以注意的事物，都应当认为可疑而予以监视，办法则是诉诸严格的和仔细的排除法。

试举一例。假定所探究的性质为热。对于那个（如上所论）成为热的法式的主要因素的膨胀性运动说来，用气温度计便是一个触目的事例。若说火焰，虽然它也显著地显示膨胀，但由于它转瞬即灭，所以并不能显示膨胀的前进。若说沸水，由于它容易过渡到蒸气或空气，所以也不能把水在其本身中的膨胀显示得明显。至于燃着的铁和类似的物体，它们更远远不能显示膨胀的前进，甚至

① 克钦注释说，这种事例总是一些打眼的情节，最能常常导致可贵的发现。一两条这样的事例，一入熟巧的妙手之中，就在还未想到应用培根式的方法的时候已曾时常导引出真理。赫薛尔曾援引磁力作为关于两极性的显耀的事例，见《自然哲学论》第三六五节。——译者

由于它们的元精被那约束着和压抑着它的粗壮而紧密的分子所摧毁和击破之故，就连膨胀本身看来都毫不明显。[①] 温度计便与它们都不同了，它把空气的膨胀显示得很触目，把它显示得同时是明显的、前进的、永久的，并且是没有过渡的。[②]

再举一例。假定所探究的性质为重量。这里的一个触目的事例就是水银。[③] 水银比金子以外的一切质体都重得多，就是金子也比它重得有限。[④] 但以指明重量的法式这点来说，水银却比金子是一个更好的事例。金子是固体，而且是坚实的，这些特征都仿佛与密度有关；而水银则是液体，又富于元精，可是却比金刚石和其他号称最坚硬的物体要重许多度。由此事例可以明白地看出，重或重量的法式单纯依赖于物质的量而不依赖于其结构的紧密性。

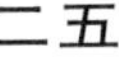

二五

(四)**隐微的事例**——这也叫作**朦胧的事例**，差不多与触目的事例正相反。在这种事例当中，所要查究的性质是在其最低度的力量下被展示出来的，好像是在摇篮中和发育未臻完全的样子；它

① 克钦指出，参看二卷一八条第十例及二〇条第一点区别性。看来，培根似乎总想在所谓微小分子的膨胀与物体整体的膨胀之间画出一道区分线。

② 弗勒注释说，例如水转化成汽时，便超越其自身而过渡到汽；这里是说空气的膨胀便没有这种情况。——译者

③ 克钦指出，这个事例不好；因为，金子比水银重，经加热也会变成流质；而水银在一定温度下又会成为固体。——译者

④ 这点错误也见于培根的《浓度和稀度史录》(*Historia Densi et Rari*)。在那里，他说水银对金子的比重约为三九对四〇；而真实的比例则为七对十而稍高。其所以有此错误，大半出于他做实验时所采取的办法。

诚然也在奋斗，也在作一种初步的努力，但是被相反的性质所掩埋，所压抑。可是这种事例亦大大有助于发现法式。因为正如触目的事例容易导向种属区别性，这隐微的事例则最善于指点到所谓类别，就是说，最善于指点到共同性质，而所举的某些性质则作为其中的特定情节而被包括在内。

举例来说。假定所举的性质为固结性，即物体规定其自己形状的那种性质，与流动性是正相反的。[①] 在这里，所谓隐微的事例就是那些展示流质中某种微弱的、低度的固结性的事例。例如水中的气泡，那就是由水这个物体所形成的具有一定形状的固结的薄膜。类似的例子还有屋檐滴水。如果后面有水继续而下，水滴就绵为细细一线，以保持水的连续；如果后水不继，它们就以圆点下滴，而这形状也是最善避免水之失去连续的。[②] 并且每当线流停止点滴开始之交，那水本身必定要向上回缩，以求免于中断。又如在熔化中的金属也是流质但较有黏性，其熔滴往往逃到顶层而黏在那里。另一个多少相似的事例是孩子们用灯草和唾沫所做的

---

① 弗勒指出，“流质”和“液体”两词，在培根是交替使用的，而在我们说来，则前者指类（包括气体在内），后者指种。培根所谓流质仅指液体；气体则包括在所谓“气状物体”之内，以与所谓“可触物体”相对立。参看二卷四〇条及《浓度和稀度史录》。——译者

② 克钦注明，参看二卷四八条第五种运动，即“连续运动”。

弗勒注解说，这圆形系出于水中分子的黏着力。他引 Ganot 的话说：“在大体积的液体中，重力胜过黏着力，所以液体自身无定形，只取容器之形以为形。在较小的体积中，则黏着力占到上风，于是液体呈现圆形。露珠在植物叶子上有此形状；以一种液体加于一种不能浸湿的固体时，例如以水银加于木头时，亦有此形状。还可用水来试验一下，把一些易化的粉末如石松粉或灯炱等撒在木头上面，然后滴上几点水，也会见此形状。”见所著《物理学》，英译本第一二版，第八四节。——译者

镜子，那里也看到水所形成的一个固结的薄膜。另一种儿童游戏把这一点表现得更好，那就是用肥皂把水调黏，吹以苇管，就把水吹成一种气泡之宫，并且由于有空气参加在内之故，竟固结到可以甩出相当远而不破裂。[①] 但最好的表现还在霜和雪，它们都是由水形成，都属流质，但其固结的程度竟至几乎可以用刀加以割切。[②] 所有上述这些事实都毫不模糊地暗示出：所谓固结与流动都只是流俗的概念，都是相对于感官的；而事实则是一切物体当中都固有一种要求避免中断的倾向；不过这种倾向在同质的物体（如流质）[③]当中是微弱无力，在异质复合的物体当中则较为活跃而强烈，理由就在异质相接就把物体结在一起，同质透入则使物体解体和松弛。

另举一例。假定所举的性质为相吸性，也即物体相互靠拢的那种性质。在查究这个性质的法式当中，一个最可注意的触目的事例就是磁石。但是亦有一种与相吸性相反的性质，即不相吸性，那是存在于同类质体之间的。例如铁不吸铁，铅不吸铅，木不吸木，水亦不吸水。这里所要说的隐微的事例却是装置上铁的磁石，或毋宁说是这样装置起来的磁石中的铁。自然界中一个事实是，

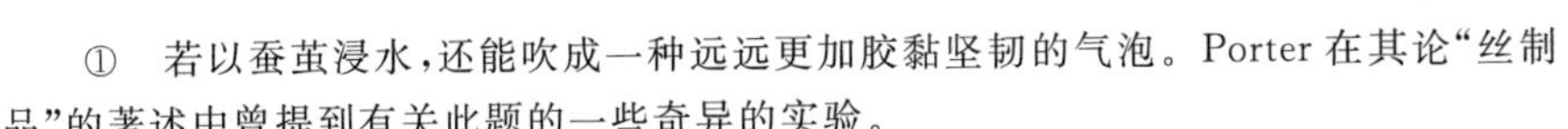

① 若以蚕茧浸水，还能吹成一种远远更加胶黏坚韧的气泡。Porter 在其论“丝制品”的著述中曾提到有关此题的一些奇异的实验。

② 弗勒指出，培根没有注意到，大概不论什么物体，只要在温度有足够增减的条件下，都是可以变作固体、液体或气体的。参看二卷三三条下有关的注。——译者

③ 弗勒指出，培根以为液体比固体有较多同质性，这是错的。黏着力之所以在固体中比在液体中使出得较强，理由盖在其能率因被由热而来的推拒力所对消，乃随温度之增加而降减。黏着力绝不是在异质物体中比在同质物体中较大，它之使力正是在同一性质的分子之间。——译者

一个装上铁的磁石在一定距离之外并不比一个未装上铁的磁石具有较大的吸铁力量。可是如把铁拿近到与装铁磁石中的铁相接触的地方，那就看出装铁磁石所能牵引的铁的重量要比未装铁的磁石所能牵引的大得多。这是由于两铁系属同类质体之故。而铁之中的这种动作在未应用磁石以前却是完全隐而不彰的。① 由此我们就看明白，交合的法式在磁石中是活跃而强烈，在铁中则微弱而隐伏。还有一例。我们曾看到，一支不装铁头的小木箭，经由重的机括发出，能比装有铁头的同箭钻入木质（如木船边缘之类）更深。这亦是由于两木系属同类质体之故。② 可是木头之中的这种本性显然一直是隐伏的。同样还有一例。虽然从整个物体看来，空气和空气或者水和水都不显著相吸，但一个水泡在另一水泡靠近时就比在那一水泡远离时较易解体。这亦是由于水和水以及空气和空气之间有交合的欲望之故。③ 应当指出，这种隐微的事例（如我已经说过，它是最有暗号效用的）以在物体的细小和精微的部分中展示得最为显著，理由是那较大的体量是要遵从较普遍的法式的。

---

① 在《新工具》出版以前，伽利略已经说明接极子借产生一种更完善的接触而起作用，参看“Dialogi dei Sistemi massim”一文，见《伽利略全集》（*Giornata Terza*, *Florence*，一八四二年版，第一卷第四四〇页）。（弗勒指出，事实是真的，但所举理由则纯出虚想。磁力为什么凭借接极子而增加，其真正的理由在 Ganot 的《物理学》（第一二版，第七一八节）中可找到说明。这个例子是完全不对的。——译者）

② 弗勒注解说，据 Clifton 教授提示，培根所述事实如果不错，这或许是由于木箭轻，因而运行速度较大；也或许是由于铁头箭的游隙比木箭的游隙较大。——译者

③ 弗勒注明，两气泡接触而破裂或有时合一起来，这许是由于许多原因合起而致，毛细管的吸引则是其中之一。——译者

这一点在适当的地方就会讲到。[1]

二六

（五）能资组成的事例——这也叫作手制式的事例。[2] 这种事例是把所举性质的一个单独种别组成一种较狭的法式。由于真正的法式（那永远是能与所举性质对等掉转的）位于深处，不易寻找，于是事情的各种情况以及人类理解力的脆弱性就要求对于一些特定的法式[3]——那是把某组的事例（虽然不是全部）集合在一起而形成某种公共概念的——不要忽略过去，而要勤谨地加以注意。因为凡是能把一些性质联合在一起的东西，纵使所联合的并不完全，总是为发现法式铺平道路的。因此在这一点上有用的事例就具有不可轻视的权力，也享有某种优先权。

但在这里必须使用很大的警惕性，切不可使人类理解力在发现了那许多特定法式并据以确立了对所举性质的剖分和分划之后，就满足而停留在那里，不仅不复进而对大的法式谋求合格的发

① 参看二卷四八条中第七种运动，即“大趋聚远动”。——译者

② 克钦引赫薛尔的话作注释说：“在培根的分类中，所谓集体的事例不外是一些带有普遍性的事实，或具有某种程度的普遍性的法则，其本身就是归纳的结果。”（见《自然哲学论》第一九四节）他又指出，在培根的体系中，性质怎样又能有所谓较狭的和较大的法式，似乎殊难理解。若抛开他之追求法式不论，这些事例确是最可宝贵的。不过可怪的是，开勃勒的三条法则那时已经出版，却不见培根加以引用。那些法则正是他所讲的集体的事例，并帮助了牛顿以后发现那条更加普遍的万有引力的法则。培根绝不借数学来作例解，亦很少借同时人的发现来作例解。——译者

③ 弗勒注释说，这里所谓较狭的或特定的法式，相当于第一卷中所谓最低级的公理或某些较低程度的中级原理（例如，参看一卷一〇四条）。它们可说是对于某一性质就其种属的（虽然仍是普遍的）例证所作的定义。看本条末节。——译者

现,反倒认定性质根本就是多面而分隔的,从而就把任何更进一步将性质加以联合的工作视为多余的精细和倾向于抽象而加以拒绝或抛在一边。

举例来说。假定所举性质为记忆,①或是刺起和帮助记忆的东西。在这里,所谓能资组成的事例就是这些:首先是秩序或配置,这显然是能帮助记忆的。其次是人工记忆中的借题或所谓"所在"。这"所在"可以依这字的本义来解,那就是如门边、墙角、窗下以及类此等等;也可以是一些所熟识的和知名的人,或是任何其他所喜悦的东西(只要把它们安置在某种秩序之内),如动物、植物、文字、字母、剧中人物、历史伟人以及其他等等,虽然它们的合用程度和便利程度各有不同。这种人为的所在对于记忆有惊人的帮助,能把记忆提到远高于其自然的能力。第三是韵文;韵文是比散文较易念会和记住的。从这一组三个事例,即秩序、人为的所在和韵文,对记忆的帮助的一个种别就组成起来了。这个种别可以确当地称为无限性的切断。因为当我们力图回忆一个事物也即把一个事物重复唤上心头时,假如对于所寻觅的东西没有什么预存的概念或感认,那么我们就得东寻西觅,跋涉无尽,到处徘徊,好像是处于无限空间之中。但若一有任何确定的预存概念,无限性就立刻切断,记忆也就无须游历得那样远了。而上述三个事例正把这

① 弗勒指出,这个例子与一卷一二七条联系起来看,颇有意味。这表明培根之举例已不复限于其哲学改革的范围即通常所谓自然哲学之内。

培根关于记忆和帮助记忆的一般学说,见其另一著作"De Augmentis Scientiarum"第五卷第五章。

这里所描述的某些精神现象以及一些人工帮助记忆法,现在都可用联想说(doctrine of Association of Ideas)来解释。——译者

种预存概念指得极其清楚而且确定。第一个事例说,那必须是合于秩序的东西;第二个事例说,那必须是与固定的所在有某种相合之处的影像;第三个事例说,那必须是叶韵的字:这样一来,就把无限性切断了。以上是说这样一组事例组成了这第一个种别。[①] 还有其他事例则给我们指出帮助记忆的第二个种别,譬如说,凡把智力方面的概念和感官连在一块的东西(这正是记忆术中最常用的方法)都能帮助记忆。另外一些事例还可组成第三个种别,那就是说,凡事物给人印象时系通过强烈的情绪,例如引起恐怖,引起惊叹,引起羞耻,引起欢喜等等,那亦能够帮助记忆。还有一些事例则给我们指出第四个种别,那就是说,凡事物印入人心主要系当人心在感受前后都属清明纯净、无物萦怀的时候,就如儿时所学事物,就睡以前所想事物,[②]还有初次所遇事物,那都在记忆中保存得最为长久。还有另一些事例组成第五个种别的帮助,那就是说,若有一群情况或点划可资把握,那也有助于记忆;例如写作中有句读,分段落,诵读时发高声,有音节,就是这样。最后还有一些事例给我们指出第六个种别,那就是说,凡劳人期待、提起注意的事物

① 弗勒注明,这个种别,在“De Augmentis Scientiarum”一书中叫作“记号”,描述比此处较详,并作有例解。见五卷末尾。——译者

② 弗勒注明,这现象的产生大概是由于我们在睡眠中还重复地回到那些思想,虽然一醒已忘记是那样。这属于这样一类现象,在 Leibnitz 称之为“朦胧的意念”,在 Hamilton 称之为“隐秘的精神变种”,在 Carpenter 称之为“无意识的大脑活动”,在 Lewes 则更加适当地称之为“下意识”。在睡眠中,心实际仍在施展其力量,虽然人已完全忘记这种施展;我们每能在指定的时刻从睡中觉醒,这就是一个很好的常见的例证。——译者

比那迅速掠过的事物能在记忆中保存得较久；例如，你把一段文章读二十遍，并不容易记住；可是假如你在读时每隔一会儿试背一次，想不起时再看原书，这样只读十遍就能记住。综上所述，可见对记忆的帮助有六种较狭的法式：一是无限性的切断；二是智力的事物向感觉的事物的还原；三是心在强烈情绪下所感受的印象；四是心在空洞清闲状态下所感受的印象；五是可资把握的一群点划；六是预先的期待。

再举一例。现在所举的性质为味觉或尝味。在这里，下述诸例就是所谓能资组成的事例。凡生来没有嗅觉的人都不能以味觉去感知或辨别腥臭的或腐臭的食物，同样亦不能感知或辨别调上大蒜或调上玫瑰等等的食物。还有凡鼻孔偶然为黏膜炎所障碍的人也都有上述情形。还有，像上述黏膜炎患者，假如他们当有臭的或香的食物在口腭时以猛力擤出其鼻涕，他们就立刻能够觉知那个臭味或香味。[①] 这些事例于是就给出也是组成味觉的这样一个种别，或毋宁说是一个分支，那就是说：所谓味觉，一部分乃不外是一种内里的嗅觉，从鼻子的上部孔道下达至口和腭。[②] 但另一方

① 弗勒注解说，这些事例许是稍经夸大了；但从其为真实来说，那可用 Bain 的一段话来加以解释："所谓滋味，顾名思义，实仅影响味神经，所以不论鼻孔张闭都是一样的。不过许多有味之物同时也是芳香的。在呼气伴同咀嚼的动作中，特别是当吞咽之后的一刻，芳香的分子被带入鼻腔，于是影响嗅觉，或说是使其香气能感觉出来。这个结果正是我们所谓香味。有些东西，例如肉桂，经咀嚼后并不发出滋味而只发出香味，换言之即只发出一种香气。"见所著《感官与智力》一书，第三版，一五八至一五九页。——译者

② 弗勒指出，可是必须记住，尽管嗅觉和味觉是密切相连，尽管两个器官也紧密相近，它们却仍是完全各自有别的。——译者

面，甜、咸、苦、辣、酸、涩等类的滋味却又是那些缺乏嗅觉或嗅觉受阻的人们能够和别人一样知觉到的。合起来看，我们就可以明白，所谓味觉乃是一个内里嗅觉和一个精细的触觉力量的复合物。[①]关于后一点，这里就不讲了。

还有一例。假定所举性质为传送属性而不混合质体。在这里，光这事例给出或组成这类传送的一个种别，热和磁石则给出或组成另一个种别。因为光的传送是临时的，原光一经移去，传送立告停止。[②] 而热和磁性则当其一经传递到或毋宁说是激生于一个物体，在运动的来源移去之后还在那里居留和保存相当一段时间。

总之，能资组成的事例是应享有很大优先权的，因为它在形成定义（特别是特定的定义）方面与分划和剖分性质方面都有很大用处。关于这一点，柏拉图有句话说得很不坏，他说："凡深知怎样去界定和怎样去分划的人就该视为神。"[③]

二七[④]

（六）相契的事例或类比的事例——这也叫作平行物，或叫作

① 弗勒注明，味觉和嗅觉究竟以何种方式起作用于器官，这点还模糊未明，但大概各为化学作用。至于触觉，当然是全体五种外部感觉的共同条件，尽管它们在特征上各不相同，尽管它们彼此之间也不能相互还原。——译者

② 克钦注明，光线不留存于空气之中，热线则为空气所阻留。参看二卷一三条第三五项事例。——译者

③ 见柏拉图《对话集》中"Phaedrus"篇，二六六 B。

④ 克钦注明，从六至十这五种享有优先权的事例是具有准备性质的，在进行探究自然时它们应走在前头，它们亦是导向动作或实践的。参看二卷三二条。他在那里又注道，既是这样，又很难明白培根为什么把它们安插在这个地方。——译者

形质相似性。[1] 这种事例是显示事物的相似和连属，但不是显示在较狭法式中（像能资组成的事例那样），而是仅仅显示在具体的事物中。因此这种事例可以说是走向性质的联合的最初和最低的步骤。它也不是一开始就直接地构成什么原理，而只是简单地指出和标举物体之间的某种一致性。它虽然在发现法式方面没有什么用处，但在显示宇宙各部分的结构及解剖其成分方面却是大有帮助的；而正是由这里它就往往引导我们进至贵重而高尚的原理，特别是进至那种涉及世界结构而不止涉及简单法式和单纯性质的原理。

举例来说。镜子与眼睛，耳朵的构造与传递回声的山谷，这些就是相契的事例。从这种相契性当中，且不说把事物相似之点仅仅观察一番就在许多方面都有用处，我们便容易测知并形成这样一条原理：感觉器官和产生反射于感官的特体在性质上是相像的。而在这一暗示的基础上，理解力便容易又升至一条更高级的也是更高贵的原理，就是说：享有感觉的物体之间的感应或交感和没有感觉的无生物体之间的感应或交感并无不同，所不同的只是在前者那样秉性的物体当中加有一个动物元精，[2]而后者则没有。由此我们接下来又说：动物的感觉可以多至和无生物体之间的交感相等，假如它们身上广开孔窍以容动物元精自由通入任一禀赋适

① 克钦注解说，所谓相契的事例乃是这样一些事实，它们彼此间在一些具体的东西上而不是在其较为普泛的法则上有某些相似之点。如哈维（W. Harvey，公元一五七八至一六五七年，英国著名医生）因见水压机中的弇与心脏瓣膜有相似之点而发现血液循环，又如消色透境之构造系本于人眼与望远镜之相类，都属此例。参看培根另一著作“Advancement of Learning”，第一三〇页。——译者

② 克钦注明，关于所谓动物元精，二卷四〇条有详尽的讨论。——译者

当的肢体如同通入适合的器官一样的话。我们还可以说：动物中有多少感觉，缺乏动物元精的无生物体中无疑也就有多少运动，虽然由于感觉器官为数甚少之故后者还必然要比前者多得多。关于这一点，有一个显著的例子就是疼痛。动物中有多种多样的疼痛（灼烧的疼痛是一种，极冷的疼痛又是一种，还有受刺、受拶、受擀等等的疼痛），而所有这些，作为运动来说，毫无疑问也都存在于无生质体之中。例如木头和石头，当它们受到火烧，遭到冰冻，或被凿、被斫、被折和被擀的时候便是这样，虽然它们因缺乏动物元精之故而不能有所感觉。

还有植物的根与枝也属相契的事例（这看来可能有点奇怪）。凡植物性的物质都把其各个部分扩张和向表面推展，向上向下都一样。树根和树枝二者之间，除前者系埋于地下而后者系暴于空气日光之中外，并不更有什么别的不同。[①] 我们如把一条柔嫩而滋荣的树枝按入一个土坑，它虽不与土壤黏合，可是随即生起根来而不是生出枝来。反之，如果把土盖在它上面，并以石头或其他硬物压住使它不得向上生发，那么它就会向下在空气中生出枝来。

还有树胶与大多数岩石中的宝石也属相契的事例。因为二者都不外是汁液的渗出物和过滤物：[②]前者出于树，后者出于岩石；而二者之灿烂澄净也都是由于过滤精细的缘故。兽毛一般之所以

① 有许多植物，其茎有一部分生长于地下；同时也有其他植物，其根至少有一部分是在地面之上的。根与茎的真正区分是在这两种器官的职能。根中没有和芽或结节相类似的东西（在特殊情况下者除外），因而就没有真正的小枝。

② 克钦指出，这不能说明宝石之起源：宝石系出于结晶。——译者

不及鸟羽那样美丽，那样颜色鲜明，其原因也在于此，就是因为汁液经皮肤过滤不及经羽茎过滤那样精细。

还有男性的阴囊与女性的子宫也属相契的事例。可以说，两性间机体上一点大的区别（至少就陆地动物说）看来只在一个机关是在外的而另一个机关是在内的。[①] 这就是说，男性有较大的热力能把生殖器官推发在外；而女性的热力则太微弱不能做到这样，所以那个器官就被包在里边。

还有鱼的鳍与四足兽的脚或鸟类的足及翼也属相契的事例；[②]亚里士多德于此还加上蛇类运动中的四重折叠。[③] 由此我们看到，在宇宙结构当中，凡生物的运动一般都是以四部肢体或四种弯折来进行的。

还有陆地动物的牙齿与鸟类的喙也属相契的事例。由此我们可以明显地看到，一切完备的动物都有一个规定性，就是口部要有某种坚硬的质体。

若说人与植物之间也有一种颠倒的相似之点或相契性，那也不算荒唐的说法。在动物中，神经和各种官能的根子是在头部，而精子的部分则在最下部，腿和臂的两端在外不计。在植物中却恰

① 此说似系出自 Telesius 所写大意相同的一段文字，见“De Rerum Natura”一书第六卷第一八章。而首作此说者实为 Galen，Telesius 又系引申其言。参看 Galen 所著“De Usu Partium”，第一四卷第六章。（弗勒说，这个想象是没有事实根据的。——译者）

② 弗勒指出，以鸟、鱼、四足兽相类比，这是对的。Aristotle 和 Pliny 均有此说。参看 Aristotle 所著“Historia Animalium”第一卷第五章，Pliny 所著“Natural History”第九卷第二〇章第七三节。——译者

③ 见 Aristotle 所著“De Insessu Animalium”第一卷第七章。（克钦指出，Aristotle 加上这一点，是错误的；而培根于此所作的推论亦是躁急轻率的。——译者）

恰颠倒过来，根子（相当于头）正常地总在最下部，而种子则在最上部。[1]

总之，我要不惮烦地谆谆告诫大家，人们在调查和搜集自然历史方面的辛勤此后应当完全改变，应当转到和目前所行相反的方向。迄今为止，人们用了很大的亦可说是过于好求的辛勤去观察事物的多样性，去说明动物、草类和化石的精确的种属区别性，其大部分毋宁说是自然的游戏，对于科学是没有什么真正用处的。这种东西诚然能够娱悦人心，有时甚至对实践亦能有所帮助，但说到要洞然察人自然之内，那么它们就很少或根本没有用处。因此，人们的劳力应当转而去调查和观察事物间的相似和相类之点，从整个看亦要从部分看。只有这些方面的调查和观察才侦察出自然的统一性，并为科学的建立奠定一个基础。[2]

但这里必须提出一个严格的也是诚恳的警告，就是说，只有那种指明（如我在开头所说的）形质相似性的事例才能算作相契的或类比的事例。这就是说，这种事例所指明的必须是实在的、实质上的、在自然当中有根据的相似性，而不是偶然的或仅仅表面上的相

① 另一方面，人们也可迹寻到植物中的花与人类以及一般脊椎动物中的头盖骨二者之间有类似之点：二者都出现在发展轴之顶端，二者都有四个片段，即螺环或者脊椎。而植物与动物间最为显明的类比尤在其组织的发展方式，即那些组织，有理由可以相信，都是首先由细胞所形成。关于这条命题的有利证据现在或许还非十分完备。可怪的是，当这一点在植物方面已经成立之后，Schleiden 又认为，在种原始结构上的统一性之中，他却发觉出菜类生命别有其独特的性质。这样，植物动物之间的类比似乎又因这一发现而告破损了。

② 克钦评论说，培根的这段忠告与一卷五五条所论不尽相合。培根自己喜爱类似事物，遂作此说；若就物理学而论，则注意区别性比注意相似性能学知得更多。——译者

似性，更不是如自然幻术的作家们（一些极其浅薄的人，几乎不应联系到像我们现在所从事的这样严肃问题来提的）所到处炫示的那种迷信的或奇异的相似性；那是他们以高度虚妄和愚蠢所描写出来或有时甚至是杜撰出来的事物之间的一些相似性和交感性，根本不是实在的。

撇开这些不谈。不可忽视的是世界结构本身在其较大各部分上就表现为相契的事例。就以非洲与秘鲁地区连同伸到麦哲伦海峡（Straits of Magellan）的那片大陆之间的形势为例，这两大块地面上随处都有相似的地峡和相似的海角，这不能说是纯出偶然的。①

还有旧大陆与新大陆，它们同样都是北面宽而广，南面狭而尖的。②

还有一对极为显著的相契的事例，就是存在于空气的所谓中界中的酷冷与时常从地下爆发出来的烈火。二者都是所谓顶点或极端：一个是朝向天边的冷的极端，一个是朝向地腹的热的极端，③都是出于反对性质的相反相激的作用。

① 亨保尔特（A. von Humboldt）曾指出，大西洋对面两岸有相契之处，即此岸突出各点与彼岸凹入各点约略相应。培根在此以非洲海岸与美洲海岸相比，则不是比其相反相应之点，而是比其相合相当之点，例如 Concepcion 角便相当于 Negro 角；但此中平行性并非严密吻合。

② 克钦注明，一切国家都具有向南趋尖的地形，像日本、南美、印度、非洲那样，这是自然界的一个事实，已常为人所注意。——译者

③ 克钦注解说，这一对事实之所以称为类比，只谓其相反性之增或减是有规则的：入地愈深则热度愈增，升天愈高则冷度愈增。——译者

弗勒则指出，两组事实诚然是这样，但系出于不同的原因，所以实在说来并不能成为相契的事例。

最后，还有科学原理当中的一些相契的事例也是值得注意的。例如修辞学中奇峰突起出人意表的转喻法与音乐谱中将近尾声忽翻新调的顿扬法就有相契之处；又如数学中“凡两物同与另一物相等则它们彼此相等”这条假设与逻辑中借中词来联结两个命题这条三段论式的规则也是两相契合的。[①]

总结一句，我们若在调查和猎取事物间的形质相契性和相似性方面具有一定程度的明敏，那是在许多情节上都有很大用处的。[②]

二八

（七）独特的事例——借用文法学家的一个名词来说，这种事例也可称为不规则的。这种事例所展示的是在具体状态中的物体，展示着它仿佛是逸出于自然的轨路，排出于自然的秩序，与属于同一种类的其他物体都不一致。相契的事例是彼此相像，独特的事例则是像其自身。独特的事例的用处和隐微的事例的用处一样，就是说，它能把性质提起来和联起来，从而发现类别或共同性质，以便随后再借真正的种属区别性来加以规限。我们要把那些会被认作自然奇迹的事物的本性和属性都归结在某个法式或固定法则之下来加以领会；这样我们就会看到，一切不规则性或独特性实仍依存于某个共通法式，而所谓奇迹结果乃仅在于精确的种属

① 弗勒指出，一般地说，也是更确当地说，这应当称为一条公理。——译者

② 克钦指出，第七、第八、第九三种事例似可归在一个项目之下：盖在种别上谓为独特的事例者在个别事物上即谓之出轨的事例，而跨界的事例则系独特的事例的支流，即不过是两个种别相互越界的一些情节而已。——译者

区别性，在于程度，在于寡同，而不在于种属本身。我们的查究不达到这样的结果是不能罢休的；而现在人们的思想则停留在把那样的事物宣称为自然的秘密和伟作，像是无因而至的事物，像是普遍规律的例外。

这种独特事例的例子有星球中的太阳和月亮，石类中的磁石，金属中的水银，四足兽中的象，各种触觉中的交媾感觉，各种嗅觉中的猎犬的嗅觉等等。文法学家们认为S这个字母在一群字母当中也是独特的，因为它容易与子音字母结合，有时可与两个子音字母结合，有时甚至可与三个子音字母结合，[①]这种本性是其他字母所没有的。这种独特的事例应当视为极有价值，因为它能磨锐和刺醒我们的查究，并有助于医治被习俗和事物常经所败坏了的理解力。

二九

（八）出轨的事例——这是自然中的一些错乱、异想和奇闻，表现着自然岔出了它的常轨。这种自然中的错乱与前节所说的独特事例有一点不同，就在后者是种别的奇异而前者则是个别事物的奇异。二者的用处则几乎是一样的，它们同样能够纠正由通常现象所提示给理解力的错误印象，并显示公共法式。因为在这里，我们的探究也是非到发现出这种出轨的原因便不能罢休的。不过这

---

① 弗勒注明，S这个字母与两个子音字母结合者，可以英文中 strap 一字为例；与三个子音字母结合者，可以德文中 Schwarz 一字为例。——译者

克钦则说，S这个字母不配在这里占什么地位。——译者

个原因却不能正当地升为什么法式，而只能进至引向法式的隐秘过程。[①] 因为凡知道自然的道路的人固能比较容易察到自然的出轨，反之凡知道自然的出轨的人也能更加准确地来描述自然的道路。

这种事例还有一点不同于独特的事例，就是它所给予实践和动作部分的帮助比较后者要多得多。要产生新的种属是极其困难的；但要把已知的种属加以变化，从而产生若干稀罕而不常见的结果，则困难就比较少些。[②] 可以说，从自然的奇迹过渡到技术的奇迹乃是一件容易的事。[③] 因为我们一经在自然的出轨之中把自然侦察出来，并把其所以出轨之故也弄明白，那么要用技术把它引回到原来偶入歧途之点是并不困难的。并且这还不限于一个情节，而可以推及其他许多情节，因为一条边上的错乱就会指点出和启发到所有各条边上的错乱和失常。关于这种事例，例子极多，无须来举。因为我们总是要把自然中一切奇闻怪事，简言之即自然中一切新颖的、稀罕的和不常见的事物，专门集成一部特殊的

① 弗勒注解说，这句话的意思不很明显。这些奇异现象若真确解释出来，应当会对它们所属种别的性质有所点明。培根之意或许以为，出轨的事例系出在过程当中，系因过程有了某种阻滞或变化以致结果未能达到通常的形式，所以他才说，把它们解释出来，也不能直接点明法式，而只能点明引向法式的过程。不过，间接说来，这亦是对性质或法式的例解。——译者

② 弗勒注明，这种人工变化过程常常施于植物、狗、鸽、牛羊以及其他等等。

达尔文(Darwin)曾经表明，人在花样变化上只要经较短时期就能做到的，自然在种属上以至更高的类属上却要用很长的岁月才能做到。——译者

③ 弗勒注明，James Mall 曾借猛烈压力下的熔解制造出人工云母石，这可算是技术模仿自然成功的一个良好事例。——译者

自然史的。[①] 不过要做这事就必须以最严格的精审来保证其确实性。像那种多少系根据宗教而来的事物，如李维所记的一些奇闻，是主要应当予以怀疑的；还有那些自然幻术家、炼金家以及诸如此类酷爱无稽之谈的人们所著录的事物，也是同等应当予以怀疑的。总之，凡我们所认可的东西必须是得自端重可信的历史和确实可靠的报告。

三〇

(九)跨界的事例——这也叫作两属的事例。[②] 这种事例展示着仿佛由两个种属合成的一种物体，或者说仿佛是介乎两个种属之间发育尚未成熟的物体。这些事例大可算入独特的亦即不规则的事例之列，因为在自然的整个范围内它们乃是稀罕的、异乎寻常的东西。但是从它们的价值来看，仍应把它们单独列开，另行论究；因为在指明事物的组合和结构方面，在提示宇宙中平常物种的数目和属性的原因方面，以及在把理解力从现有的东西推进到可有的东西方面，它们都是有其卓越的用处的。

这种事例的例子有：苔藓，那是介乎腐朽物与植物之间的；[③]

---

① 弗勒注明，在“Sylva Sylvarum”一书中便有许多这样的实验。——译者

② 拉丁文为 participia，英译文作 participles。克钦注解说这正如文法中的分词，既属动词的性质，又属名词的性质。——译者

③ 克钦指出，这些例子不尽令人满意。苔藓并不是介乎腐朽物与植物之间的。飞鱼和蝙蝠，除在表面上看来外，亦都不是跨着两个种的某些具有植物形态的动物或某些似非而是的鸟禽，倒许是较好的例子。——译者

某些彗星，那是介乎星与带火流星之间的；[1]飞鱼，那是介乎鸟类与鱼类之间的；蝙蝠，那是介乎鸟类与四足兽之间的；还有人猿，那是介乎人与兽之间的，古语说得好：

“那最丑陋的畜生，猿猴，是和我们何等相像啊！”[2]此外还有动物中由不同种属混成的两形物以及类似的东西，亦都是这种事例的例子。

三一

（一〇）权力的事例或威标的事例（借用帝制仪仗中的一个名词）——这亦叫作人类智慧或威力的事例。[3] 这种事例乃是每种方术中最高贵、最完全的事功，体现着这方术的极端完善。既然我们的主要目标是要使自然服务于人类的事业和利便，那么，合于这个目标的做法就该先把那些已在人类权力之内的事功，特别是那些最周全和最完善的事功（作为早先攻占了的和征服了的若干领域），加以记录并予以列举。因为从这些事功出发，我们就会找到一条较易较近的途径通向迄今还未经尝试过的新的事功。因为如果人们能够从对于这些事功的注意深思之中来用热情和主动性把自己的事功加以推进，那么他们就一定会不是把这些事功稍稍向

① 弗勒注解说，星星恒常可见，流星一瞬即过，彗星则出现一些时候而后不见：培根必系据此而指彗星为跨界的事例。——译者

② 弗勒注明，见 Cicero 所著“De Natura Deorum”，一卷三五节，系引 Ennius 之言。——译者

③ 弗勒注解说，这些事例因其是“每种方术中最高贵、最完全的事功”，所以是人类权力的表征。近代的例子举不胜举，诸如蒸汽机（连同其多种的应用）、电报、蒙药、摄影以及类此等等都是。——译者

前推展，就是把它们转向旁边邻近的一些事物，或者甚至更把它们转移而应用于某些更加高尚的用途。

还不止此。正如自然中稀罕非凡的事功能够刺激并提高理解力去查究以至发现那些能把它们包括在内的法式，[①]同样，方术中卓越奇异的事功也能做到这一点，而且还能做到更大的程度；因为创造和构制方术中这种奇迹的方法在多数情节上是浅显易见，而自然奇迹中的方法则一般是隐晦难知的。

但在这里我们也必须使用极度的警惕性，切不可让这种事功把理解力压沉而仿佛是缚倒在地。因为这里有一种危险，就是人们一经思索到方术的这种事功，而这些事功看来又仿佛是人类努力的极峰和顶点，他们的理解力或不免就此受到震惊，受到束缚，以致受到蛊惑，竟至无力再去对付任何其他事功，却只认定除沿袭旧法外便不能再做出那类事物，因而只要用更大的辛勤和更准确的准备去照做就得了。[②] 而其实，确定的倒是相反的情形。这就是说，人们迄今所发现到所观察到用以获致效果和事功的办法和手段大部分是很劣很次的；全部高级的权力依赖于法式，都必须从那个源头来有条不紊地抽引而得，而这种法式却直到现在还一个都没有发现出来。[③]

因此（我在别处已经说过）[④]假如一个人只是思想着古代人们

① 这句话系承上文第二八条第一节之意而言。——译者

② 参看一卷八五条。——译者

③ 弗勒注明，参看一卷七五，二卷二及一七各条，并参看"De Augmentis Scientiarum"第三卷第四章。——译者

④ 见一卷一〇九条。——译者

的战争机械和攻城机器，纵使他竭尽毕生之力去想，也永不会着落到把使用火药来发放的大炮发现出来。同样，假如他只是盯着羊毛和棉花的制造去观察去思想，他也永不会借此发现到茧或丝的性质。

由此可见，过去一切差堪列入比较高贵一类的发现(如果你考察一下)，都不是由方术的些微经营和开展所揭出，而是完全出于偶遇。那么，什么才能把偶遇(那一般只是以很长的时间间隔来动作的)提前或预支呢？除了发现法式是不行的。[①]

关于这种事例的特定例子是很多很多，没有必要在这里来举。因为我们终归要做这样一件事，就是要把所有机械性方术和文化性方术(只要它们是有关于事功的)都寻找出来并彻底检查一遍，从而把它们二者当中的巨大的、精妙的和最完善的事功，连同其产生或动作的方式，都集为一编或一部特定的历史。

但我并不是要束缚人们的辛勤努力仅仅去搜集方术当中称为杰作、称为神奇、足以引起惊异的那些事功。因为惊异只是罕见的产儿；一个事物只要是罕见的，虽然在种类上实在并无异乎寻常，人们也对它感到惊异。而另一方面，有些事物从其与别的种属相较所表现的种属区别来看是真正值得惊异的，可是只因在普遍使用中我们与它相狎，就往往很少加以注意。

方术方面的独出事物之值得注意也不亚于自然方面的独出事物，后者是我已经说到过的。[②] 关于自然方面的独出事物，我已举

① 参看二卷三条。——译者

② 见二卷二八条。——译者

出太阳、月亮、磁石等等为例，这些都是在事实上最熟习，但在性质上却几称独一无二的东西；同样，关于方术方面的独出事物，我亦必须照此举一个例子。

关于方术方面的独出事例，有一个例子就是纸，一个极其普通的东西。现在要指出，我们只要注意考察就会看到，大凡人工制造的材料，不是以经纬两线织成的东西，如丝绸、毛布或麻布等等；就是以混凝浆汁黏成的东西，如砖、陶器、玻璃、珐琅、瓷器等等，它们如果调制得精就很光亮，如果不精就虽坚而不亮。但一切以混凝浆汁制成的东西总是脆而易碎，没有黏性或韧性的。而唯独纸恰恰相反，它是一种具有韧性的质体，可以裁剪或撕扯，竟可与动物的皮膜，植物的叶子，以及天工的其他类似作品相比拟，相颉颃。它既不像玻璃之脆而易碎，也不像布匹的织法，而恰像自然的材料那样，有纤维的组织而没有分明的经纬。在人工制造的材料当中，我们再难找到与它相似的东西；它可算是完完全全独特的东西了。[①] 无疑，在人工制造的东西之中，比较更可取的是那种模拟自然最为近似的东西，再不然就相反地是那种压制自然和阻遏自然的东西。[②]

还有，作为人类智慧和威力的事例，我们亦不可完全蔑视魔术和符咒之类的把戏。因为其中有些东西虽然在效用方面是琐屑可笑，但从它们所供给的消息来说也许是有很大价值的。

最后，迷信和幻术（就普通所了解的这个字的意义说）的事情也

① 很奇怪，培根竟未说到毡和纸一样，亦具有这里所提到的一切性质。——译者

② 弗勒注明，关于后者，电导器是一个可称的例子。——译者

不可完全略而不论。[1] 这些事物虽然是深埋在大堆的伪误和子虚之中,可是我们也要稍稍察看一下,因为其中有些事物如蛊魇,如想象力之加强,如远地事物之交感,如精神与精神间正如物体与物体间感受之传送等等,也许在其底层深处是有着自然的某种动作的。[2]

三二

从以上各点看来,我们可以明白,最后所提到的五类事例(即相契的事例、独特的事例、出轨的事例、跨界的事例和权力的事例)不应留到某个性质有待考究的时候再来加以处理(像其前所列的其他事例和后面所举的大部分事例那样),而应当开头就集为一编,作成一种特定的历史。因为这些事例都有助于把进入理解力的事情加以汇编,有助于改正理解力本身的不良面貌——我们知道,理解力在逐日习见的印象之下是不可能不被玷污、被染坏,以致最后走入岔道,变得歪曲起来的。

因此我们应当使用这些事例作为纠正和洗净理解力的一种预备措施。因为凡能把理解力从其所惯对的事物抽撤开来的东西,都是能把理解力地面磨光铲平,以便于接纳真正理念这个冷静纯

① 克钦指出,培根甚至对于一些把戏和幻术手法也从未不寄希望。参看一卷八五条。他希望在发现法式之后便会有一种更高级的幻术。参看二卷九条。——译者

② 弗勒注明,参看"De Augmentis Scientiarum"第四卷第三章,Sylva Sylvarum 第十世纪一段。在"实验"第九八六项下,培根叙述了其父逝世之前两三日他在巴黎曾预得梦兆的一段故事。

弗勒还说,关于所谓远地事物之交感及精神与精神间感受之传送,Glanvill 在所著"Scepsis Scientifica"一书(出版于一六六五年,即《新工具》一书出版后四五年)中记有一些颇可喜悦的事例。他并选录两事附于注中,兹不具译。——译者

洁的光亮的。

再说，这些事例也替动作部分铺平和准备道路。关于这一点，到以后说到导向实践的演绎法的时候，我就要在适当的地方予以说明。[①]

三三

（一一）**友敌的事例**——这也叫作属于**固定命题**的事例。这种事例显示两种情况：一种情况是一个物体或一个具体质体经常携有所要探究的性质，像是一个不可分离的友伴；另一种情况相反地是经常不见所要探究的性质，它经常不做友伴，却像是敌人和仇人一样。从这种事例中，我们可以做出确定的、普遍性的命题，肯定的或否定的都一样，其中主词就是一个具体的物体，宾词就是那个有待研究的性质自身。我们知道，特殊命题不会是固定的。这就是说，在这种命题里，有待研究的性质在任何具体物体当中是消逝着的、会移动的，时而增长起来或被获致；另一方面又时而消失下去或被抛开。因此特殊命题，除开像前面说过的移徙那种情节外，是并不比其他命题享有什么优先权的。但即便是这些特殊命题，如系经普遍命题准备出来并经用普遍命题加以校对，也仍有很大的用处；这在适当的地方我还要有所说明。[②] 还要指出，即便在普遍命题当中我们也不要求精确的或绝对的肯定或否定。因为即使

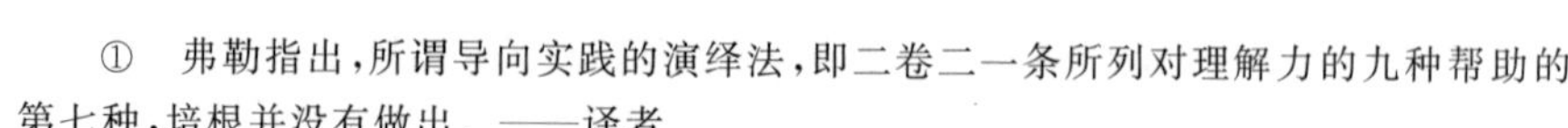

① 弗勒指出，所谓导向实践的演绎法，即二卷二一条所列对理解力的九种帮助的第七种，培根并没有做出。——译者

② 弗勒注明，这是暗指下条所述附缀的事例。——译者

它们容有某种稀罕的和独出的例外，也足供在当前目的下的使用了。[①]

友伴的事例的用处就在于把法式所应肯定的东西收缩到一个狭窄的范围。正如借移徙的事例可以把法式所应肯定的东西收缩到这样——就是说这事物的法式必须是借这移徙活动而传递到或消灭掉的什么东西，同样，在友伴的事例中法式所应肯定的东西则被收缩到这样——就是说这事物的法式必须是作为一个构成分子而加入到物体的这样一种结成当中的什么东西，或者相反地是拒绝加入的什么东西。这样一来，谁只要把这样一个物体的组成和结构知道清楚，谁就接近于能把探究中的性质的法式揭示出来了。[②]

举例来说。假定有待研究的性质为热，那么火焰就是一个友伴的事例。因为在水、空气、石头、金属以及大多数其他质体当中，热都是有变异的，可以有来有去；而唯独一切的火焰总是热的，这就可见热在火焰的结成上是常在的。就着热来说，我们这里还找不到一个仇敌的事例。关于地腹的情况感官是一无所知，以我们所确知的一切物体而论，没有任何一个具体的东西是不能感受

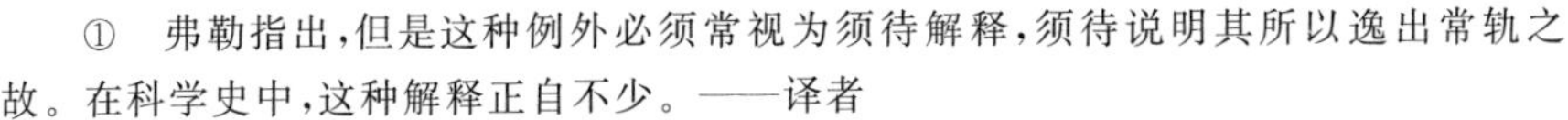

① 弗勒指出，但是这种例外必须常视为须待解释，须待说明其所以逸出常轨之故。在科学史中，这种解释正自不少。——译者

② 弗勒注评说，例如，假定所要探究的为热的法式，而我们看到热永远与火焰相伴，那么，对火焰加以仔细考察，就会侦察到热的法式或性质了。同样，假定要探究透明性的法式，而看到可展性从不与透明性相伴，那么，透明性的法式或性质必是在可展性的质体中寻找不到的东西（或者，假定也可在其中来寻找，至少也是为其他属性所抵消过的东西）。由以上所述的规限显然可见，推理若仅建筑在仇敌的事例上是怎样容易陷入错误了。——译者

热的。

但是另举一例来看，若以固结性作为有待研究的性质，那么空气就是一个仇敌的事例。金属是既能流动亦能固结的；玻璃亦然；水也还是能够固结的，那就是当其冻结之时；唯独空气则永无固结之可能，或者说永无放弃其流动性之可能。[①]

不过说到这种属于固定命题的事例，我还提出两点劝告，这可以有助于我们当前的业务。第一点，如果一个普遍的肯定或普遍的否定是不能有的话，那么就要对这事物仔细注意，就认作是无有的事物。[②] 像上面所讲我们对于热这情节便是这样做的，在这里，从事物的性质看（至少就着我们知识所及的要质来说）是找不到普遍的否定的。同样，若以永恒性或不坏性作为有待研究的性质，那么在我们这里就又找不到一个普遍的肯定。因为对于天之下地之上的任何一个物体都是不能使用永恒或不坏两字来作

① 克钦指出，物体与重量是极好的友伴事例，透明性与可展性是极好的仇敌事例。培根举空气与固结性为仇敌事例，其真确性是可疑的。

弗勒更进一步指出，甚至在培根之后很久，科学界人士还抱有这种见解；Playfair 也曾重述此意，虽然用语比较审慎。其实，Cailletet 和 Pictet 所做的实验已经带有结论性地表明，就是氧气、氢气和氮气也是可以液体化的，从而或许也是可以固体化的。关于这些实验，在 Ganot 所著《物理学》（英译本第一二版，第三八二节）中有简略叙述。这样看来，旧时所谓永久性的气体与非永久性的气体之分是已经完全抹消掉了。根据合法的类推，似可以高度的或然性得出推断说，一切液体亦都可以固体化。只是有几种液体，如酒精、醇精和二硫化碳，至今经一切努力，即使在所知最低的温度下，还不能把它们变成固体。参看 Ganot 所著《物理学》第三四三节。——译者

② 拉丁本原文为 non-entia。克钦指出，entia and non-entia（有与无有）是经院派的名词，培根又使用了。

弗勒说，这一点劝告虽系以经院派的语言来表达，其意义则是明显的。我们若不能建立一个普遍的肯定或普遍的否定。仅仅这一事实本身就值得注意。

宾词的。[1] 第二点的劝告是说，我们在提到有关任何具体物体的普遍命题时，肯定的或否定的都一样，都要把那最逼近于不然的具体物体附缀于后。[2] 例如提到热，就要缀上那种最柔和的、灼烧性最小的火焰；又如提到不坏性，就要缀上金子，那是最近于不坏的。因为这种情况指明着自然中然与不然之间的界限，有助于范定法式，防止法式脱出和岔出于物质条件之外。[3]

三四

(一二)极限的事例——这就是前条所提及的那种附缀的事例，这里给它换个名称，另行列出。因为这种事例不仅是附缀于固定命题之后才有用处，就以它们本身来说，从它们自己的本性来看，也是有用处的。[4] 它们毫不暧昧地指出了自然的实在区划和事物的度量，指出了自然在什么情节上可以活动到或被施加活动到何等地步，然后从而指出了自然向其他东西的过渡。若要举例

① 弗勒注明，培根在“Descriptio Globi Intellectualis”一书中曾严厉地批判了亚里士多德和逍遥派所讲的天体不变那一教条。——译者

② 见下条。——译者

③ 克钦指明，培根认为法式必须限于物质条件的界限之内，这就是反对柏拉图的理念说。他又指出，这两点劝告实际是体现在下条语录当中。——译者

④ 克钦注明，这些事例乃是对前条事例的一种附录，其地位近乎前条的一些例外。这样，所以培根说，这些事例之用处乃在表明固定命题的极限，例如金子为重量的最高限度(培根这样说)；另一方面则有某些火焰(例如酒精的火焰)轻至几乎不可称量：这些都是物体与重量中的极端事例。

弗勒更指出，这类事例除非与前条所述事例联系起来，殊难看出它们怎样能够自成一项。显然，若不与其他事例相联而仅就其自身来看，则它们不过是又一些打眼的事例和隐微的事例罢了。——译者

来说，那么在重量方面有黄金，在硬度方面有铁，在动物身量方面有鲸鱼，在嗅觉方面有狗，在急遽膨胀方面有火药的燃烧，以及诸如此类有事例。[①] 同时，对于低度方面的极端也要和对于高度方面的极端同样地予以注意。在这方面的例子，重量方面则有酒精，[②]硬度方面则有丝绸，动物身量方面则有皮虫，[③]以及类此等等。

三五

（一三）联盟的或联合的事例——有些性质在公认的区划下是被标定为各自独异的，而其实却可以掺和或联合在一起。显示这种情况的事例就叫作联盟的或联合的事例。

这种事例表明，原来归属于某一独异性质并认作为它所特有的作用和效果却也会为其他一些所谓独异性质所具有；这就证明原先所假定的独异性并不是实在的或本质的，而只是一个公共性质的一种变象。因此这种事例是具有极其卓越的功用

① 弗勒指出，这些例子多不确当：白金就比金子还重；醇精就比酒精还轻；金刚钻就比铁还硬；有些爆裂性的粉末在膨胀力方面就比火药更强；鲸鱼固然比现存的其他动物都大，但与近代地质学家和解剖学家所复制出来的地质学上的怪兽相比，就当退居次位了。——译者

② 醇精的精确制法虽在一五四四年已由 Valerius Cordus 做出，但据说直到第十八世纪重经发明后始为人所注意。所以培根之对它缺乏认识是并无足怪的。

③ 拉丁本原文为 vermiculi cutis，培根在二卷四三条曾再次提及。克钦指出，这并不是什么动物体；皮下线原有小管排汗，发生障碍，遂成此物。

弗勒注称，已故 Rolleston 教授告诉过他，有一位名叫 Simon 的德国医生曾发现一种极小的，显微镜下的动物，名为 Demodex folliculorum，生存于它在皮肤油管内部收集起来的油质中。但是，这当然是培根所未及知的。——译者的，它能把理解力从种属区别性升进和提高到**类别**，它能把具体质体中以伪装来到我们面前的事物的幻影和假象加以驱除。举例来说，仍以热作为有待研究的性质。人们告诉我们说（并且像是众所公认颇具权威的一种区划的样子），热有三种，即天体的热、动物的热和火的热；[1]它们（特别是其中之一与其他两种相比）在本质上和种属上——这也就是说，在种属的性质上——乃是各自分明、各自独异的；因为天体的热和动物的热是能生养、能保育的，而火的热则是消耗性的毁坏性的。[2] 于是我们就必须指出它们之间的一个公共情节来看看联盟的事例了。试把一枝葡萄藤牵入一间经常生着火的暖室内，上面的葡萄就会比在室外时早熟整整一个月。这就表明，水果的成熟，即使果子还挂在树上，也是可以由火来做到的，虽然这种成熟作用看来应该是太阳的本分工作。[3]

① 弗勒指出，把热分为这样三种，这是甚至现在还存在着的流俗想法。——译者

② 弗勒注明，参看亚里士多德所著“De Generatione Animalium”第二卷第三章。——译者

③ 就暖室和花房来使用正规的人工保温法，这在培根时代还无所知。在一六○七年出版的 Maison Champêtre（一部关于园艺和农业的百科全书）当中，未见提及；Parta 虽曾著文论述助长花果的各种方式，亦从未谈到这点。可是培根在“Sylva Sylvarum”一书（第四一二项）中却说到将热带植物置于室内加以保护，在“Essay on Gardens”一文中又说到用火炉来烘养雁来红。现代所谓暖室的概念，约在革命时期始由荷兰传入英国。约在第一七世纪中叶在 Heidelberg 地方建成的橘园，据说是记载中最早的一座花房。

据记载，Albertus Magnus 于某年冬季在 Cologne 地方欵宴皇帝地点在其修道院中的花园。积雪覆盖着一切，众宾有不乐之意。迨筵席初开，积雪尽除；树木摆出来了，先是叶，后是花，继之以果实；气候也顿成夏季。筵开时，盛夏骤接严冬，宴甫毕，夏去又入冬季，一切仍复如前。这当是一种幻想的解释；不知曾否有人想到这是说明那位主人实设宴于花房之中，而先引众宾行经园内罢了。此故事见 Grimm 所著“Deusche Sagen”一书。

由这点端倪出发，理解力于排拒了本质独异性这个概念之后，就容易起而探究：太阳的热和火的热之间究竟有什么实在的区别之点使得二者的作用如此不同，而却又共同参加一个公共的性质。

区别之点可以找到四个。第一，太阳的热与火的热相比，在程度上是远较温和与柔和；第二，在质上是远较潮润（至少照它通过空气而达到我们身上的样子是如此）；第三（这是主要的一点），它是极端不平匀的，时或临近而增强，时或引退而减弱；而这正是对于物体的生成的主要帮助。亚里士多德说得对：我们地球表面上的一切生灭过程，其主要原因乃在太阳行经黄道的途径是倾斜的；[①]因为那样，一部分由于昼夜的交替，一部分由于冬夏的相续，就使得太阳的热成为异常地不平匀。但这位伟大人物却随即又把自己的这点正确发现毁掉和败坏掉了。他在对自然规定法则时（这是他照例的做法）竟极其专断地把太阳之临近指为生的原因，把太阳之引退指为灭的原因；而其实是二者在一起（太阳的临近和引退），不是各有专司地而是不分彼此地构成了或生或灭的原因；因为热的不平匀是利于生灭二者的，而平匀则仅利于保存。太阳的热与火的热之间还有第四点种属的区别，这又具有很大的重要性，那就是说，太阳的动作是以轻徐的活动通过长的时间片段来进行的，而火的动作则为人的急躁性所驱，要在一个较短的期间完成它的工作。假如有人根据上述

---

① 弗勒注明，参看亚里士多德所著“Meteorologica”第一卷第一四章，“De Generatione et Corruptione”第二卷第十章。——译者

四点来辛勤地从事于把火的热加以调节：首先采取许多并不困难的办法把它降低到较为温和较为中和的程度；再稍稍洒上和掺入一些潮湿；而最主要的是又使它仿效到太阳的热那样不平匀；最后还把它纳入一个徐缓的程序，纵然不像太阳的动作那样徐缓，也要比人们一般用火的办法较缓一些，——假如有人做到了这样，那么他很快就会抛弃热有不同种类的概念，而要力图以火的热去模仿太阳的工作，即使不能与后者并驾齐驱或甚至在某些情节上尤胜于它。在这里，我们还有一个相似的联盟的事例：一只冻僵到半死的蝴蝶，经放在火边稍受温暖之后就会苏生过来。这就使我们很容易地看到，火有能力给动物以生命，亦不亚于它能使植物成熟。弗拉卡斯多吕亚斯（G. Fracastorius）[①]的一项著名发明亦是这样，那就是用一个烘热的浅锅覆在不治的中风患者的头上，把那些因脑中溢出汁液和各种障碍而压下去和熄下去的动物元精显著地膨胀起来，并刺激得运动起来，[②]就像火之作用于空气或水那样，结果就使患者苏醒并获得生命。还有，卵有时亦可用火的热来孵化。这又是火的热对于动物的热的精确模仿。此外，诸如此类的事例还有很多。由此可见，火

① 克钦注明，这是一位著名的哲学家、天文学家、医生、诗人，一四八三年生于Verona，卒于一五五三年；著有《交感与反感》、《传染与传染病》等论文。——译者

② 弗拉卡斯多吕亚斯传记中载称，当他忽患中风症已不能说话时，他大概还记得自己在Verona曾经怎样治好一位尼姑之事，故急做手势向人，要把热罐覆在头上。（弗勒注明，这种热罐的作用在于使罐中的空气变得稀薄，因而把皮肤面上的空气压力减除一部分，而皮肤即随之肿起。做这种疗法时，一般还要用刺皮放血的工具在肿起的皮肤上划破一个口子，然后再次用上热罐，目的是要吮出血来。关于培根所说对于动物元精的作用云云，参看下条中所举第六种例子。——译者）

的热在许多事物上可以变得与天体的热和动物的热颇相近似，这是无人再能怀疑的了。[①]

再举一例，以运动与静止作为所要研究的性质。在这里，有一种仿佛是众所公认的并且仿佛是从哲学深处得出的区划，就是说，凡属自然物体不是依圆形来运动，就是依直线来向前运动，再不然就是静止不动。这也就是说，不是运动而无端极，就是进向一个端极，再不然就是静止在一个端极。而那种不息的旋转运动似乎独归天体所固有；静止不动这种状态似乎属于地球；而其他物体（人们把它们称为轻与重，实把它们置于它们所自然归属的区界之外）则趋向于和自己相类的块体或集团；轻的物体上趋于天边，重的物体下趋于地面。这不失为美妙的说法。[②]

① 培根之否认这三种热各有其本质独异性，显系出自 Telesius 之说，见所著“De Rerum Natura”，第六卷第二〇节。Telesius 已先说过，用人工施热法可以孵卵，也可使看上去似已僵死的昆虫恢复生命。

② 弗勒指出，这是逍遥派对于所谓旋转运动的通常说法，字句都几乎像出诸亚里士多德本人之口；参看他所著“De Coelo”第一卷第二章，“Physica”第八卷第九章。

从本节最末一句话看来，培根是否接受此说，还不很清楚。在二卷四八条论述第十七种运动时，他似乎是接受了此说；但在“Descriptio Globi Intellectualis”一文中，他又对天体转圈运动和永恒运动两个教条提出质疑（关于前一点，并参看《新工具》一卷四五条）。这篇论文系撰于一六一二年前后若与《新工具》中的两段话合看，除非我们假定他在这里仅是叙述一般公认的意见而未想到须加批判，便不得不承认他在处理这一问题上有些自相矛盾。

运动的真实性质和法则，系至培根以后的时期始告确立，以伽利略的一些发现为起点，以牛顿的一些发现为终结。

克钦则评论说，很可叹，在开勃勒的三条法则已为众所周知之后，培根竟还写出这些话来，假如他尚相信这些法则的话。——译者但在这里我们却有一个联盟的事例，那就是一些较低的彗星，它们虽远在天的下边，却亦做旋转的运动。[①] 亚里士多德所虚构的彗星系系于或从于某个特定星斗的说法[②]是早已被攻破了，这不仅因为他对此所提出的理由不是或然的，亦因为我们已有显明的经验知道彗星在天空各部分中的歧出的和不规则的运动了。

在这个题目上还有一个联盟的事例，就是空气的运动。空气在旋转圈子较大的回归线之内，其自身似乎也是由东到西来旋转的。[③]

还有海上的来潮与退潮也可算是这里的一个事例。[④] 从这当中我们看到水本身也被带入一个由东到西的旋转运动（不论这运

① 弗勒指出，彗星也是和行星一样的天体，这里把它举为联盟的事例，是没有意义的。

但克钦则从与培根所想不同的另一意义上说明彗星是一个好例。他说，彗星的轨道看来是不规则的，但实际上也和任何其他轨道一样严格服从着引力法则。但这点当然是培根那时所不知的。——译者

② 弗勒注明，参看亚里士多德所著"Meteorologica"第一卷第七章；但他并不是就着一切彗星来想出这个学说的。——译者

③ 弗勒注明，贸易风若无地方性的原因来干扰，大致说来总是由东刮到西的；培根在这里即指此而言。——译者

④ 弗勒注明，半日潮系为太阳和月亮联合的或有时相反的吸力所引起，这些力量既吸起最近于它们的水流，同样也吸起最远于它们的水流。这是真确的学说。首先用计算方法为这学说奠定基础的是牛顿，虽然以前也常有人以多少有些模糊的说法提到太阳和月亮或者太阳或月亮对于潮水的影响。看来，培根对于这一真确学说并不怀疑。培根自己的理论似乎是说，水在太阳影响下是自然由东行到西的，不过却为美洲海岸上的冲击所驱回（参看他所著"Tractate de Fluxu et Refluxu Maris"一文）。海湾水流在贸易风影响之下，在其早一部分的行程中是向西流的，是由非洲海岸流向美洲海岸的；培根或许有见于此，遂得到这个想法。

参看下条中所举第一例。——译者

动是怎样缓慢和易散),不过是不得不在一日两度被迫退回的条件下来进行罢了。许多事物既是这样,那就显然可见旋转运动并非仅限于天体,而是为空气和水所共有的。

甚至所谓轻的质体本性向上之说也未必尽然。[①] 关于这一点,可以拿水的气泡作为一个联盟的事例。水下边如果有空气,这空气就急遽地向水面上升,但这却是由于水的向下撞击运动(德谟克利泰这样称它)[②]打得它这样,而非出于空气自身的任何努力或奋斗。当空气升到水面之后,仅仅由于遭到水不立即允许自己受到分裂这点轻微的阻力,就不再进一步向上升进。[③] 由此可见,空气的上升欲求实在是极其微弱的。

再以重量作为所要研究的性质来举一例。这里亦有一种颇为众所公认的区划,就是说,凡厚密和坚实的物体是向着地的中心运动,凡稀薄和轻浮的物体是向着天的周边运动,仿佛它们是各向其所当去的地方。说到这个所谓地方的概念,这虽然盛行于学院之中,但要假定地方会有什么力量却实在是愚蠢而幼稚的。哲学家们常说,假如地球穿通了,重的物体在达到中心时就会停住,这只

① 克钦指出,自牛顿发现引力后,这个揣想亦变得完全无用了。——译者

② 弗勒注明,培根在本书二卷四八条第三种运动项下还曾提到这撞击运动;在"Sylva Sylvarum"一书(实验第二四项)中也有一段话说:"至于说到空气在水下面急遽上升,那是由于水的向下撞击运动把空气驱赶上来,并不是由于空气轻浮而向上运动。这在德谟克利泰就叫作撞击运动。"无须说明,培根的这个解释是虚妄的。较轻的分子为向底沉下的较重分子所排挤,当然必定要升到面上来。——译者

③ 弗勒注明,这个事实是由于水中分子具有黏着力,但一到空气外逸的努力胜过这个力量时,气泡即告破裂。——译者

可算是开玩笑。[①] 世界上如果竟有一种虚无或数学上的点会起作用于物体，或者物体会对它有什么欲求，那就真是一种古怪的、有效力的虚无了。物体是只有从物体而不会从别的什么东西受到作用的。物体的这种上升和下降的欲求，不是出于被推动的物体的结构，就是出于它对某些其他物体的交感或感应。[②] 现在如果找到一个物体虽属厚密坚实却并不向地运动，[③]那么这种区划就可宣告破产。如果我们能够接受吉尔伯忒的意见说地球吸引重物体的磁力并不越出其性德所及的轨盘之外（那永远是在一定而不会更远的距离之内起作用的），[④]如果这个意见能为哪怕是一

① 弗勒注明，在人们对于加速度力量的法则还无所知时，从逍遥派的重物体向下的教条出发来推论，结果必然是这样。

真确的说明是：假定把一条管子穿贯地球中心，掷入一个物体，这物体便会在入口与对口之间也即在地球这面与地球那面两点之间摆动起来；假如其中没有抵抗性媒介物，摆动就永远不停。参看 Price 所著《无限小的微积分》第三卷第二三三节。这条定理在那里是在一个同质的球体中得到证明的；地球虽不是同质的，但中心这边的异质性与中心那边的相应的异质性差不多两相平衡，所以结论也是差不多真确的。不过，若把抵抗性媒介物的影响计算进去，那么，物体会在极多次的摆动之后最后在中心停止下来。——译者

② 弗勒注明，培根自己的理论显然是说，规定轻物体上升重物体下降的运动的，不是所谓地方，而是物体对物体的交感或感应。在“Thema Coeli”一文中，开头就有一段很打眼的话，与此点正合，可参看。

又，所谓“上升和下降的欲求”，这字句本身即含有积极的轻这一概念。——译者

③ 弗勒指出，很奇怪，培根在这里竟未看出月亮恰是这样一个有当的事例，竟未揣想到月亮绕地运行与物体下坠现象之间的真正联系（即培根所谓联盟或联合）。——译者

④ 在吉尔伯忒的哲学中，地球的磁性作用与引力是不分的（参看所著“De Mundo Nostro Sublunari”第二卷第三章）。又，地球或者一块磁石的作用必限于一个固定的轨盘之说，见于多处（参看所著“De Magnete”第二卷第七章和本书前面所附定义表）。吉尔伯忒分别出性德的盘轨与交媾的轨盘，前者即为任何磁性作用所伸及的全部空间。他断言磁的性德的盘轨直伸展至月亮，并称月亮的不平匀之处即系受此影响（参看“De Mundo”第二卷第一九章）。

个事例所证实，那么我就将终于在重量这个题目上得到一个联盟的事例。但是直到现在在这个题目上竟还没有遇到一个确定的和明显的事例。惟一最相近的事例只能提到水柱，即人们在大西洋中向两个印度航行时所常见的那种水柱。那些水柱陡然地倾下极大量的水，竟像是预经储聚，一直悬挂在那里；后来也像是为某种强暴原因所抛落下，而不像是因引力的自然运动而下泻。① 这就使人可以揣想，会有一个厚密而紧的块体像地球自身那样悬挂在距离地球很远的地方，而且是非经力推不会落下。不过在这点上我并不能确实地有所肯定。同时，正是从这一点以及其他许多情节上可以看出我们在自然史方面是何等之贫乏，以致我在举例时竟常被迫举出一些纯粹的假想来代替确定的事例。

再举一例。假定所要研究的性质为理性的推论。说到人类理性与禽兽智慧之间的区分，看来像是完全准确的了。可是也有一些动物活动的事例显示着它们竟亦有某种三段论式的推论能力。老的故事当中曾讲到一个乌鸦，它在大旱中渴到半死的时候看到

① 弗勒注明，关于旋风、水柱和尘阵等现象，参看赫薛尔所著"Meteorology"第二四一至二四七页。赫薛尔写道："海上的这种旋风遂引起水柱，那是很奇异的有时也很危险的现象。高高的柱子，看去像是云柱，由海面直达云际，宏壮而威严地移动过来，往往一下子有好几个，有时是笔挺和垂直的，有时是倾斜和弯曲的，但靠近看时，总是在急遽旋转着。底下，海在猛烈地激动着，以跳跃或沸腾的运动堆涌起来。的确，至少在某些情节，海水像是实际上被大量地提吸起来，从很高处向周围抛洒，如同固体的东西在陆地上那样。因此遂有人设想这是借抽吸作用把水从海里提出，这显然是不可能的事。"

弗勒接着说，无须指出，培根对这些现象的叙述和解释都是很粗疏的。——译者

树根洞穴里有水，可是洞口太窄，身体不得进去，于是它就把许多小石子投入，水升高起来，它就把水喝到嘴了。这个故事后来还变成了谚语。

再以可见性作为有待研究的性质来举一例。人们都说，光在可见性上是基本的，并供给人们以看视的力量；色在可见性上则是次等的，没有光就不能看见它，因而它似乎不过只是光的变种或变象。[①] 这个区划看来像是十分准确稳当的了。可是这里也有着从两方面来看的联盟的事例。一方面是大量的雪，[②]这看来是以色为主，由色生光；另一方面是硫磺的焰，[③]这又是光而趋近于色的。

三六

(一四)路标的事例——这是借用路标置于歧路指示方向的意思。[④] 这也叫作判定性的和裁决性的事例；在某些情节上又叫作

① 这段话的学说似取自 Telesius，见所著"De Rerum Natura"第七卷第三一章。弗勒则说，两人所用字句并不见十分相应；但也很可能是培根读到那书第七卷各章，有所启发，因而得出他自己的光学理论。

② 弗勒指出，这实在不成为一个联盟的事例。雪只是能把投在它上面的光全部反射出来，因而比其他只能吸收一部分的光的白色物体更为易见；但雪在任何意义上都不是光的一项独立的来源，像太阳或火焰那样。——译者

③ 弗勒指出，一切火焰，不仅硫磺的火焰，看来都是有色的。至于其色如何，一则要看燃烧中各种质体的性质和比例怎样，再则也要看我们看到火焰时系通过什么媒介物。这样说来，火焰既是光的一项来源，本身也是一种有色的东西，所以把它当作一个联盟的事例是确当的。——译者

④ 这是培根所举二七种优先事例当中最著名的一种，对查究自然是最有价值的。"路标事例"在英语中已成为一个家喻户晓的名词，比归纳逻辑中任何其他名词使用都广。"要把一些无关的原因销去，要在几个相竞的假设中有所抉择，这种事例是最简易的亦是最妥靠的手段。"(见赫薛尔所著《自然哲学论》第一九六节)"在进 (接下页注文)

神谕性的和诏令性的事例。现在让我把它说明一下。在进行查究某一性质时,由于往往并且通常有两个或两个以上的其他性质同时并现,就使得理解力难于辨别轻重,不能确定应把其中哪一个性质指为所研究的性质的原因;这时路标事例就能表明这些性质当中之一与所研究的性质的联系是稳固的和不可分的,而其他性质与所研究的性质的联系则是变异的和可分的;这样就把问题判断下来,认定前一性质为原因,而把后者摒弃和排去。这种事例给人们以很大的光亮,也具有高度的权威,解释自然的行程有时竟就它结束并告完成。这种路标事例有时也可在那些已经讲到的事例之中偶

(续前页注文) 行查究中,往往遇有两个或两个以上的原因,以当前所知,对于一些现象同样都能说明,这时理解力便处于均势之下,无所适从;这时若能找出一个事实,只能由这些原因之一而不能由其他来作解释,那么,不能确定的就确定了,真正的原因就判明了。"(见 Playfair 所著"Preliminary Dissertation"第三章)在化学过程中例如当我们做一个试验来确定某一质体的性质或者来侦察某种毒性之出现时,便是最常见的例子。若以逻辑上的分类说,一切路标事例都可说是差异法之应用。其他一切情况既然尽同,那么,某一情况或某一组情况之出现与否或存在与否,便使我们能够判定待决的问题了。

Playfair 曾举出金属一经煅烧所谓"燃素"或"绝对轻"便从中逃逸之说作为例解。人们看到,金属一经煅烧便比未经施热以前较重。要解释这一事实,会有两种理论:一种就是燃素说,说是"绝对轻"从中逃逸出去;另一说则谓有某种新的化合物被介引进来。Lavoisier 终于破除了燃素说,其方法就是用了一个路标事例。取定量的锡,严密封贮于一个玻璃制的弯颈蒸馏器中,一并称量一遍。然后加火煅烧,再称量一下,知道重量并无改变。冷却以后,把蒸馏器打开,空气涌入,表明造成了部分的真空。这时进行第三次称量,即见多得了十英厘的重量,就是有十英厘的空气涌了进去。然后把烧过的锡取出,称量出正比经火以前多重十英厘。由此可见,这十英厘的重量乃是从空气吸收来的。由此实验,遂发现氧气及其能与经火金属相化合的性质。

他如 Torricelli 之发现空气压力,亦是一个好例,参看赫薛尔所著《自然哲学论》第二四六节。

以上系综合节译克钦和弗勒两人的注释。——译者

然遇着;[①]但大部分说来它是新的,是要特别地和有计划地加以寻求和应用的,而且也是只有以认真的、主动的辛勤才能发现出来的。

举例来说。假定所要研究的性质为海水的来潮与退潮。它们各是一日两次,每次需时六小时,随月亮的运动而相应地有着些微的不同。以下且看这里所遇到的歧路。

造成这个运动的原因必定不外两个:或者是由于水的前进和后退,像一盆水摇荡起来时漫到一边就离开另一边那样;[②]或者是把水兜底提起然后重又落下,像沸水的起落那样。[③] 问题就在:究竟应把二者之中的哪一个定为来潮退潮的原因呢?首先,若假定原因在前者,那么势必是海的一边有来潮时其另一边就要同时有退潮。于是就要就着这一点来探究。据亚考斯达(Acosta)及他人在仔细调查后指出,在佛罗里达(Florida)海岸及其对面的西班牙和非洲海岸是同时发生来潮,也是同时发生退潮,而并不是当前者有来潮时后者就恰有退潮。[④] 但如果我们更深入地来看一看,这

① 弗勒注明,例如在独出的事例和显耀的事例中就曾遇着。——译者

② 弗勒注明,这是伽利略所主持的见解。他把来潮退潮之交替归诸地球的年转运动与日转运动之组合。见所著"Dialogi dei Massimi Sistemi"第四章,Thomas Salusbury英文译本第三八九至三九〇页。在稍前数页(英译本第三八三页),他并暗提到月亮影响潮水之说而加以嘲笑。——译者

③ 弗勒注明,从后文看来,培根若采取此后说,显系用磁力吸水来作解释。但如爱因斯坦所述,"也有一种学说,即Telesius和Patricius所说,把海洋比作大锅中的水,在太阳、月亮、星星等自然热力影响下,会升起并趋于沸腾,然后不多时又沉息下去。"见爱理斯和斯百丁英译《培根全集》,第三卷第四一页。

④ Acosta曾谈到南美两对面有潮水同时并发,表现在麦哲伦海峡中有两股潮浪相遇;但未见有些处所述的这句话。

个情节却又并非有利于升起运动的设想而足以攻倒前进运动的设想。因为水原是可以既在前进又于同一口子的对面两岸同时升起的，像诸水从另外什么地方汇流而涌进时就是这样。河流的情况就是如此：它在两岸同时起落，而显然又是一个前进运动，即水由海进入河口的运动。与此相同，上举之例亦可能是由于有从东印度洋汇合而来的极大量的水流涌入大西洋的口子，从而就在两边同时发生来潮。因此我们又必须探究是否还有尾闾能够容许大西洋的水在那同一时间退来而在其中发生退潮，在这里我们恰有南海，与大西洋至少是同样宽广，实在是还更宽更大，足够供这目的之用。

然后我们终于来到关于这一情节的一个路标的事例。它是这样的。如果我们确知当大西洋上佛罗里达那边和西班牙这边两岸发生来潮时在南海上秘鲁[①]那边和中国背面这边两岸也发生来潮，那么，在这一判定性事例的权威之下我们就必须拒绝上述那一假定，我们就必须说，所探究的海上来潮与退潮绝不是由前进运动发生的，因为事实上并没有什么海留着余地来容纳退水也即容许在那里同时发生退潮。要确定这一点是再方便不过的，只须向巴拿马和黎马(这是大西洋和太平洋两洋为一个小小土腰所分界的地方)的居民问一问，海上来潮和退潮是在土腰的两边同时发生还是当一边发生退潮时另一边恰发生来潮。这一个判定或这一个否认看来是确定的了，但还要指出，这却是假定地球不动来说的。[②]

① 克钦指出，培根所谓秘鲁，似包括南美洲东岸上的主要部分。参看二卷二七条。南海亦非仅指现在所谓南冰洋，而是指南冰洋连同太平洋。——译者

② 关于是地球旋转还是天体旋转的问题，培根在本条下一节所举另一例子中有详细的讨论。——译者

如果地球是旋转着，那么或者亦可能由于地球和海水旋转得不平衡（就速度说）之故而使海水挤作一堆向上涌起，那就是来潮，然后（当它堆无可堆的时候）又放松而落下来，那就是退潮。[①] 但是这一点还须另作探究。不过即使在这个假设之下，我们的脚步照样站得很稳，那就是说，当某些部分有来潮发生时另一些部分总必须同时有退潮发生。

其次，我们在经过仔细考究而否认了上述两种原因之前一运动即前进运动以后，就要再把后一运动也即升降运动作为有待研究的性质来看所谓路标事例。关于这一性质，摆在面前的有三条歧路。没有外水加入而有来退升降的运动，这当然只能是由于下述三条途径之一：或者是从地球里部冒出水来加入其中，而又退入地球里部；或者是水的总量并无增添，而只是原水（没有量的增加）伸展了或变稀了来占据较大的面积和厚度，而又把自己收缩回来；[②]再不然就是既无量的增加亦无体的增大，而是原水（量和密度都照旧）被某种从上而来的磁力所吸引，[③]借感应作用而升起，随后又降落回来。我们现在可把前两种原因撇开不谈，专来探究最后一个，就是要探究是否会有这种因感应作

① 弗勒指出，参看伽利略关于地转与潮水的学说，见前注。

克钦注明，地球旋转在海洋中引起巨流，如两极水流和海湾水流，也在空气中引起贸易风；但不引起潮水。——译者

② 弗勒注明，这大概是 Telesius 和 Patricius 的意见，见前注。Campanella 亦持此说。——译者

③ 弗勒注明，从二卷四五条论到吸力的几句话看来，很明显，培根在高潮与低潮的现象上是采取了磁力吸引说的。此意或系取自吉尔伯忒，见所著“De Magnete”第二卷第一六章末尾。——译者

用或磁力吸引而起的上升现象。且看，首先有一点是很明显的，水既处在海这个槽心之中，当然就不能一下子全部升起，因为底下并没有什么东西来填补它的空当。这就是说，即使水有这种升起的欲求，它也要被事物的黏合性或（如一般所说的）憎恶虚空的性质所阻碍，所遏抑。[①] 于是只剩有一种情况，就是水必须只有一部分升起，并因此而在他部分有所减退。再从另一方面看，磁力既是不能够作用到整体，所以它必然是以最大的强度起作用于中心，这样就把海水从中心吸升起来，其余部分则必然随之而从周边降减下去。

这样我们就终于来到有关这个题目的一个路标事例。如果我们看到在退潮中水面是比较拱作圆状，水是在海心升起而从周边也即海岸低降，而在来潮中同一水面则比较平匀，水是在恢复其原先的态势，[②]——如果我们看到这种情况，那么，在这一判定性事例的权威之下我们就必须认定上升系由磁力所引起；反之，如果没有这种情况，我们就不得不完全拒绝这一说法。要确定这一点并不困难，只须用探绳在海峡中试验一下，[③]看看海的中心是否在退潮中要比在来潮中较高或较深一些。但如果情况真是这样，那么

① 弗勒指明，我们已看到培根是否认有虚空之可能的，见二卷八条开头处；并参看二卷四八条中论第二种运动及同条中的结论。诚如爱理斯在“Historia Densi et Rori”一书的序言中所说，培根对这一问题的见解，在撰著“Cogitatione de Rerum Natura”和“Fable of Cupid”两书以后，是经历过一回决定性的改变的。——译者

② 弗勒注明，情况正是这样，虽然我们之得知此点倒是从潮水的理论演绎而来，而不是从观察事实归纳而来。潮高时拱度最大，低时拱度最小。——译者

③ 弗勒指出，尽管测探，潮水终是转成的，因而这试验也不会是断结性的。——译者

我们就还必须指出(与普通的意见相反),水必定是在退潮中升起而在来潮中降落去冲刷诸岸。

再举一例。假定所查究的性质为自发的旋转运动,[①]特别是要查究一下形成太阳和星星在我们眼前逐日起落的那种日转究竟真是天体中的旋转运动,还是看来像在天体而实际是在地球的运动。在这里,如下所述各种情况便可算作一个路标的事例。如果我们看到海洋中有着一些由东到西的运动,但是极其微弱而懒慢;如果我们又看到空气中亦有同样的运动而比较稍快一点,特别在回归线之内由于旋转圈子较大之故而更易觉到;[②]如果我们还看到一些较低彗星中也有这种运动,而且运动在这里已是活跃而有力;如果我们最后更看到行星中亦有这种运动,又随位置之分布而有等次之不同,距离地球愈近者其运动愈慢,距离地球愈远者其运动愈快,而在恒星界中者其运动则最快;[③]——如果我们看到上述这一系列的情况,那么我们就实在应当承认日转是真在天体中的运动,而拒绝承认它是地球的运动。因为这种由东到西的旋转运

① 关于所谓自发的旋转运动,二卷五条末尾已见提到,二卷四八条(第十七种运动)中还有更详细的论述。弗勒指出,这几段话都表明培根对于运动的性质还远远未能形成什么真确的概念。克钦也说,尽管我们替培根辩解(见二卷五条下有关的注),但就其一则把考白尼与旧天文学家并列,二则忽视伽利略,三则对于开勃勒的三条法则像是一无所知这几点来说,他在一定程度上是当受谴责的。——译者

② 弗勒注明,泰莱夏斯曾坚持空气有这种运动,其根据一部分是依据权威,一部分是有见于以手或角加于耳上则产生声响(见所著"De Rerum Natura"第一卷第三章)。培根在二卷四八条第十七种运动中还再谈到空气和水的运动,在那里,看来对这一问题似无所怀疑。——译者

③ 克钦指出,培根深喜诸圈共一中心之说,就是以地球为中心点,诸圈层层围绕,最外边的一圈则是所谓恒星界。他还把彗星分出高低,这亦与此说有关。——译者

动既然是在天的最高部分最快，而且逐层缓慢下去，最后到地球则停息下来而静止不动，那么它就显然是纯属宇宙的运动，是由宇宙的感应作用所引起的。①

再举一例。假定有待研究的性质为哲学家们所侈谈的另一种旋转运动，即与日转相拒相反的那种运动，就是说由西到东的旋转运动。② 旧哲学家们曾说行星有这种运动，又说恒星界中亦有，③ 而考白尼及其追随者还说地球亦有这种运动。④ 我们现在要探究一下，自然界究竟是否有这种运动，这是否人们为求计算的简化与方便以及为满足那种以完整圆圈来解释天体运动的美妙概念而杜撰出来和假想出来的说法。我们的这种运动的概念是从两个现象

① 要表明不可能把哲学的推论化为始终如一的排除法，培根的这段话可算是再好不过的一种事例了。怎么可能把书中类推性的论据说得与培根似乎一向认作归纳法的惟一真确方式即靠排除法来进行归纳的方式相合起来呢？这里的论据是依靠着一个完全不合逻辑的因素，就是依靠着确信自然界的统一性和谐和性这一点的。（弗勒指出，假设天体都以一致的运动绕地而转，当然是离地愈远的一点动得愈快。但若再假设地球依其轴而转动，也会与前一假设一样得到完全相同的一套现象，而如果我们又不知道地球旋转的事实，我们就会想象远的一点比近的一点动得快得多。这样看来，这条所谓路标事例，其条件即使都满足了，却会是同等适合于两个假设的。不过，若以行星和彗星固有的运动加入考虑，条件显然就复杂化起来了。——译者）

② 弗勒注明，读者若想确知培根倾向于哪些天文学说，可参看“Descyiptio Globi Intellectualis”（及爱理斯对此书的一篇序言）、“Thema Coeli”、“De Augmentis Scientiarum”（第三卷第四章）、“De Fluxu et Refluxu Maris”以及“De Principiis atque Originibus”等著作。在“Thema Coeli”一书结尾处，培根曾明白地否认由西到东的运动，而把行星运动诸现象归诸速度的差别。

③ 弗勒注明，这或系指那些把“恒星界”与“首要推动者”区划开来的学说体系而言，如Gassendi（一五九二至一六五五年，法国数学家与哲学家，对天文学有所贡献）即持此说。参看一卷六〇条下有关的注。——译者

④ 弗勒注明，旧说有认为诸天由东到西而转者，至考白尼始代之以地球自身由西到东而转之假设。——译者

得来的：一种现象是一个行星在其日转运动中不能返至恒星界中的原来地点；另一种现象是黄道的各极不同于世界的各极。但这两点实在都并不能证明天界中真实有着这种运动。因为关于第一点现象，只要设想恒星超越行星而把它们遗在后面，就可以得到很好的解释；关于第二点现象，只要设想有一种螺旋线的运动，亦就可以得到很好的解释。因此，上述行星不能回原和运动倾向回归线这两种现象毋宁说是一次日转运动的某些变象，而不是与日转相反的或旋绕着不同的极的运动。只要人们暂时充当一下常人[①]（抛却天文学家们和经院学者们的一些幻想——那些人的做法一向是无理由地贬抑感官而喜爱暧昧不明的东西），谁都会最确定地认定这种运动确是实实在在地像我所描述的那样呈现在感官面前的；我有一次还曾用铁丝做过一个机器来表象它。

① 这段话殊未能为著者提高信誉。培根似乎没有见到，要使一些现象能够按组归集在什么普遍法则之下，一个主要的必要步骤是先把呈现在感官面前的运动分解为他种比较简单的运动。要由感官面前的运动过渡到真正的运动，若不把前者照培根在这里所谴责的样子加以分解，便不能做到。至于这里结论所说“这种运动实实在在呈现在感官面前”，并无一个天文学家会不同意。这点没有问题；但是这整段话却表明培根对于他自己这一时代的天文学的范围和价值是懂得太少了。

弗勒亦评论道：惠威尔（Dr. Whewell）说，“培根断言每个行星的运动在感官看来都是螺旋线的，我们可以说这无疑是真确的；但科学的任务，在这里和在别处都一样，却正在把复杂的现象分解为简单的现象，把复杂的螺旋线的运动分解为简单的圆形的运动”（见所著“History of the Inductive Sciences”，第三版，第一卷三八八至三九〇页）。培根在这里和在别处，每当处理天文学问题的场合（例如在“De Augmentis Scientiarum”，第三卷第四章），对于以数学计算应用于天体运动这一点，总是贬低其重要性。可是，若无数学相助，哪里会有近代的天文科学呢？作为从数学上进行精细查究的结果，亚丹斯（Adams，一八一九至一八九二年，英国天文学家）和勒弗吕叶（Le Verrier，一八一七至一八七七年，法国天文学家。——译者）二人同时发现了海王星，仅此一事（且不说预告日蚀月蚀这类更熟知的事例）就足以驳倒培根的见解了。

在这个题目上,下述事例就是一个路标的事例。假如我们在一部值得信任的自然历史中看到曾有一个彗星,不论是高是低,[①]其旋转方向与日转运动不显著一致(不论怎样不规则),而是以相反的方向旋转,[②]那么我们当然就可把这一点确立到这样的程度,就是说自然界中许会有这类的运动。但如果没有这种事情能够见到,那么就必须认为这还成问题,而再求助于关于它的其他路标事例。

再以重量或沉重作为所要研究的性质来举一例。[③] 这里有两条歧路,是这样的。重物体之所以趋向地心必定不外两个原因:或者是由于它们自己因其固有的结构之故而具有这种性质;或者是

① 弗勒注明,培根在"De Fluxu et Refluxu Maris"一书中讲到较低的彗星,说它是低于月亮的轨盘。古代许多哲学家都认为所有彗星皆在月亮以下。实际上,一切真正的彗星都属于太阳系而不属于地球系。不过,我们在读古代著作时必须记住,他们所谓彗星,往往是仅指大气中的流星而言的。——译者

② 弗勒注解说,行星及其卫星,除天王星的卫星为所知的惟一例外外,都以所谓顺行运动即由西到东的运转,彗星则看来差不多均分为两种:一种具有由西到东的顺行运动,一种则逆行运转,由东到西。但培根在这里所需要的则是这样一个彗星,其固有的由西到东的运动抵偿诸天的在感官上为由东到西的日转运动而有余,因而能见其与诸天相反而行。若能有此发现,则看来他就会相信确实有一种由西到东的旋转运动,而这运动(培根认作天文学家仅为计算方便起见而杜撰出来的)也才不止是日转运动的一种变象。若不能找到这样一个事例,那么,他说,我们对此学说就必须继续存疑,直到能发现另一路标事例来解决问题。——译者

③ 关于这一段,爱理斯在英译本注中评论道:伏尔泰(Voltaire)曾说"培根在哲学上的最大贡献在于对吸力有所判别",即引证书中这段话来支持其论断。但实在说来,关于吸力之具有此种或彼种形式(如月亮之吸起海水),早在臆测自然之幼稚时期即有此想;而培根对此问题之观念亦未及其前人吉尔伯忒所论之明晰。

弗勒则说,爱理斯此论未为公允。即使说培根的这一观念系得自吉尔伯忒之提示,但至少仍应把划分吸力概念与磁力概念这一点归之于他。弗勒还说,此节所言大足表现培根之明敏;培根颇有些说话使他配称为科学先驱者和方法改革家,此节便是其中之一。——译者

被地球这个块体所吸引有如被相近质体的集团所吸引，借交感作用而向它动去。如果二者之中的后者是真的原因，那么势必是重物体愈临近于地球其朝向地球的运动就愈急愈猛，距离地球愈远其朝向地球的运动就愈弱愈缓（像磁力吸引的情节那样）；而且这个活动还势必限于一定的范围，就是说假如把它们移到距离地球的某一点上以致地球的性德不复能够对它们起到作用时，它们就会像地球自身一样停悬在那里而绝不降落。关于这一点，下述事例就可算是一个路标的事例。拿一个借铅锤来走动的钟，[①]另拿一个借缩紧的铁制发条来走动的钟，把两钟对准，使二者走得完全一样快慢；然后把前者放在一个很高很高的礼拜堂尖阁的顶上，把后者仍旧放在下面；这样来仔细观察那在阁顶上的钟是否因其锤重的性德有所降减之故而比前走得较慢一些。还要把这个实验再在一个入地极深极深的矿穴中重复一下；这就是要看看钟放在那里之后是否又因其锤重的性德有所增强之故而比前走得较快一些。如果我们看到锤重的性德在阁顶上则有所降减，在矿穴中则有所增强，[②]那么我们就可以认定地球块体的吸力乃是重量的原因。

再举一例。假定以铁针受磁石触感时的指极性作为所要查究

① 拉丁文原文为 horologium。弗勒注明，这必是指，摆钟那时尚未发明。——译者

② 弗勒指出，培根所建议的这个实验固然富有创造性，却也正表明有一点为他所不及知，就是：当高离地面时，当在地面上时，当下离地面时，吸力法则是不相同的。当一个同质球体吸引一个在它以外的分子时，其吸力是和那分子对球体中心的距离的平方成反比例的；而当吸引一个在它面上或者在它下边的分子时，其吸力则和那分子对球体中心的距离成正比例。因此，吸力当在地面上时达到最高度，离开地面而下入矿穴或者上入高空，就都降减下来。换句话说，一个借锤重来走动的钟，不论是上山愈高或者是入穴愈深，都应当愈走愈慢。所以，培根的这一假想，前一部分是对的（这就其自身来说，也足够成为一个路标事例），后一部分则是错的。——译者

的性质。关于这个性质，有这样两条歧路：或者是磁石的触感本身赋予铁针以朝向南北的指极性；或者是磁石的触感仅对铁针有所刺激，做下准备，而实际运动则系借地球的出场而传送。吉尔伯忒所设想并痛下苦功以求证明的就是这后一点。[①] 他以巨大智慧和巨大努力所搜集的观察材料也都趋向于这一点。其中有一条是：一个铁钉经在南北两方之间摆置很久之后，就会因此不经磁石触感而集获指极性；[②]仿佛地球自身虽因距离之故而作用甚弱（他坚持说，地球的表面或外壳上是缺乏磁力的），但在这样长久持续之下仍能施出磁力以励铁钉，并在其受励之后加以调整，使之转向。还有另一条观察说：铁经烧到白热而在凉下去的时候，如被纵地置于南北两方之间，它也会不经磁石触感而获得指极性；仿佛铁的分子先经烧得运动起来，然后逐渐恢复原状，当其渐趋回凉之际，就比在其他时候较易感受地中所发射的性德，从而为它所励。上述这些事物，虽然观察得很好，但并不甚能证实他的论断。

关于这个问题，下述情节可以作为一个路标的事例。拿一个磁石的小地球，[③]标出它的两极；使球的两极朝向东西而不朝向南北，让它们保持这样勿动；然后把一个未经触感的铁针放在顶上，让它在这个位置上搁到六七天的工夫。

铁针当其在磁石上面时总是要离开地的两极而转向磁石的两

① 弗勒注明，参看吉尔伯忒所著“De Magnete”全书，特别是第六卷第一章。没有疑问，后一假设是对的。地球正可视为大块磁石，其磁热则与地极稍有距离，差距所形成的角度即所谓磁针的偏角或差度。——译者

② 弗勒注明，此条及下一条观察，俱见“De Magnete”第三卷第一二章。——译者

③ 拉丁本原文为 terrella。吉尔伯忒使用此字来指称一块球形磁石。他既认为地球乃是大块磁石，所以就把球形磁石叫作小地球。见“De Magnete”第七、八两章。

极(在这一点上是没有争论的)。因此,只要这磁石球老是像上述那样摆着,铁针就老是指向东西。现在要看的是,铁针一经移离磁石而放在一个枢轴上之后,假如它立刻就转向南北,或者是逐渐地向那个方向转去,那么我们就必须承认地球的出场乃是原因;假如它是仍旧指向东西,或者是失去了它的指极性,那么我们就必须认为这点原因还成问题,再作进一步的探究。①

再举一例。假定所要研究的性质为月亮的实在的质体。② 这就是说,我们要探究一下,月亮的质体还是稀薄的,由火焰或空气所构成的,如同大多数旧哲学家所主张的那样;或者还是厚密和坚实的,如同吉尔伯忒和许多近人以及一些古人所主张的那样。③ 主张后一说者的理由主要是说,月亮是反射太阳光线的,而能够反射光线的似乎只有坚实的物体。④ 因此在这个问题上,一个路标的事例(假如有的话)须能证明从像火焰之类的稀薄物体,只要具有足够的浓度,是亦能够发生反射的。⑤ 我们确知,构成微明景象

① 弗勒注明,当然,前一段定是合乎事实的。一根不论怎样磁化过的铁针,一经放任自由并脱开其他磁石影响,自己总是转向南北的。——译者

② 弗勒注明,关于一般天体的质体问题,培根另在"Descriptio Globi Intellectualis"(第七章)和"Thema Coeli"两书中有所讨论。

③ 参看吉尔伯忒所著"De Mundo Nostro Sublunari"第二卷第一三及以下诸章。(弗勒则指出,这当是暗指吉尔伯忒的已为众所周知的一些意见,而不是径指其著作,因上述这一遗著系至一六五一年始见印行。但也可能培根曾阅读其手稿。——译者)

④ 弗勒指出,从吉尔伯忒的书中看来,这确实不是他的论据。他以在日蚀中月亮并不传透任何日光这一事实来论证月亮是不透明的,是坚实的(见第二卷第一三章),这很正确。他也不曾说光线只能由坚实的物体来反射,在讨论过程中他还提到水反射光这一习见的事实。——译者

⑤ 弗勒注明,一切物体,只要不是绝对黑的或绝对透明的,都能反光,程度则当然大有不同。火焰只不过是燃着的气。——译者

的若干原因之一就是从空气上部反射出来的太阳光线。[①] 同样我们还不时看到晚晴的日光从湿云的边际反射出来，其光辉并不亚于从月亮反射出来的光辉，而只有更为明亮和更为灿烂，[②]可是这里并没有证据能说那些湿云已聚结为水这样的厚密物体。我们还看到晚间玻璃窗后边的黑暗空气反射蜡烛的光，正如厚密的物体那样。[③] 我们还可以试做这样一个实验：让太阳光线通过一个孔洞而照在一种暗淡发蓝的火焰上；这样就看到，敞亮的太阳光线一落到比较幽暗的火焰上，似乎就使它失光褪色，以致看来较似白烟而不太像火焰。以上这些就是我目前在这个问题上所遇到的路标的事例，也或许还会找到更好的。[④] 但是我们永远要注意，所谓从火焰而来的反射只有从具有某种深度的火焰才能得出，因为否则

① 弗勒注明，还有折光，和反光一样，同为构成这个现象和类似现象的原因。——译者

② 以昼月的光亮与云彩的光亮相比较，这曾被布瑞（P. Bouguer，一六九八至一七五八年，法国物理学家）创造性地应用来判定月光对日光的比率。

③ 克钦指出，培根对这个现象的解释是错误的。反射烛光的乃是玻璃而不是空气；玻璃实际上一直在反光，不过只有在背面既无光亮也无东西来破坏所生影像的时候我们才能看出罢了。——译者

④ 关于整个这段话，克钦评论说，培根似乎倾向于认为月的质体是稀薄的而不是坚实的，与吉尔伯忒及新学派的意见或有冲突。后者主张月亮为坚实的质体，而证据却无大价值。但现在说来，这已无甚意义，因为我们现在不仅对于月亮，甚至对于一些距离最远的行星，已能精确地计算出其密度了。

弗勒也说，这些事例证明了非坚实的物体也反射光线，因而接下来便说，我们不能因为月亮反射光线就推断它是坚实的物体。但是，这些事例尽管处分掉了论据，却处分不出结论。非坚实的物体是否反射光线这一问题正是所谓单方测验（unilateral test）之好例：假如说否，那就证明月亮是坚实的物体；假如说是，那就什么也不证明。到了今天的时代，我们对于月亮已能加以称量，已能知道一些它的化学成分，已能完全准确地画出它的表面，这是培根始料所不及的。——译者

它就跨到透明性的界线上去了。不过这样一点总可以确定下来，就是说：凡投射于平匀的物体的光线永远不是被吸收进去，就是被传透过去，再不然就是被反射出来的。

再以通过空气的投射物（标枪、射箭、抛球等等）的运动作为有待研究的性质来举一例。关于这种运动，经院学者们的解释照例是极其粗疏的。他们以为只把它叫作一种强力的运动以别于他们所称的另一种自然的运动就足够了；[①]他们对于第一次的冲击或第一次的推进只是用这一条原理来解释，就是说由于物质的不可入性所以两个物体不能占据同一地位；至于这运动以后又如何前进，他们就绝对不再操心过问了。现在要指出，在这个探究上有下述两条歧路，也就是说，这种运动的原因可以有下述两种解释：或者说这是空气把投射物托送前进，并不断在后聚拢起来加以推拥，就像川之于舟，风之于草那样；或者说这是由于物体自身的分子不能经受内压，因而不断向前推进以求把自己解脱出来。前一解释是弗拉卡斯多吕亚斯以及几乎所有带有诡思进入研究的人们所采取的。[②] 毫无疑问，空气于此也是有

① 弗勒注明，参看一卷六六条下有关的注。

克钦指出，这种投射运动现已稳作动力科学之一支，而一切关于强力运动与自然运动之讨论亦已早告结束。——译者

② 爱理斯在英译本中注明，说见弗拉卡斯多吕亚斯所著《交感与反感》第四章。

他又提到，在柏拉图的“Timaeus”一篇对话中，已有空气参加产生投掷物的连续运动之说。柏拉图在那里谈到呼吸，其理论是说：口鼻呼出的空气推挤外边邻近的空气离开其位置，这又扰动了附近的空气，如此递推直到形成一圈，然后空气又因反激作用而被迫通入肌肉，填满胸膛中的空凹——简言之就是说空气通过人体而循环。根据这一原理，他还将进而解释其他多种现象，如拔火罐、吞吸作用、投射物 （接下页注文）

一些关系。但无疑只有后说才是真的解释，这是由无数实验中可以见到的。下述事例就是关于这个问题的若干路标事例之一：一个薄的铁片或一段硬挺的铁丝，或者甚至一个劈作两半的芦管或羽茎笔管，当以拇指和食指把它们弯作弧状时，它们就会跳突而去。显然不能把这个运动归诿于拥聚在物体后边的空气，因为这运动的源头是在铁片或芦管的中部，而并不在它们的两端。[①]

再举一例。假定所要研究的性质为火药之膨胀为火焰那种急遽而有力的运动，[②]那种像在地雷和血炮中所见到竟能把很大的块体炸起、竟能把很重的东西射出的运动。关于这个性质，有这样

（续前页注文） 的运动，等等。但对于这些现象，他仅提议作此解释而未加以说明。到了勃鲁塔克(Plutarch of Athens，第五世纪时哲学家，雅典新柏拉图学派的创始人)，又发展此说而对上述现象一一作出解释，见所著"Quaest. Platon"一书第十卷。

弗勒还指出，亚里士多德亦认为投射物的运动是靠空气来维持的，见所著"Physica"第四卷第八章和第八卷第十章。弗勒最后说，要来批判这个和这类运动学说，实为对读者的忍耐性作不适当的苛求。总之一句话，古代和中世纪物理学中的这些黑暗之点，自那简单明了的运动的第一条法则出现之后，已经一下子都被照亮了。——译者

① 弗勒指出，尽管上文已把问题划清，这里却似又弄错问题之所在，仍把问题说成在于投射物运动之起源而不在于其继续。再说，即使这个事例算是切题的，它也只是破除一说而无助于另一说。——译者

培根在"Cogitationes de Natura Rerum"一书第八章中，对这问题还作了更详细的讨论，并增添了一些别的实验，但也都不比这里所举的事例较有特定意义。

② 弗勒指出，这个问题在Cogitations De Natura Rerum一书第九章中也有所讨论。培根以"两个物体的冲突"来解释爆炸，使用了"硝石中的粗糙元精"这类说法，这些都是他自己的也是那一时代的化学观点的特征。我们必须记住，化学那时还未具有科学的形式，并且深为幻想式的和隐喻式的用语所牵累。 （接下页注文）

两条歧路：这种运动之激起，或者是仅仅由于物体经点火后所发生的膨胀欲求；或者是一部分由于上述欲求，一部分又由于物体中的粗糙元精有急速从火中飞出的欲求，因而就猛烈地突出火的包围，如似越狱一样。经院学者和普通人们的意见都只说到了前一欲求。他们以为，只要断言火焰为其四大元素性的法式所规定必然要占据大于物体在粉末形式下所填塞的空间因而结果当然发生这种运动，自己就算是很好的哲学家了。他们却忘记注意到，在火焰业经生出的假定之下这话说来固然是对的，但根本上火焰的生出却大有可能被足能压制它和窒息它的大块物质所阻止；所以这事情还并不能就归到他们所坚持的那种必然性。假定火焰业经生出，再来说必然要发生膨胀，并从而必然要把反对的物体射出或卸掉，这些判断当然都是不错的。但假如有坚实的块体在火焰生出之前就把它压住，那么所说的这个必然性可就完全落空了。而我们看到火焰，特别是当其生出之始，恰是柔弱温和，需要有空当来活跃来锻炼自己的力量的。因此那种暴烈性便不能归之于火焰自身。事实是，那种带风火焰，或者亦可叫作带火的风，乃是起于性质正正相反的两个物体的冲突：一种是高度的易燃性，那是硫磺所具有的性质；一种是恶燃性，像硝石中的粗糙元精就是那样。这两种物体间发生着异乎寻常的冲突：硫磺尽其

(续前页注文) 至于火药之所以具有强大的爆炸力，其真确的解释是“由于大量气体，主要是氮和碳酐的骤然发展，这些气体所占空间在通常气温下约三百倍于所用药粉之体积，而在爆炸的一刻由于剧烈骤增之故则膨胀到至少为火药体积之五百倍”。见密勒所著《化学原理》(*Miller's Elements of Chemistry*)第二部分，三九九至四〇〇页。——译者

全力来燃发火焰(柳木炭这第三种物体只不过把其他二者联合和结合起来);硝石的元精则竭其全力要逃突出去,同时并膨胀起来(空气、水以及一切粗糙物体受到热的影响时都是要膨胀的),而在这样飞逃奔突之中却又像暗装的风箱一样从各方面扇动着硫磺的火焰。

在这个题目上我们可以有两种的路标事例。[①] 一种是那些具有最高易燃性的物体,如硫磺、樟脑、石油精和其他等等,以及它们的混合体;它们如不受到阻碍,是要比火药还更容易着火和更快地燃烧起来的(从这里就可看出,火药的那种宏大的效果并不是由爆发火焰的欲求自身所产生的)。另一种事例就是那种躲避和憎恶火焰的物体,如一切盐质便是。我们看到,盐粒投入火中后,其水质的元精先要带着迸裂的声响迸出,然后才燃发火焰。这种情节也见于各种比较硬挺的树叶,它们也是先有水质分子逃出然后才见油质分子燃烧,不过程度较轻罢了。而最显明的情形则见于水银,那真无愧于矿物水之称。[②] 它不必然发火焰,仅凭它的喷发和膨胀就几乎能与火药的力量相颉颃,而据说若与火药混合起来还更增加它的力量。

最后再举一例。假定所要研究的性质为火焰的过渡性和逐时逐刻的熄灭性。我们知道,火焰在我们这里看来并没有固定

① 弗勒指出,这些路标事例固能处分掉相竞的假设,却未能建立起培根自己的假设。要在这样一种例子中把多种可能的解释都说尽,这需要对这个题目具有远远更多的科学概念,非培根及其同时人物那时所得获致的。——译者

② 水银蒸气在高温下具有极大的膨胀力,这是众所周知的。

的最后一贯性，而是在瞬生瞬灭之中的。很明显，我们所看到的延续存在中的火焰并不是同一个火焰的继续，而是一系列按照规律而生的新的火焰的连续。若以数计，火焰亦不是保持前后等同的。这点很容易看到，因为只要把燃料一撤，火焰立刻就熄下去。关于这种逐时逐刻的熄灭性质，有着两条歧路，是这样的：或者是由于最初产生火焰的原因，像在光与声和所谓"强力"运动方面的原因停止下来；或者是由于火焰按其自己的性质虽然能够保持，但却受到周围许多相反性质的伤害而遭到消灭。

于是在这个问题上我们可以取下述事例为一个路标的事例。我们都看到大火中的火焰升得如何之高；这是因为火焰的底盘愈宽，其顶点就愈高。由此可见，熄灭是从周边开始的，因为火焰在那里受到空气的压束和干扰。至于火焰的中心，因其为周边的火焰所围绕而不遭空气的触动，则是能够保持数字上前后等同的；而且它亦非到逐渐被周围空气压紧的时候不会熄灭下去。这样看来，可以说一切火焰都是金字塔形的，底盘宽，顶点尖；底盘为燃料所在，顶点则有空气为敌而又缺乏燃料。说到烟，那却是底盘狭窄而愈上愈宽，恰似一个倒转的金字塔形。[1] 这理由就在，空气能容纳烟而要压束火焰。请人们不要梦想点着的火焰就是空气，事实

① 弗勒注明，火焰之所以形成金字塔形，是因为其成分之一(氧气)固系平匀地散布着，其他一个则有其固定的源头。后者(这在纯粹的情况下构成所谓未燃的核心)距离其源头愈近，其圈盘就愈大；因为它退离其源头愈远，被消耗的就愈多。烟则不同，它不与任何其他物体进行化合或冲突，所以能够自由散布，因而就取得书中所写的形式。这样说来，培根之将火焰的形式归因于其对周围空气的接触，这在某种意义上是对的。

上它们乃是性质大异的质体。[1]

我们还可有一个更合用的路标事例，假如我们能用两种颜色的两种光来把这事表示明白的话。把一支点着的蜡烛插在一个金属的小蜡台上，放在一只碗底当中，周围倒上酒精，但不要漫过蜡台。然后把酒精点着了火。这时酒精发出蓝色的火焰，而蜡烛则发生黄色的火焰。注意观察蜡烛的火焰（这是很容易用颜色来与酒精的火焰分别开的，因为火焰不像液体那样立刻就混合起来）在并没有什么东西来破坏它或压束它的条件下是保持其圆锥形状还是趋向于圆球形状。[2] 假如看到它有后一情况，那么我们就可以确然断定说，火焰只要在其他火焰围护之中而不感到空气的敌性活动，它是能保持数字上前后等同的。

关于路标的事例，说到这里算是够了。我在这一点上讲得比较详细，目的乃在要使人们逐渐学会并逐渐习惯于使用路标的事例和光的实验来对性质进行判断，而不要使用或然的推论来对性

---

① “点着的火焰就是空气”疑应作“点着的空气就是火焰”。

克钦指出，培根的结论谓空气压束火焰，又谓点着的空气就是火焰之说为荒谬，这些都是不幸根据不足的武断，实则空气正是火焰的主要支持者。

弗勒注明，火焰之熄灭当然是由于火焰所借以化合而生的这种或那种气体供应遭到切断。空中的气不独无碍于火焰，在绝大多数情节中空气中所含氧气甚至是火焰所借以化合而生的诸种气体之一。同时，氧气一经带入火焰的中心，立刻就消耗其他气体，从而也会因破坏了火焰的成分之一而使火焰熄灭。——译者

② 弗勒注明，这一实验在“Sylva Sylvarum”一书中第三一项实验下还有详尽的叙述。爱理斯在那里注道：“这个实验的解释很简单，就是说，在不纯的空气当中，构成火焰的蒸气在遇到足够的氧气来形成完全的燃烧以前经热而散布开来，以致火焰在体量上增大起来。”

我们或许可以推重培根说他曾模糊地看到空气与火焰有某种联系，但这整个的臆测也同前两个一样，却是离题甚远的。——译者

质进行判断。

三七

(一五)离异的事例——这种事例指明一些最习见的性质之间的判离。[①] 它与前在友伴事例项下所附缀的一些事例有所不同,就在后者系指明一个性质对于和它通常有关联的某种具体质体的判离,而这离异的事例则指明一个性质对于另一个性质的判离。[②] 它与路标事例亦有所不同,就在它并无所规定,而只点出一个性质与另一个性质的可能判离性。这种事例的用处在于能把虚妄的法式查出,能把那些采自表面现象的轻浮学说驱散,并能给理解力作一个压舱重物。[③]

举例来说。假定所要查究的性质为泰莱夏斯所认作互为食伴和宿伴的那四种性质,就是热、光、稀薄性和易动性也即敏于运动的性质。[④] 这里,我们在它们之间就看到不少离异的事例。空气是稀薄和易动的,但不热不亮;月亮是亮而不热;沸水是热而无光;

① 若照弗勒对拉丁本原文的注释,这句话应改译为“这种事例指明一些每每一起出现的性质之间的判离”。——译者

② 克钦注解说,离异的事例初看似像友伴的事例,而其实不同。后者只指明它通常与之有关联的个别具体事物中缺乏某种性质或属性,例如白痴之于缺乏理性(理性是人类的一种属性);而前者则表明两类相近性质之间的区分,例如光之于热。

弗勒则说,这里所指的大概不是三四条中所讲的附缀的事例而是三三条中所讲的仇敌的事例;而离异的事例与仇敌的事例之不同也似仅在形式,仅在表述命题的方式。——译者

③ 此语同见一卷一〇四条,可参阅。——译者

④ 泰莱夏斯的哲学的基本观念是,热与冷为构成宇宙的两大要素,而这二者之间的相反性正相当于日与地之间的相反性:“日是热的、稀薄的、有光的、动的;地则相反是冷的、厚密的、不动的、无光的”。见所著“De Rerum Natura”第一卷第一章。

铁针在一个枢轴上的运动是快而轻捷的，但这物体却是凉的、厚密的和不透明的；这类事例此外还有许多。

再举一例。假定所要查究的性质为实体性与自然的活动。自然的活动似乎是除附存于什么物体外便找不到的。但在这个情节上我们或许也能看到离异的事例：如磁石吸铁时和地球吸引重物时所凭的那种磁力的活动便是，①还有其他从有距离处所施的动作亦是。这种活动，就其发生于时间之中来说，是占用若干点刻而不是仅仅占用一瞬的；就其发生于空间之内来说，是经过点点进度和段段距离而逐步过渡的。因此这个性德或活动就必在某一时刻和某一地点上空悬在那发生运动的两个物体之间。于是问题就变成这样：是那作为运动两端的物体影响了或改变了一些中介物体，使性德借着一连串的实体接触同时并附存于中介物体而由一端渡到另一端呢？还是根本没有这回事，而只有两端物体、性德和距离呢？不错，在光线、声和热，以及某些其他在有距离处发生作用的事物当中或许有中介物体受到影响和得到改变，而且多半竟是这样，因为它们需要有适于把动作传送下去的中间物。但磁力或吸力性德之容有中间物则并无迹可寻，这性德也不见滞碍于任何中间物。这样说来，既然性德或活动可以脱然无关于中介物体，那么势必要说自然的性德或活动在某一时间和在某一地点是脱离物体而存在的，因为它既不附存于两端的物体也不附存于中介的物体。所以磁力的活动乃可说是实体性与自然的活动之间的一个离异事

① 弗勒指出，培根在前条第三项举例中看来无疑已把磁的吸力和地的吸力加以区别；而他现在在这里这样使用“磁力”一词，可能只是模糊地泛指吸力。——译者

例了。[①] 还有一点可以作为一个不可略去的系论或收益来附述于此，那就是说，从这一点仅属人的哲学当中却得出一个证据，足以说明那种离开物质的、不具实体的本体的存在。[②] 因为一经承认从物体发射出来的自然性德和活动可以有某一时间和在某一地点完全脱离物体而存在，这就近于承认自然性德和活动也可以在原始就是从一个不具实体的本体发射出来的了。须知在激发和产生自然活动方面之需要实体性原是并不减于在撑持和传递自然活动方面之需要实体性的。

三八

现在接下来要在一个总的名称之下来讲另外五种事例，这个

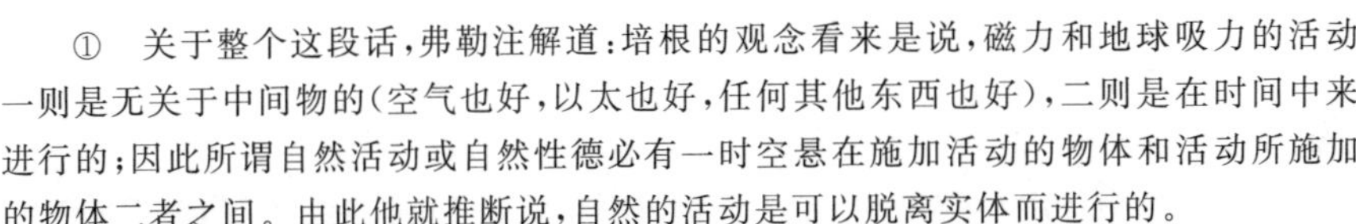

① 关于整个这段话，弗勒注解道：培根的观念看来是说，磁力和地球吸力的活动一则是无关于中间物的（空气也好，以太也好，任何其他东西也好），二则是在时间中来进行的；因此所谓自然活动或自然性德必有一时空悬在施加活动的物体和活动所施加的物体二者之间。由此他就推断说，自然的活动是可以脱离实体而进行的。

引力究竟怎样活动法，这直到现在还不明白。我们知道了这个事实及其法则，但其余一切则还仅在臆测之中。这个力量之传布是否需要一个物质的媒介物，这个力量之传递是否在时间中来进行，这些都是尚未解决也许不会解决的问题。拉勃雷斯（Laplace，一七四九年至一八二七年，法国著名数学家与天文学家）曾对它的速度作出计算（假定还可量的话），那比光的速度至少大五千万倍。至于说到媒介物，虽然尽有根据相信一切空间中都存在着一种隐微而轻浮的以太，但也没有正面的证据能把这一媒介物与引力现象联系起来。

同样，关于磁和电的吸力是否需要时间来传送，是否需要借一种媒介物来进行活动，这也没有证据足以表明。惠特斯东（C. Wheatstone，一八〇二年至一八七五年，英国著名物理学家与电学家）及其他诸人曾对经过传导的电力在多种不同媒介物下的速度作过一番计算。参看 Ganot 所著《物理学》英译本第一二版第七九六节。——译者

② 弗勒指出，培根所借以达致这个结论的推理不得不说是带有很大的幻想性，而且实在说来，整个这段讨论也觉过于隐微，为培根著作中所罕见。至于这个结论本身，在一个议论纷纭的麻烦问题即培根的神学观点的问题上则颇有重要意义。——译者

总名称就叫作明灯的事例或最初消息的事例。[1] 这些事例都是帮助感官的。因为既然全部解释自然的工作是从感官开端，是从感官的认知经由一条径直的、有规则的和防护好的途径以达于理解力的认知，也即达到真确的概念和原理，[2]那么，势必是感官的表象愈丰富和愈精确，一切事情就能够愈容易地和愈顺利地来进行。

在这五种明灯的事例当中，第一种是加强、放大和校正感官的直接活动的；第二种是把不能直接觉知的事物借其他能够直接觉知的事物来显示出来；第三种是指出事物和运动的连续过程和系列，其大部分是非至终结或告一段落时便不为人所察的；第四种是当感官完全无能为力时对它提供某种代替物；第五种是激动感官的注意和重视，同时并对事物的精微性划出界线。现在我就依次加以论述。

三九

（一六）门户的事例——这种事例是帮助感官的直接活动的。我们知道，在一切感官之中，显然是视觉在供给消息方面负有主要的任务。因此我们也就应当以主要的努力来为视觉谋取帮助。对于视觉的帮助不外三种：一是要使它能够看见不可见的东西；二是要使它能够看见离得更远的东西；三是要使它能够把东西看得更准确更清楚。

---

① 弗勒注明，以前所述各种事例，其任务都在帮助理解力；以下所谓明灯的五种事例则是对感官提供消息或者说填补感官之所不足。——译者

② 参看一卷一、一九、六九等条。——译者

属于第一种帮助的(眼镜[①]和类似的东西不算,因为那只足以改正或救济视官的缺陷,而不能供给更多的消息)有新近发明的那种玻璃镜。[②] 它能把物体的尺寸放大很多,从而显出其隐秘不可见的细情以及潜藏的结构和运动。借助于这个工具,我们能把一个跳蚤、一个苍蝇和一个蠕虫的准确形象和身体轮廓,以及以前看不见的颜色和运动,都在不免惊异之下察看出来。还有人说,在那种玻璃镜下面,用钢笔或铅笔所画的一条直线看来都是很不平匀的和弯弯曲曲的;这是因为即使借助于绳尺的手的运动以及墨水或颜色的渗印事实上都不是真正平匀的,不过其不平匀性是如此细微以致不用那种玻璃镜就不能察出罢了。人们在这里(也如寻常对于新奇的事物那样)正有一种迷信的论调,说像这种玻璃镜乃是为自然的作品增光而使技术的作品露丑。其实,若是只说凡自然的组织结构要比人工的组织结构精微得多,这却是真的。所谓显微镜,即我现在所讲的那种玻璃工具,是只对细小的东西用来有效的;因此假若德谟克利特曾经看到它,或许会高兴得跳起来,想到要察看原子——那是他所宣告为完全不可见的东西——终于发现出一种方法来了。而这个工具的无力与不称职也

① 拉丁原文为 bis-oculi。弗勒注明,眼镜之发明,和显微镜之发明一样,有人归诸罗杰·培根(还有些别的人据称也有此项发明权)。不论此说怎样近似,但普通所谓眼镜之发明实至少可远溯至十三世纪末叶。参看大英百科全书(第九版)有关 Spectacles 和 Microscope (Simple)各条。

② 拉丁本原文为 perspicillum。弗勒注明,从下文语气看来,培根显然似乎不曾见过这种显微镜。他说那是新近发明的。我们假定罗杰·培根曾经描述过他想来会是怎样的显微镜但不曾实际制造出来,而实际发明复合显微镜的则许是密德堡的詹申(Zacharias Jansen of middelberg),约在一五九〇年。

正在此；由于它除开对细微情节而外便无能为力，甚至对细微情节而在相当大的物体之中者也无能为力，这就不免破坏了这个发明的效用。假如它的效用能够扩展到较大的物体，[①]或者扩展到较大物体的一些细情，例如能把一块麻布的结构显现得像网状组织，或者能使人们把玉石、酒浆、便溺、血液、创伤等等中的隐秘细情和不平匀之处都辨识出来，那么，从这次发现中无疑会引致极大的利益。[②]

属于第二种帮助的有另一种玻璃镜，那是伽利略以其大堪纪念的努力所发现的。[③] 借助于这种工具，好比借助于舟船来打开

① 弗勒指出，现有对太阳的显微镜，已达到这个目标了。——译者

② 弗勒指出，现有倍数很大的近代显微镜，这些已都能办到，这是不用说的了。——译者

③ 克钦注明，培根在这里以赞许的语气提到伽利略，这是值得注意的。有些人否认望远镜为伽利略所发明；但看来发明者还像是他。参看德林克瓦特所著《伽利略传》(Drinkwater's *Life of Galileo*)，《有用知识丛书》(*Library of Useful Knowledge*)本第六章。单透镜及其用处，在伽利略以前很久已为所知，在弗拉卡斯多吕亚斯和坡塔(Baptista Parta)的著作中便有几段话，表明他们曾经试图把两个透镜合在一起。罗杰·培根也有些话，引得一些人认为他才真是望远镜的发明者，见帕尔哥雷夫所著《商人与托钵僧》(Palgrave's *Merchant and Friar*)；但这看来不像是事实。不论怎样，伽利略总是从科学原理来发明望远镜的第一人。他曾把一块一面平一面凸的透镜和一块一面平一面凹的透镜合在一起，使后者更靠近人眼，因二者焦点距离之不同而定其间之距离；——这原理正是双眼小望远镜的原理。他还曾根据同一原理制造出显微镜。

弗勒则说，《大英百科全书》(第九版)中新近收有一条关于望远镜(telescope)的论述，对其构造及其历史俱有极为详尽的说明，在那里，发明锦标是归诸黎伯歇(HansLippershey)的，他是密德堡的一个眼镜制造者，于一六〇八年发明了望远镜。

伽利略虽不是望远镜的实际发明者，但看来却是将望远镜转到科学用途的第一人，并且无疑是通过他利用望远镜而取得的一些发现，望远镜才开始出名。我们还知道，在一段长时间内，最好的望远镜是只有从伽利略或其生徒们手里才能获得的。他所制造的第一具望远镜系于一六〇九年送给威尼斯总督。——译者

水上交通一样，人们对于天体的交接是变得较近而可以进行的了。它使我们看到，天河乃是一群或一堆完全分离、各有分别的小星；这在古人仅是一种猜想，现在则是分明可见的了。它似乎还指明，所谓行星轨道中的空间并不是完全没有其他众星，而是在我们看到恒星界之前天空原就有众星在标志着，不过它们太小，不用这个工具就看不见罢了。用这个工具，我们还能察见那些环绕木星像跳舞般旋转着的小星；[①]由此就可揣想到众星之中是有若干运动中心的。用这个工具，我们还能把月球中光与影的不平衡之处察看得和定位得更加分明；从而就能制出一种太阴图。用这种工具，我们还能察看太阳中的斑点，以及类似的现象。只要我们可以安然相信这类的表证，[②]那么这些确实都是高贵的发现。而我对于这类的表证则尚不能无疑，这主要是因为这种实验竟止于这点很少的发现，而许多其他同样值得查究的事物却并未以这同一手段发现出来。[③]

---

① 克钦注明，这是指木星的卫星而言；那是伽利略发现的。——译者

② 伽利略常常提到许多逍遥派学者力图把一切以他借望远镜而取得的发现为基础的论据都置之不理，只说一句那都不过是光学上的欺骗。

弗勒注明，鲍威尔所著《自然哲学史》(Baden Powell's *History of Natural Philosophy*)中载有一段关于薛安诺(Scheiner)的趣事：薛安诺是一个僧人，曾以有关太阳斑点的记录报告其上级，那位有学养的神父却对他严肃地劝谕一番，反对这种邪异的想法。回信是这样说的："我已遍查亚里士多德的著作，找不到你所提的那种东西：因此你可确信，那是你的感官或者你的玻璃镜子欺骗了你。"见该书第一七一页。——译者

③ 可把这段话与"Descriptio Globi Intellectualis"第五章中的一段话比较一下。在那里，培根谈到伽利略的发明和发现(其最初一批成果当时刚刚宣布出来)，论调带有较多热望的期待。那段话写于八年之前，从那里我想，我们可以懂得为什么培根现在在这里又开始怀疑那些观察能够信赖到何种程度。那时，他既已见到一切有关天体的公认学说都充满着谬误，所以一听说望远镜能令人实际见天体较前深入得多，就准备着要听到大量新鲜的和料想不到的现象；他那时只担心观察者不去仔细耐心 (接下页注文)

属于第三种帮助的有测量竿、观象仪以及类似的东西。这些工具并不放大视觉，只是对它加以校正和予以指导而已。

此外，或许还有其他事例，能帮助其余感官的直接的、个别的活动，但却不能于已知消息之外有所增添。这种事例无当于我们当前的目的，所以我就略而不提了。

四〇

(一七)**传票的事例**——这是借用法庭的一个名词，也叫作**呼唤的事例**，意思是说它能把原来不出现在当前的对象传唤出现。这也就是说，这种事例能把不可感觉的对象变现为可感觉的对象；办法则是借着能够直接觉知的事物来把不能直接觉知的事物显示出来。

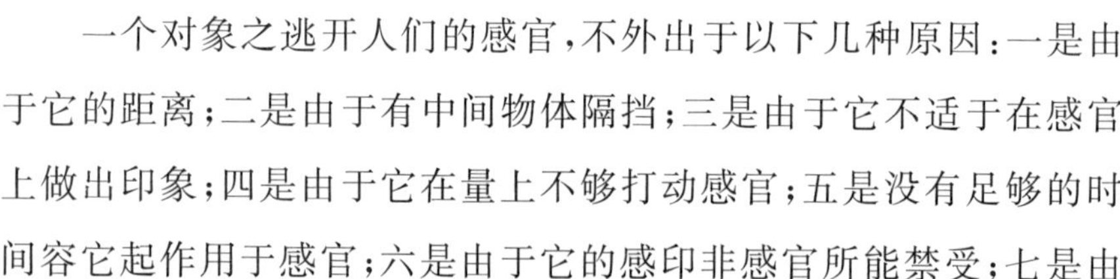

一个对象之逃开人们的感官，不外出于以下几种原因：一是由于它的距离；二是由于有中间物体隔挡；三是由于它不适于在感官上做出印象；四是由于它在量上不够打动感官；五是没有足够的时间容它起作用于感官；六是由于它的感印非感官所能禁受；七是由

(续前页注文)　地作出观察却急于开始去形成新的理论。可是现在，自从发现木星的卫星和太阳中的斑点等等以来，九年的时间已经过去了，还没有新的重要发现宣布出来，于是他不免对人们所看既较前深入甚多而所见却较前增加甚少这一层感到诧异，因而就开始怀疑不是在工具方面就是在观察方法方面有某些缺点了。(关于整个这段话，克钦评论道：这里提到木星的卫星，说到可能有许多中心，这表明培根到底准备接受真理，只要真理当时已经显示出来。他所预见到的太阴图已经达到很大程度的完善；太阳中的斑点也已于一六一〇年经哈吕欧〔Harriot〕首先发现〔弗勒提出，僧人薛安诺亦可称为此项发现者〕，并从而计算出太阳依其自身之轴而转约二五日又七小时一周。培根之审慎是未可厚非的，虽然他之急于断言“这种实验竟止于这点很少的发现”则不无可议之处。——译者)

于感官已先被其他对象所填塞，所占据，以致没有余地来接纳新的运动。[①] 这些情节主要是有关于视觉，其次则有关于触觉。因为这两种感官之供给消息是无拘限地、所涉及的对象亦是广泛的；至于其他三种感官则除直接于并有关于其特定对象的东西外便不能供给什么消息。

在第一种情况中，即在一个对象因远距之故而成为不可觉知的情况中，要想把这对象显示到感官面前，办法只有拿其他能够在较远距离外打动感官的东西与它连接起来或者来代替它。例如烽火示警，鸣钟为号之类便是。[②]

在第二种情况中，当对象隐藏于包围着它的间隔物体之中而又不便打开的时候，要想把它显示到感官面前，办法只有借助于它露在表面的部分，或者借助于它从内部流露出来的部分。例如人类身体的状况可以借脉搏、便溺等等的情形而有所察知。[③]

① 弗勒指出，在上述七种情节中，第一和第四两种初看似与门户的事例无别。但分析培根所举的具体例子，就可看出他心目中是在分别两种对象：在这里，对象本身无法知道，只有借标记或朕兆才知道；在门户的事例中，对象本身是能够侦察出的，只要有足够强有力的工具。

② 克钦认为这与门户的事例无别，望远望的例子亦适用于此。

弗勒则认为两种对象有别（见前注），故于此举电报为例。

就作者本意而言，自以弗勒之说为合。但今日电视之发明已使“对象因远距之故而成为不可觉知的情况”根本动摇，换言之，只要有足够强有力的工具，远距离外的对象亦可直接被觉知而无须借助于标记或朕兆：这样说来，这一情况还是合于门户的事例的。——译者

③ “把不可感觉的对象变现为可感觉的对象”，有一个极好的事例，见于霍普金斯(Hopkins)和儒勒(Joule)新近所做一项关于判定各种质体在巨大压力 （接下页注文）

在第三和第四两种情况中，[①]变现的办法适用于很多数的事物，我们在对自然进行查究中应当从一切方面寻求这种办法。例如，空气和元精以及其他在整个质体上是稀薄而精微的物体，显然就是既看不见亦触不到的。要对这类物体进行查究，我们就完全必须求助于变现的办法。

举例来说。假定所要研究的性质为被包在可触物体之中的元精的活动与运动。我们知道，凡我们所熟识的可触物体都含有一种看不见和触不到的元精，好比被裹盖在一套衣服里面。由此就发生了元精在可触物体中的那种奇异而有力的三重性的过程：元精如被释放出去，它就把质体收缩和干化；如被扣留起来，它就把质体软化和熔化；如果既非完全被释又非完全被扣，那么它就会对质体进行赋予形象，产生肢体，加以同化、消化、排逐和组织，以及其他类似的活动。所有这三种过程都是借着其明显的结果而显示到我们感官面前的。

先看第一种过程。在一切可触的无生物体之内，被包着的元精首先要把自己繁殖起来，并可说是在攫食那些安排好和准

(续前页注文) 下的熔化点的实验。把所要试验的质体装在一个管子里，完全看不见。事前先把一小块磁化过的钢放在上面，只要那东西保持为固体不化，它就被托住不坠。在器具旁边装置一个磁针，管内的钢块当然会使它产生一定度量的偏离。一到温度达到了熔化点，那块钢就沉下去；而它之下沉乃是由磁针的运动表示出来的。(若以现代医学上的 X 光摄影为例，这又近于门户的事例了。——译者)

① 关于第三种情况，克钦注解说，如以化学方法来侦察一些气体便是一例；又如以一块银版感受日光，从而发现日光中引起化学变化的性质，这又是一个好例。

关于第四种情况，克钦以为门户事例中所举显微镜之例也适用于此。弗勒则认为不当。他说，温度计(这是培根自己所举的)在这里是一个好例，而热电气的微变测温器则更好些，因为这些都标示出温度的微增，为感官所觉察不到。——译者

备好以供其攫食的可触分子，从而把后者也消化成、经营成、转化成元精；然后它们一起逃出去。元精的这种经营和繁殖是借着重量减低这一结果而显示到我们感官面前的。因为在一切干瘪过程中，量总是要减少些的；不仅原先存在于物体之内的元精的量减少了，而且那原先是可触而现在则有些变化的物体本身的量也减少了；因为元精是没有重量的。且说元精的释出或发放，这是由金属生锈和其他类似的腐坏过程显示到我们感官面前的；[①]这过程截止在发生初步生命之前，因为那是属于第三种过程的事。由于元精在紧密的物体当中找不到孔窍或通路可以逃出，于是不得不把可触分子本身驱赶在前面，因而它们也就和元精一起跑出，由此就发生锈一类的东西出来。至于在有些元精放出之后（干瘪随之而来）而发生的可触分子的收缩，这不仅是显现在物体的增硬上面，而且更多地是由发生在物体上的裂缝、缩瘪、皱纹、皱褶等现象来显示到我们感官面前。例如木头的分子是发生皲裂和瘪缩；皮肤则起皱褶；尚不止此，如当元精骤然为火热所放出的时候，分子还会发生如此急遽的收缩以致盘曲和倒卷起来。

第二种过程则正相反。当元精遭到扣留而又为热或类似的东西所扩张所刺激的时候（像在比较坚实或比较强韧的物体所发生的那样），物体却是被软化了，例如白热的铁；或者是变成流质了，例如各种金属；又或者是变成液体了，例如树胶、蜡和其他类

① 弗勒注明，生锈是由于铁和氧起了化合作用。铁和其他许多金属一样，感受潮湿的空气就会氧化。——译者

似的东西。我们在上面看到热对某些质体则使之硬化，[①]在这里又看到它对另一些质体则使之熔化；这两种相反的动作是很容易融会理解的：因为在前者元精是发放出去的，在后者元精则是受到刺激和被扣押起来的。就这两种动作来说，熔化乃是热和元精固有的活动，硬化则是可触分子仅在放出元精的场合下所特有的活动。

再看第三种过程。如果元精既非完全被释又非完全被扣，而仅处在狱室之内在做试验和实验，并且所遇到的又是一些善于服从和敏于追随的可触分子，能够任元精引到哪里就跟到哪里，——如果在这种情况之下，那么，随之而来的就是一个有机物体的形成，一些机体部分的发展，以及一切其他出现于植物和动物质体中的有生命的活动。所有这些动作之显现在我们感官面前，主要是靠我们去仔细观察那些由腐坏作用而生出的小生物如蚁卵、蠕虫、苍蝇以及雨后之蛙等等的生命的开端、初形和最初的努力。应当指出，对于生命的产生，热度的温和性和质体的柔顺性二者都是必要的。只有这样，元精才既不致被催迫得决突而出，亦不致在分子的顽强性之下被禁锢起来，而反能把它们像蜡一般加以捏塑和加以范铸。

我们在这里看到，关于元精的一种极其高贵的、有其多方面应用的区分（就是说，有截断了的元精，有仅能枝出的元精，有既系枝出又属细胞性的元精；第一种是属于一切无生质体的，第二种是属

① 弗勒注明，热所引起的硬化乃是由于潮湿逃散，或是由于质体中的某些化学变化。——译者

于植物的，第三种是属于动物的），是借这种变现办法的一些事例而摆明在我们眼前了。

同样由这些事例我们还看到，一个东西的比较精微的组织和结构是视觉或触觉所不能觉知的（虽然整个物体许是看得见或触得到的）。因此我们关于它们的消息亦只有用这种变现办法来取得。说到结构上的差异，其最根本的和最主要的一点就在占据同一空间亦即具有同一体积的物质的多少之别。至于结构上的一切其他差异（那不外是关于同一物体中分子的不同，和关于分子的排列与位置），与这一点比较起来都只算是次要的。

再举一例。就假定所要研究的性质为物质的伸张或会聚情况在一些物体之间的比较。这也就是说，要比较研究一下每个物体中有多少物质占据着多少空间。自然中有一对好比孪生的命题是再真确不过的，就是说，“无物生于无”，“无物化为无”；物质的绝对量或总数是保持不变，无增无减的。[①] 同样真确的是，相同空间或相同容积所含的物质是依物体之不同而有多有少的，[②]例如在水之中就多些，在空气之中就少些。因此，若说一定体积的水能够变成相等体积的空气，那就等于说有点东西能够化为无；同样，若反

① 弗勒注明，这条原理就是现在所说物质不灭的原理，与之平行的另一原理则是所谓能量守恒。这些法则都是一下子直接成为最高的概括，也是科学中最光辉的原理。

爱理斯在英译本注中指出，培根在这里把一句并非出自经验的箴言断称为绝对确定，这是值得注意的。泰莱夏斯亦曾明言肯定这同一教条，虽然不像培根这样着重，见所著“De Rerum Natura”第一卷第五章。——译者

② 弗勒注明，关于这条和前条命题，参看培根另一著作“Historia Densi et Rari”（爱理斯和斯百丁英译本《培根全集》第二卷第二四三至二四四页）。——译者

过来说一定体积的空气能够变为相等体积的水，那就等于说有点东西能够生于无了。浓密与稀薄这两个抽象的概念，尽管使用得很分歧混乱，实在说来就是从物质有多有少这种情况抽引出来的。我们还必须认定第三个命题亦是足够确定的，就是说，这个或那个物体之中物质数量的或多或少，在比较之下是能够加以计算并且能够列出精确的或近乎精确的比例的。[①] 因此人们完全有根据来断言，若要把酒精积到相等于一定体积的黄金所拥有的物质的数量，其所需空间比那点黄金所占的空间要大二十一倍。[②]

现在要说，物体中物质的积量及其相互间的比例是借重量而显示到我们感官面前的。因为重量相应于一个物体中物质的数量，其可触分子中的物质的数量；至于元精及其所含的物质量则是不能以重量来计的，因为它宁是减少重量而不增加重量。[③] 关于这个题目，我曾制出一个很准确的表，把一切金属、主要石类、木类、液类、油类以及许多其他自然的和人工的物体的重量和体积都

① 克钦注明，培根在这里是要说明衡量重量必须有一标准，并以密度重量为标准。他取酒精为比重标准，我们现在则代之以水。——译者

② 弗勒指出，这是不正确的；锻金比重对纯酒精比重的比率为一九. 三六比〇. 八〇即约为二四. 二比一，铸金比重对纯酒精比重的比率则为一九. 二五八比〇. 八〇三即约为二四. 〇七比一。——译者

③ 克钦指出，培根似乎认为他之所谓元精是一种物质，并且可能是可称量的。这里所说这样的元精则看来差不多像指自然中的气体。

弗勒注解说，这句话必是说动物元精而不是说粗糙元精；因为培根在"Historia Densi et Rari"一书中（爱理斯和斯百丁英译本《培根全集》第二卷第二五六页）和别的地方曾说到粗糙元精比空气尚较厚密（空气在他则认为是无重无轻的），而动物元精则具有积极轻或绝对轻的性质。关于空气无重之说，参看 *Sylva Sylvarum* 一书中第二九项实验。——译者

记录下来。[①] 这是一个在许多方面都大有用处的东西，既可作为获取消息的光亮，也可作为进行实践的指导。这个表还揭示出不少出乎人们意料之外的事物。其中有这样很重要的一条，就是说，我们所知道的一切各式各样的可触物体（我的意思是指相当紧密而不怎样虚软多孔并大部分充满空气的那些物体），其比重都不超过一比二十一的限度；[②]——由此可见，自然界，至少是主要地和我们有关的那一部分自然界，乃是这样有限的。

我又曾想到，不可触物体或气体与可触物体间的比例不知能否加以计算，这亦值得试验一下。我曾以如下的设计来进行尝试。[③] 拿一个约能容纳一唡的小玻璃瓶——我之所以要用小的器皿，是为了使用较少的热就可以产生蒸发——，把酒精注满到接近于它的颈际——我之所以选用酒精，因为从上述表中看到，在所有可触物体（即凝合得很好而不是中空的物体）之中它乃是最稀薄的也即在一定空间内含有物质量最少的一种；——把酒精和小瓶加

---

① 弗勒注明，此表见于“Historia Densi et Rari”一书中（英译本《培根全集》第二卷第二四五至二四六页）。——译者

② 克钦指出，培根把比重比率限于二一比一，又把虚软多孔的物质排除不算，这些都是荒谬的。

弗勒也指出，表中按动物元精而排列的物体或许是培根认为虚软多孔的物体。否则，二一比一的比率限度便不能成立。白金比金子还重，醇精比酒精还轻。白金比重对醇精比重的比率为二二．〇六九比〇．七二三即约为三〇．五比一。——译者

③ 克钦指出，这里所述的实验说明培根在进行劳动（这是他力求减轻的）中怎样缺乏用具和工具。现在有了抽气机，已填上这一特定实验中的空点了。

弗勒注明，在“Historia Densi et Rari”一书中（第二五七页），培根亦叙述了同样的实验。那里得出的结果是，酒精化为蒸气后比原先为酒精时所占空间大三二〇倍还多。同样的两个实验，而结果不同，这是由于蒸气的温度有所不同，因蒸气的紧张力随温度而急遽增长，并且，温度愈高，其增长率比温度本身就愈大。——译者

在一起的重量察看准确。然后再拿一个约能容纳一夸脱的尿脬，把其中的空气尽可能全部排出，直至尿脬的各边都合拢起来，我还用油把尿脬轻轻地揉搓一道，堵塞住任何孔隙(假如有的话)，以使它更为严密。这样做了之后，我就把小瓶的口插入尿脬的口内，用绳把后者绕着前者扎紧，并用蜡涂封，以使它黏合得更密，扎束得更紧。然后我就把这小瓶放在一盆熊熊热炭上面。这时，受热而膨胀而气化的酒精所发出的蒸气就开始逐渐把尿脬撑起，使它像饱帆一样从各方面充涨起来。这个情况一发生后，我立即把玻璃瓶从火上拿开，放在一块毡毯上，以免它骤然经冷而碎裂。同时并在尿脬上刺一孔洞，以免蒸气在停热之后又化为液体回到瓶中，以致打乱我们的计算。然后我就把尿脬解掉，来称量瓶中所余的酒精，算出有多少酒精化为蒸气或空气。把原先为酒精时在瓶中所占的空间和以后变气体后在尿脬中所占的空间比较一下，我们就清楚地看出，物体的这一变化使它自己比以前扩张了一百倍。①

再以程度甚低感觉不到的冷热作为有待研究的性质举例来看。这乃是借着前文所述那种温度计来显示到我们感官面前的。② 这样的冷和热本身是触觉所不能觉到的，但热使空气膨胀，冷使空气收缩。而空气的这种胀缩仍非视觉所能看到，但空气的膨胀使水降低，收缩使水升高。这样才终于把这性质显示到视觉面前，不到这时不行，不是这样亦不行。

---

① 在 *Phaenomena Universi* 一书中(英译本《培根全集》第三卷第七〇五至七〇七页)，培根还叙述了以水来进行的同样实验，并得出了与用酒精进行实验的比较结果。——译者

② 见二卷一三条第三八项事例。——译者

再举一例。假定所要研究的性质为混合物体。这就是说，要研究水、油、酒精、灰、盐以及其他类似的东西究竟含有什么混合成分；或者说举一个特定的事例要研究牛奶含有多少分量的奶油、凝乳和乳水等等。这些混合成分，若单以可触的成分来说，是借着人工技巧的分解来显示到我们感官面前的。但其中元精的性质则非我们所能直接觉知，这是借可触物体在其分解活动和过程中的不同运动和努力而揭示出来的，亦是借其刺激性质和侵蚀作用以及在分解之后的不同颜色、不同气味和不同滋味而揭示出来的。应当说，人们在这方面确曾以蒸馏法和他种人工分解法下过苦功，但并不见比迄今惯用的一些实验有较多的成功。这是因为他们只在暗中摸索，只是盲目撞路，只作辛苦的努力而缺乏智慧的努力；而最为糟糕的是他们从不企图模仿自然或与自然争胜，而竟使用猛烈的热和过强的能力，以致把事物隐秘性德和交感作用所主要依存的较为精微的结构破坏掉。在进行这种分解时，他们亦不记取或注意我在别处曾指出过的一种情形，那就是说，当用火或其他手段去折磨物体时，有许多原先并不存在于复合物之内的属性就由火本身或其他用来施行这种分解的物体本身传送而来；因而就发生出许多莫名其妙的差错。[①] 例如，我们绝不能假定那由于火的活动而从水中发出的全部蒸气乃是原先存在于水这个物体之中的蒸气或空气；事实上，这蒸气的绝大部分乃是由于火的热引起水的膨胀而创造出来的。

这样看来，一般地说，我们若要对无论自然的还是人工制造的物体进行精细的试验，来把真纯的与驳杂的、较优的与较劣的物体

① 参看二卷七条。——译者

辨别出来，我们就应当参考到这一章节；因为这种试验能把不能直接觉知的事物借着能够直接觉知的事物而显示到我们感官面前。因此我们应当以辛勤的注意从各部分来寻求和搜集这种试验。

再说第五种情况。很明显，感官的活动是在运动之中进行的，而运动则是在时间之中进行的。因此，物体的运动如果慢到或快到与感官活动所用的时刻不成比例，感官就完全不能感觉到它，前者如钟表的指针，后者如短枪的子弹。过慢而不能觉到的运动通常是很容易借运动的积累而显示到感官面前。[①] 至于过快的运动则迄今还无法有效地加以计量；[②]而对于自然的查究却要求在某些情节上做到这一点。

在第六种情况中，即当感官因对象力量过强而遭受障碍时，变现的办法不外两种：或是把对象搬得距离感官较远一些；或者是把它的影响削弱一些。关于后者的办法又不外是插入一个能够削弱对象但却不致把它取消的中间物；[③]或是避免对象过强的直接感印而接受其反射，例如借一盆水中的反射来观察太阳。

说到第七种情况，即感官为一个对象所压满而没有余地来容纳另一对象，这是几乎完全限于对嗅觉而言，[④]与我们当前所谈的

① 弗勒注说，还有比钟表指针更慢的运动，亦可相当准确地加以计量，如大陆之沉，海洋之进退，瀑布之逐渐减退等等都是。——译者

② 克钦注明，对于高速度的运动，现在已能借电来加以计量。——译者

③ 弗勒注说，如使用有色眼镜就是一例。——译者

④ 弗勒指出，这无疑是各种感官所共有的缺点。我们往往在日光闪耀下便不能辨清各种物象；在马车或火车颠震中便听不清声音；在剧痛时便感觉不到轻触；在辛辣腻甜等烈味下便尝不出清淡滋味。轻柔较细的感觉总是为较强较粗的同类感觉所压倒，这是大家都熟知的事实。参看二卷四三条末段。——译者

事情没有多大关系。

关于把不可感觉的对象变现为可以感觉的对象的办法,或是说关于借着能够直接觉知的事物来把不能直接觉知的事物显示到我们感官面前的各种方式,说来就是这样。

但是这种变现办法有时并非施于人类感官,而系出自他种动物,其感官在某些情节上比人类感官较为敏锐的一些动物。例如对于某些气味,狗的感官就特别灵敏;又如空气在没有外来的光线照明时本有一种隐伏的光,只有猫和枭以及其他类似的夜视动物才能感觉到。泰莱夏斯说得对,空气自身当中固有一种光,[①]微弱到对于人们以及大多数动物的眼睛几乎没有什么效用;有些动物在暗中能视,乃是因为它们的感官能适应于这种光,而不能说它们能够无光而视,或是凭借内光而视。

还要知道,我现在所讨论的乃是感官的一些缺陷及其救济办法。至于说到感官的欺骗性,则须归到感官及感官对象问题上另作特定的探究。[②] 不过感官的一个最大的欺骗却须在此一提,那

① 弗勒注明,泰莱夏斯此说见其所著"De Rerum Natura"第一卷第三章。在该书第四卷以及别的地方,泰莱夏斯对于光的问题作了极其艰苦的讨论,意谓空气是自身有光的,因空气总含有一些热,而光则是热的附带伴侣。

培根在"De Principiis atque Originibus"一书中曾对泰莱夏斯的各项意见作了精心的叙述,其中也提到此说。见英译本《培根全集》第三卷第一〇六页。

克钦指出,泰莱夏斯此说(培根对它是同意的)现在是完全破灭了。空气并非自身有光。即使在黑夜间,空气中也浮有少数光线。猫枭等之所以能够夜视,只是因为它们的眼睛有特殊结构,比人眼易于捉到这种微光。——译者

② 弗勒注明,参看"De Augmentis Scientiarum"第四卷第三章(英译本《培根全集》第一卷第六一〇至六一三页)。——译者

就是说，感官对于自然的界划总是参照着人而不是参照着宇宙；[1]而这是非靠理性和普遍的哲学不能加以矫正的。

四一

（一八）路程的事例——这也叫作旅程的事例和逐节的事例。[2] 这种事例指出自然运动的逐步进程。这种事例与其说是它逃开人们的感官，毋宁说是人们不加观察。人们在这方面真是粗疏到了奇怪的程度。他们之研究自然竟是旋作旋辍，隔断来看；并且总是在物体已经完工和完成后来加以研究，而不是就自然对它们进行工作时来加以研究。可是一个人如果真要考究一个工艺家的计划和努力，他必不会满足于仅仅看到这项工艺的原料和以后的成品，而必定更愿意亲在现场观看这位工艺家怎样劳动和怎样进行工作。对于自然的查究亦应当采取同样的途径。举例来说，我们如果要探究植物的成长，我们必须第一步从播种起就开始注意，观察这种子（这是很容易做的，可以把埋在地下的种子逐日取出来，仔细地考察它第二天是怎样，第三天、第四天以至一直下去又是怎样）在什么时候怎样开始吐发和扩张，怎样成为像是充满了元精；第二步再看它怎样开始顶破表皮，放出纤维，同时并稍稍向上生长，只要泥土不是太硬的话；说到吐出纤维，还要看它有的怎

① 参看一卷五九条和四一条。——译者

② 弗勒指出，这种路程的事例很难与移徙的事例（二卷二三条）分清；或许可以说，前者是涉及观察这初步过程，而后者则涉及推理这继起过程。

克钦指出，这两种事例都触及隐秘过程的领域，培根在本条末尾也说到这点。参看二卷六条。——译者

样向下发为根，有的怎样向上发为茎，有的在泥土较为松软的地方又怎样向旁发出；此外还有许多这一类的事情。又如关于卵的孵化，我们也应当以同样办法进行考察。在这里，我们会很容易地观察到怎样活化和怎样组织的全部过程；会看到哪些部分是由蛋黄进展而成，哪些部分是由蛋白进展而成。再说到要探究那种由腐坏作用而产生的动物，[①]我们亦应当采取同样的途

① 开萨聘纳（Caesalpinus，一五一九年至一六〇三年，意大利自然哲学家）认为一切动物都可由腐坏作用而生，并谓此为亚里士多德之说，见所著“Quaestine Peripat”一书第五卷第一章。亚里士多德此项意见似又经亚弗乐阿（Averrois，一一二六年至一一九八年，阿拉伯医生与哲学家）加以推展。卡丹（Cardan，一五〇一年至一五七六年，意大利医生与数学家）则断言老鼠可出于自然生育，系不容争辩之事，见所著“De Rerum Varietate”一书。开萨聘纳亦曾提到老鼠这一事例，但不像卡丹那样深有自信。值得指出的是，亚里士多德虽曾谈到老鼠的巨大生殖力，甚至曾说老鼠因舐盐而得胎，却未提出老鼠可能产于腐坏作用。巴拉西萨斯（Paracelsus，一四九三年至一五四一年，瑞士医生兼炼丹术家）还说，凡产自腐坏作用的动物都多少有毒。泰莱夏斯的意见则谓，比较完备的动物不能由腐坏作用产生，因为产生这种动物须具备必要的温度条件，而这是除靠动物体热之外便无法满足的。

（弗勒注明，亚里士多德关于动物生命起源的见解概见于“Historia Animalium”一书第五卷第一章。其自然生育论除数见于此书外，还数见于“De Generatione Animalium”，特别是第一卷第一六章及第三卷第一一章。他曾说，自然生育系出于腐坏物质中的潮湿；又曾说，鳗鱼乃惟一的有血然而既非交生亦非卵生的动物，云云。

弗勒接着指出，培根对于动物生于腐坏作用之说看来亦是信而不疑的，参看 *Sylva Sylvarum* 一书中第三二八、九〇〇两项实验及“Historia Densi et Rari”一书（英译本《培根全集》第二卷第二六四页）。直到勃朗尼（Sir Thomas Bronre，一六〇五至一六八二年，英国医生与宗教思想家）写著《对流俗谬见的探讨》（*Enquiries into Vulgar and Common Errors*，一六四六年发行第一版）一书时，看来还接受此说而无所质疑。例如他说：“牛之腐坏而变为蜜蜂，马之腐坏而变为黄蜂，都不带着原来的形象而出现。人体中排泄出的汗液则化生虱子。”此外还有同类的话（见第二卷第六章）。他似乎甚至还相信老鼠系自然生育（见第三卷第二八章）。上述这些学说，直到哈维（W. Harvey，一五七八年至一六五七年，英国著名医生，血液循环的发现者）于一六五一年发表其伟大论著“De Generatione Animalium”以后始最后获得澄清。——译者）

径。至于要对完备的动物[①]实行这种探究法，若把胎儿从子宫割出，那当然是太不人道了，[②]这只有靠流产或打猎等提供一些机会。因此在这方面对于自然只好比是进行一种夜间侦查，因它在夜间倒比在昼间表露得较多；而那些根据流产或打猎等来进行的研究亦好比是一种夜课，因为这里的烛光是微弱的，但却不断地点燃着。

对于无生命的质体亦应当做同样的尝试。我自己在查究用火膨胀液体方面就曾这样做过。[③] 水的膨胀有一种方式，酒的膨胀有另一种方式，醋的膨胀方式又不同，酸葡萄酒又不同，而牛奶和油更各有其甚不同的膨胀方式。[④] 只要把它们分别放在玻璃器皿内(在那里什么情况都可以辨得清楚)，用文火渐渐烧沸，就可以很容易地看到这些不同的过程。关于这些事情，我现在只简单地提到一下；打算在以后说到发现事物的隐秘过程时再作比较详确的

① 所谓完备的动物一般系指不能由腐坏作用而生的那种动物而言。

② 弗勒注明，培根实不反对活体解剖。“New Atlantis”一书中有一段话，开头是这样几句：“我们还有许多园囿，养着各种禽兽，不仅当作珍奇观赏，亦作解剖试验之用，借以探知对人体可以有何施为。我们于此看到许多奇异的结果：例如夺去其似属要害的某些部分而仍能延续生命，又如使某些表面上已经死亡的动物复活起来，以及诸如此类的事。我们还对它们试用毒药和别的药物，外敷的和内服的都用。”(英译本《培根全集》第三卷第一五九页)“De Augmentis Scienliarum”里面还有更加明显的一段话，大意是一方面接受了塞尔萨斯对于解剖活人的谴责，一方面则认为若对禽兽进行活体解剖即可将功利观点与人道观点调和起来(见英译本《培根全集》第一卷第五九三页至五九四页)。——译者

③ 弗勒注明，膨胀是那时化学家们常用的一个名词，指一种质体接受进来另一种质体后所经历的变化。——译者

④ 弗勒注明，参看“Historia Densi et Rari”，英译本《培根全集》第二卷第二六八页至二六九页。——译者

论述。[1] 读者要常常想到，我在此处并不是要讨论事物本身，而只是在举例罢了。

四二

（一九）补救的或代用的事例——这亦叫作逃难的事例。这种事例能在感官完全无能为力时供给我们以消息；因此我们在求专用的事例而不可得时，便逃到它那里去求补救。代替之道有二：一是逐步的接近，[2]另一是类推。[3] 举例来说，磁石吸铁的动作是不见有任何中间物的阑入能够完全加以阻挡的。把金子拦在中间不能使它停止，把银子、石头、玻璃、木头、水、油、布或各种纤维物以及空气、火焰等等拦在中间亦都不能使它停止。但是，经过精细的试验，我们可能会看到某种中间物就比其他任何中间物较能削弱磁石的性德，当然是相对地，亦就是说在某种程度上。譬如说，磁石要透过一块金子来吸铁也许就不像透过占据同样空间的空气那

① 弗勒注明，参看二卷五二条末节。《新工具》的这一部分，培根并未写出。——译者

② 克钦指出，人们会认为如二卷一三条所述的各种程度表就具有这种职能。——译者

③ 关于类推这一点，克钦指出，像巴特勒主教（Joseph Butler，一六九二年至一七五二年，英国著名神学家）就是以自然界的法则推用于对上帝的道德的和宗教的法则的探究。在一切题目上，虚妄的类推，即表面上的而不是真正的类比，曾不断成为谬见的源泉，没有比这更有诱惑力也更有危险性的了。类推必须限于同质这一严格界限之内，否则就要导向错误。在这界限之外，类推当然亦能给一些启发，指出一些或然性；但在这界限之内，类推这种论据则是强有力的，几乎具有结论性。例如哈维的伟大发现，就是因见到植物中瓣膜对于汁液怎样而推知静脉中的瓣膜对于血液也是怎样。这两个情节是同质的，也就是说，这是生物成长的一条原理，这两个情节是在同一条法则之下的。——译者

样便当，或者说，要透过一块燃着的银子也许就不像透过一块冷的银子那样便当；以及诸如此类的情节。我并没有亲自做过这些试验。但在这里提出这类实验作为代用事例的举例也就够了。[①] 又如，凡我们所熟知的物体没有在置近火边时而不吸收热的。但是空气吸收热就比石头快得多。[②] 这些就是以逐步的接近来实行代替的例子。

以类推来作代用物无疑亦是有用的，不过它的准确性较少，所以应用时应带着一定的判断。使用类推来把不能直接觉知的事物提到感官所及范围之内，其办法不是对那不能觉知的物体本身进行一些可以觉知到的动作，而是把与它同族的可以觉知的物体加以一番观察。[③] 举例来说。假定我们是在探究元精的混合，而元精却是不可见的物体。我们首先知道，一个物体与饲养或营养它的物质之间似乎有一定的亲族关系。我们又知道，火焰的饲料似

① 弗勒注明，培根所提出的这问题甚至至今尚未得到解答，因为进行实验时总有各种各样的影响，最为棘手。不过，当磁石在一定距离之外吸铁时，其间若有铋或一般所谓反磁性的质体加以拦挡，可能看到在效果方面产生一点可觉察到的影响，假如我们有足够有力的工具和足够的计量手段的话。金和银都属于反磁性的质体之列。——译者

② 空气是很差的异热体，已见二卷一二条第一八、二〇条及一三条第三、五各项事例下的注说。说到石头，弗勒指出，培根泛言石头而未区别哪种石头，这也失之于粗疏。——译者

③ 雷蒙(Du Bois Raymond)对动物电的研究是一个好例。雷蒙制出一具筋肉的电气模型，不仅使他的基本结论即任何横断面对于任何纵长面都是阴电关系这一结论获得一种例解，并且使同一断面的两个不同部分之间的更为复杂的关系也获得一种例解。

(弗勒注解说，近代科学中有一个好例，就是把振荡或波动推用于热、光、声等现象。弗勒还指出，培根在下面所述的第一个例解纯粹是幻想的。其第二个事例中的类推则颇切合于事实。——译者)

乎是油和多脂肪的质体，空气的饲料似乎是水和多水分的质体；[①]因为火焰得到油的挥发则增殖起来，空气得到水的蒸发则增殖起来。因此，既然空气与火焰的混合非感官所能捉到，那么我们就要来察看水与油的混合，这却是明显地展示在我们感官面前的。现在且看油与水，它们在受到拼和或搅和时融合得是很不完好的，可是在草类以及在动物的血液和肢体之中却很微妙地和很精巧地交融在一起。由此就可推想，火焰与空气在气体中的混合可能亦有类似的情况。这就是说，它们二者虽不易以简单并合的方式交融起来，但在植物和动物的元精中似乎是交融在一起的；特别因为一切有生命的元精[②]都侵蚀渐润的质体作为自己的正当饲料，而渐润恰恰含有水分和脂肪这两种性质。

再假定我们不是要探究气体间的较完好的混合，而是要探究它们的拼合；这也就是说，要探究它们还是很便于合并在一起，或者还是譬如说像某些风吹、某些嘘气或某些其他气体并不与普通空气相混合，却保持小球小点的形式悬浮在那里，不但不容进入或合并于空气，倒竟为空气所破坏所摧毁。这件事，若径从普通空气和其他气体方面来看，由于它们太精微的缘故，亦是不能显示在感官面前的。但是若通过影射或借观的途径，则我们亦可想见这件事会到怎样的程度。我们可以从有些液体如水银、油或水等所发生的情形，可以从空气散入水中生起水泡而发生分裂的情形，还可以从比较浓厚的烟的情形，最后还可以从空气中尘土飞扬的情

① 参看二卷三六条最后一例及其下有关的注说。——译者

② 弗勒注解说，所谓有生命的元精，培根认为系由空气和火焰所组成。——译者

形——我们可以从这些情形来想见这件事会到怎样的程度；而在所有上述情节中我们看到是没有合并现象发生的。可以指出，我这里所举述的这种借观对于当前的问题不是没有裨益的，只要我们首先辛勤地探明气体中究竟能否具有像在液体中所见到的那种独异性；如果能有的话，那么就可以并无不便地应用类推来把这些影射作为代用的事例了。

关于这些补救的事例，虽然我曾说它们只是在缺乏专用的事例时才作为最后的救援来提供消息，可是我还愿意人们了解，即使专用的事例就在手边，它们亦仍有很大的用处，我的意思是说在参证前者所提出的消息方面仍有很大的用处。关于这些，等我循着正当进程而讲到归纳法的一些支柱时，[①]还要更详细地加以论究。

四三

（二〇）分划的事例——这在另一意义上亦叫作唤醒的事例。所谓唤醒，是指它唤醒理解力；[②]所谓分划，是指它分划自然界；根据后一意义我有时又把它叫作德谟克利特式的事例。[③] 这种事例能使理解力想到自然界中奇妙的精微，从而刺动它，唤醒它去注意，去观察，并作适当的查究。例子有如下述：一小滴墨水竟会布

---

① 参看二卷二一条。按照原计划，这一部分即紧排在享有优先权的事例之后，但培根终未写出。——译者

② 克钦注解说，有些事物极为精细隐微，往往逃避开人们的注意；这种事例则迫使人们去加以注意。——译者

③ 克钦注明，这是指其原子论而言，参看一卷五一条。——译者

作如许字迹或线条。受镀的银子竟可展作很长的镀金的线。[①] 像在皮肤中所见的那种极小的蠕虫[②]竟亦具有元精,并且还有变化过的组织。一点番红竟能染红一大桶水。一点麝香或香猫的泌液竟能熏遍一大片空气。一炷香竟会弥漫成如云的烟气。差别极细的各种声音,例如音节繁促的口语,竟可通过空气而播向四面八方,甚至即在相当减弱之后还可以穿过木头和水的隙孔;并且竟还发来回声,而回声竟也极为清晰和迅速。光和颜色竟能以很大的速度,在很大的范围内,带着很丰富精妙的多种影像来穿过玻璃和水这些结实的质体,并且还经受弯折和反射回来。还有磁石的活动竟能透过一切种类的物体,甚至最紧密的物体也能透过。综观上述种种,尤其奇怪的是一方面它们像是都通过一个一视同仁的中间物(如空气便是),一方面它们各自的活动却又互不相涉。这就是说,在同一时间之内,空气的空间中竟涌过这样多触目可见的物象;[③]入耳清晰的音节;扑鼻可辨的多种香气,如紫罗兰、玫瑰花等等的香气;加之以冷热的感觉;此外还有磁石的影响:一切(我说)都同时并进,而彼此互不相妨,仿佛各有各的道路和途径,从不互相顶撞在一块。

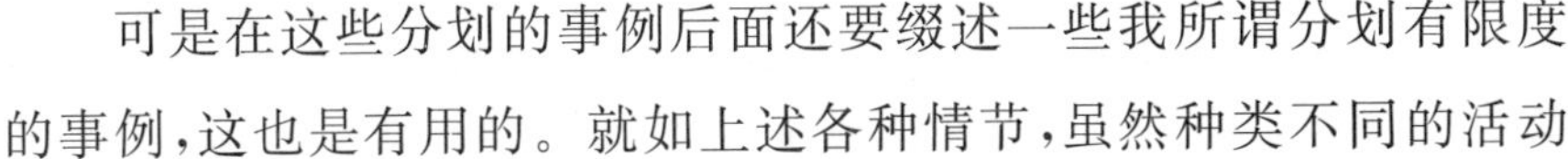

可是在这些分划的事例后面还要缀述一些我所谓分划有限度的事例,这也是有用的。就如上述各种情节,虽然种类不同的活动

① 沃莱斯顿(W. H. Wollaston,英国物理学家兼化学家,发明明亮摄影箱和角度计。——译者)将金线裹入银的圆筒中,把它们一起抽出,然后用热亚硝酸把银分解掉,即得极其精细的金丝:这个方法或许就是由这里得到提示而想出的。

② 参看二卷三四条下有关的注。——译者

③ 弗勒注明,旧时有一种视觉理论,谓发射物或者影像系由外在对象投出而传给眼睛;培根这句话中的用语尚带有此说的痕迹。——译者

是互不相扰，互不相妨，但同一种类的活动却有一个压倒以至湮灭另一个的情形。[①] 例如日光足以掩灭萤光；炮声足以压沉杂声；浓香足以压倒柔香；强热足以压倒微热；又如一片铁置于磁石与另一块铁之间亦足以破坏磁石的活动。[②] 关于这一点，我也要在适当的地方即在讲到归纳法的一些支柱时再来加以讨论。

四四[③]

关于帮助感官的事例已如上述。这些事例，在我们的题目上说来，其主要的用处是在知识部分；因为知识是以感官为起点的。但我们整个的任务应归宿于事功。如果说知识乃是事情的开端，那么事功就是事情的终结。因此我们还要进而讲到那种对于动作部分特别有用的一些事例。这有两类，其数凡七，而亦可冠以一个总名叫作实践的事例。动作部分的缺陷不外两类，因而事例方面

① 弗勒注明，这种现象当然是由于当一种感官受到高度的刺激时同类另一低度的刺激对它就不产生影响。参看二卷四〇条第七点下有关的注。——译者

② 弗勒指出，这个例子要加上某些条件限制才算真确。一块磁石能发展其磁性于铁中(这叫作磁性的传授或感应)，因而那块铁本身也变成一块磁石，往往转过来又资助另一块铁，如此递传下去，视磁石的力量和铁块的大小如何而定。我们看到铁屑怎样黏附于磁石，就是这个原理的一个习见的例证。但是当然，磁性的传授是有限制的，系列中的最后一块铁，由于本身所感带的磁力极其微弱，便不能资助另一块铁。这就成为培根在这里所举的例子。但还有这样一种更常见的情况：第一块与磁石相接触的铁或由于其本身体积大，或由于磁石力量小，或由于其本身体积既大而磁石力量又小，一开头就不能支持什么重量。培根心目中所指的更许是这种情况。——译者

③ 以上所述二十种事例属于优先事例的第一部类，即关于知识的一类。自本条以下，入于第二部类，即关于动作的一类，也称为实践的事例。这又分为两部分：一是帮助动作免于失败的，统称为数学的或计量的事例；二是为动作减轻负担的，统称为嘉惠的或仁慈的事例。参看二卷二二条下有关的注。——译者

的优先权也就相应地分为两类。动作方面的缺陷一则是使我们归于失败，二则是使我们负担过重。先说动作的失败（特别是在各种性质业已经过辛勤的查究之后），主要原因乃在不善规定和计量物体的力量与活动。说到对于物体的力量与活动的规限和计量，不外通过四条途径：一是通过空间上的距离，二是通过时间上的点刻，三是通过量的集中处，四是通过性德的突出点。[①] 我们若不把这四点考量得很好和很仔细，那么我们的科学虽或在理论上弄得不错，但在实践上一定是无效力的。根据这个观点，我就把对这四点有用的四种事例归为一类，统称为数学的事例或计量的事例。

说到动作使我们负担过重，这不外三种情况：一是有无用的东西混杂在内，二是使用工具太繁，三是某项特定工作所需要的质料和物体太大。[②] 因此，针对这些情况说来，凡有事例能够把实践导向对于人类最为有用的对象，或是能够使动作少用工具，或是能够节省质料和供应，那就应当认为是宝贵的事例。我把对这三点有用的三种事例亦归为一类，而统称为嘉惠的或仁慈的事例。以上七种事例，我现在就要分别加以讨论，并以此来结束我的题目中关于事例的品位或优先权这一章节。

四五

（二一）测竿或尺度的事例——这亦叫作范围或界限的事

① 下文二一至二四这四种事例分别相当于这四点，读去自明。——译者

② 下文二五至二七这三种事例分别相当于这三点，读去自明。——译者

例。[①] 我们知道，事物的能力和运动之发挥作用与发生效果是在一定距离点上，不是无定限的或偶然的，而是有定限的和固定的。因此，在查究各个性质时要查明并注意这些距离，对于实践是最有益处的，不仅足以防避实践失败，并且能够扩展和增加它的能力。这使得我们有时能够扩展能力所及的范围，也可说是把距离缩短，如使用望远镜就是一例。

大多数能力是在明显的贴靠下才发挥作用和发生效果的。例如两个物体之相撞，若非彼此接触，则一物便不能把另一物推开。又如外敷的药物，像药油和膏药之类，若不接触身体，便无从施其性德。再如味觉和触觉的对象，若不与相应的器官接触，亦不会打动那些感官。

亦有一些能力是在一定的距离外发挥作用的，虽然那距离很小。关于这些能力，迄今还只观察到少数，虽然实际上一定比人们

① 克钦注明，这种事例是就空间对事物的关系来计量事物，例如各种天文仪器，温度计，六分仪等等。关于精确计量的价值及标准，可参看赫薛尔所著《自然哲学论》第一一五节至一二四节。

弗勒引 Playfair 的话来批评培根在方法方面的缺点说："关于培根的方法问题，我还要指出另一点，就是他对于尺度的事例也即那种能对物理数量提供准确计量的事例没有予以足够的重视。他把这种实验仅当作有助于实践的事例来加以介绍；其实这在归纳法的理论部分或在确认事物的原因种本质方面实具有无限的价值。举一例来说，物理天文学中发现了一条重要真理，就是月亮系靠引力之力而留存在其轨道之内，而同一力量在地球表面上则引使石头下坠到地。这个命题，不论还有人怎样疑其为不真，若要加以解证，却非靠那种能对数量予以准确的几何计量的观察和实验不可。首先必须把地球的半径，下坠物体在地球表面的速度、月亮的距离以及月亮在其轨道内的速度这四项因素以极大的准确性判定下来，还要把它们合起来用某些从运动法则演绎出来的定律来加以比较，然后才有可能发现出上述两个力量之间的关系。这个发现一经做出，还跟着带来了解证的证据。这样看来可见尺度的事例，在这里和在许多其他情节上，在物理的理论部分当中是具有极端的重要性的。"——译者所臆想的要多得多。举普通的例子来说,如琥珀或黑玉可以吸草;水泡彼此靠拢时就各使对方解体;①某些泻药能引人体当中的体液下降;②以及类此等等。还有磁石吸铁以及两磁相吸的那种磁力,亦是在一个固定而狭窄的活动范围之内来动作的;③至于如果有从地球(在表层底下一点)④放出的磁性,在指极性方面起作用于一个钢针,这种活动却是在很大距离之外来动作的。

再看,如果还有像地球与重物体之间,或月球与海水之间(这从每半月发生的来潮与退潮看来是极其可能的),或恒星界与行星之间(后者被前者吸升至远地点)那种借感应而动作的磁力,这亦必是在极大距离之外来动作的。⑤ 此外还有某些物料能在老远以外着火,如人们告诉我们说巴比伦那里的石油精就曾发生过这事。还有热亦能渐及于很远的距离;冷亦是这样,甚至在北冰洋碎裂飘浮着的冰块经大西洋而飘向加拿大海岸时,加拿大的居民在很远距离之外就能借它们所发出的冷气而觉到它们。香气(虽然其中看来总有某种实体的发射)也能在相当远的距离之外作用于我们的感官,凡航行于佛罗里达或西班牙某些部分的人们都感到这一

① 参看二卷二五条末尾有关的注。——译者

② 旧时有一条医学理论,谓脑为鼻涕发源和所在地;鼻涕从脑部下注,遂在其他器官中引起疾病——catarrh(黏膜炎)一字犹存有此说之意。某些泻药则据称能引鼻涕下降。培根的这句话即承袭此说。

③ 弗勒注明,关于两块磁石之彼此相吸,参看吉尔伯忒所著“De Magnete”第一卷第五章。——译者

④ 弗勒注明,参看前注同书第一卷第一七章。

地球可比作一块极大的磁石,其磁极虽有偏差,总多少接近于地极,其中性线则以颇大程度的锐角与赤道相切。——译者

⑤ 弗勒注明,参看二卷三六条(第三例)和三七条及有关的注。——译者

点，因为那里有成林的柠檬、橘子和类似的香树，还有成丛的迷迭香、薄荷和类似的香草。最后还有光的照射和声的感印亦都是在极大距离之外来动作的。

但不论这些能力的活动距离是大是小，它们总之都是有限的，亦是固定于事物的性质之中的。因此它们亦各有其一定而不可逾越的限度。这个限度不是依据受作用物体中的物质和体积或数量，就是依据起作用的能力的强弱程度，再不然就是依据能力活动于其中的中间物的助力或阻力；这三点都是应当加以考察并拿来计算的。此外，所谓强力运动如投射物、枪弹、轮盘等等运动的能量，既然它们同样有其固定的限度，亦是应当加以考察和加以计算的。

我们也看到某些运动和性德在性质上与上述那种要借贴靠而不能在距离外来动作的运动和性德正正相反。这就是说，有些运动和性德要在一定距离之外而不能在贴靠之下来动作；也有些运动和性德是当距离愈短时动作愈弱，当距离愈大时动作愈强而有力。例如视觉的活动在贴靠之下就动作不好，必须要有间介和距离才行。不过关于这一点，我记得有一位诚实可信的人曾确切地告诉我说，他本人曾因患白内障而受眼科手术，当一根小银针插入眼中第一层膜以图把翳膜挑开并推向眼角时，他竟极其清楚地看到那针掠过瞳人。① 这事也许是真的，但若说到大的物体，若非达到眼珠这个圆锥体的顶点，即对象发来的若干条光线在一定距离之外辐辏于那一点，则显然是不能看得清楚的。还有老年人看东

① 克钦指出，这个病人的这一宣称恐无多大价值。——译者

西，稍稍有点距离就看得较好，十分贴近反而不行。又如投出的东西，若在太小的距离之内，其撞击力反不及稍稍远些之强。[①] 这些以及类似的事物就是要就距离方面来计量运动时所应注意考察的。

还有一种本位运动的计量亦不可略而不论。这就是要计量那种非前进的而系圆圈式的运动，亦就是要计量物体之扩张为较大的圆形或收缩为较小的圆形。因为在运动的计量当中，我们必须探究物体（依其性质）对于压缩或扩展能够从容自在地禁受到什么程度，要探究它到哪一点上就开始抗拒，直至最后不能再多禁受。例如一个吹起的尿脬受压时，它可以容许把空气压缩到某种程度，但如果压力再有增加，空气就不能禁受，而尿脬也就破裂。

关于这事，我还曾用一个精细的实验来更加准确地试过一回。我拿一个轻而薄的金属小盅，就像餐桌上盛盐用的那种小器皿，把它口朝下扣入一盆水中，这样它就把腔中所含的空气亦带到水底了，在盆底预先摆下一个小球，把小盅落在它身上。于是我就看到，如果这球是小得与盅腔相称，那么空气就把自己收缩在较小的空间，只是拥挤在一块，而并不排挤出来。但如果这球太大，使空气退让也不自在，那么这不能忍受更大压力的空气就把小盅顶倒在一边，而自身则升到水面成为气泡。

我不仅试验了空气所能禁受的压缩，我还试验过空气所能禁受的扩展。这是用下述的设计来进行的。我拿一个空的玻璃制的

① 克钦指出，事情并非这样。起首的速度总是最大的，除非一个球是向下运行的。——译者

蛋状物，其一端有一个小孔，以猛力经小孔把空气吸出，立即用手指堵住小孔，把它放进水中，然后移开手指。于是我就看到，空气既经抽吸而扩展到超过其自然的体积，这时就挣扎着要往回收缩（假如这玻璃蛋不是投入水中，它就会带着嘶嘶之声把空气吸进去），于是就吸进充分的水以使自己能恢复其原有的范围或体积。①

由上所述，我们已经确知比较稀薄的物体（如空气）是容许收缩到可观的程度的。但可触物体（如水）之忍受压缩则困难得多，只能到较小的程度。至于它们究竟能够忍受到什么程度，我曾用下述实验作过一番查究。我做了一个空的铅球，约可容两个品脱的水，其厚度亦足能禁受相当大的力量。我在球身钻一个孔，把水灌满在球内，然后用铅汁把孔封上，这时球身已成为十分坚实的了。然后我便用重锤把球身的两对边砸平。这样一来，水就必然紧缩在较小的空间之内，因为只有球形才是容量最大的形状。后来连锤击都不能使水再退缩了，我还用石磨或压机再压，直到水再也不能忍受更多的压力，竟至透过坚实的铅而渗出来，像细的露珠一样。我于是就来计算经锤压而失去的空间，从而得知这就是水忍受压缩的程度，而这只是在猛力拘束之下才能达到的程度。

说到比较更坚实、更干或更紧密的物体，如木头、石头和金属

① 这个解释是完全不能令人满意的。一种真确解释的依据应是空气压力的原理，则这条原理看来确是直到托里切利（Torricelli，一六〇八年至一六四七年，意大利物理学家。——译者）才第一个提了出来。这个试验如果是在虚空中做的；那么水就不会进入蛋内，除非蛋是投到可观深度的水中，或者蛋内真空的情况比所描述的办法能够做到的要完善得多。

之类，它们所能禁受的压缩或扩展则比水还要少，并且是很难感觉到的。因为它们在受到这两种力量时，不是用破裂开的办法，就是用向前移的办法，再不然就是用其他种种努力来把自己解脱出来；像在木头或金属的弯折中，在借弹簧而运动的钟表中，在投射物中，在锤击中，以及在无数其他运动中，都显示出这些情形。所有这些事物以及对于它们的计量，我们在查究自然当中都应当加以勘探和予以规定，做得精确固好，用估计的办法或用比较的办法也好，这就要看情节所容许了。

四六

（二二）时序的事例——也叫作滴水的事例，这是借用古时那种贮水而非装沙的钟漏的意思。这种事例是以时间的刻来计量自然，正如测竿的事例是以空间的度来计量一样。一切运动或自然的活动都是在时间中进行的；有些较快，有些较慢，但无不依事物性质之规定而有其固定的时刻。即使那些看来是骤然的和（如我们所说）瞬间的活动，在延续方面也是有度可计的。

我们首先看到天体旋转的完成是可以时计的；海潮的一来一退亦是这样。一切重物体向地和一切轻物体向天运动的完成，固随所吸动的物体以及它们运动所经的中间物而有不同，亦各有其一定的时刻。他如船的行驶，动物的行动，掷射物的由一点到另一点，亦都是在时间中进行，而其时间（在积累下）亦是可以计量的。说到热，我们常见孩子们冬日在火焰中浴其双手而不见灼伤。我们还见玩把戏的人能以敏捷而平衡的运动把贮满酒水的杯子倒过来又翻回去，而液体并不洒出。其他类似的事情还有很多。至于

物体的收缩、扩张和爆发，依照物体和运动的性质，有的虽然比较慢，亦是在一定的时刻之中来进行的。声音亦不是例外。例如炮弹爆炸，声闻三十英里以外，靠近发炮地点的人就比距离较远的人先能听到。甚至视觉，其活动算是最快的，看来也需要一定的时刻才能完成。例如有些东西运动得太快——像短枪发射的子弹便是这样——，我们就不能看见。其原因就在枪弹过眼所占的时间比视觉所得影像产生印象所需的时间要少一些。

这个事实连同其他类似的事实时常引起我的一个奇怪的怀疑，即不知那云净星明的天容还是当其存在时立刻就为我们所看见，还是稍后才为我们所看见；这亦就是要问，在我们观看天体方面是否有实在的时间与看到的时间之差，一如天文学家们要计算实在的位置与看到的位置来校正视差那样。若说天体的影像或光线能经过这样广大的空间立刻传到我们的视觉而不需要一段可觉察到的时间来旅行到我们眼前，我曾认为这是太不可信的事。我曾疑心实在的时间与看到的时间之间总有一段可观的间隔。但是这一点怀疑后来完全消除了。[①] 因为以后我想到，距离已使星的真体与我们所看到的影像相较之下在量上看来有无限的损失和无限的缩减；因为我同时还注意到，仅仅是白色的物体尚能在很远的距离外(至少六十英里外)立刻就为我们地球这里所看到，而天体的光在照射力上无疑不仅比鲜明的白色要高出若干倍，就是比我们所知道的各种火焰的光也要高出若干倍。再说，从天体日转所显示的其本身运动的那种高速度(这一点曾使一些持重的人们都

① 培根在瞥见这一真理之后，在这里又让它从手里滑脱掉了。

深感惊异，竟至因而宁愿相信地球运动说）来想，由彼而来的光线的这种突发运动（虽然我已说过其速度是可惊的）亦是更容易令人相信的。而最有力的理由在我看来还有一点，就是说，假如实在与视觉之间果真插有一段可觉察到的时间间隔，那么天体的影像势必要屡屡为在该时间中生出的云彩以及中间物中的类似障碍所遮断所扰乱了。以上专论对于时间的简单的计量，就讲到这里。

但我们不仅要就一些运动和活动自身来加以计量，更要着重就其相互间的比较来加以计量，因为这种计量有其卓越的用处和极其广泛的应用。我们知道，炮弹发出，我们是先看到闪光而后听到炸声，虽然炮弹必然是先击动空气然后后边的火光才能发出。这看来是由于光的运动比声的运动较快的缘故。我们还知道，视觉之接受可见的影像比消除它们要较快一些。例如一条琴弦经以指弹动后，看来就像有两条或三条；这是由于旧影像尚未消逝新影像又已来临的缘故。又如一个戒指旋转起来，看去就像一个圆球；夜间持火把疾行，看过去就像火上有个尾巴；其道理亦都在此。[①] 伽利略的关于来潮退潮的学说亦是建筑在各种运动速度不平衡这一点上面的；他假定地球转动得较快，水跟不上，因而水就先挤作一堆而后又降下来，就像一盆水在迅速荡动时的那种情形。[②] 但

---

① 培根对这里所列举的现象都给了正确的解释，只有关于振动中的琴弦一点，其解释不全完整。他所讲的那种分明的或似乎分明的影像，是与振动中的琴弦的一定部位相应的。

② 这样陈述伽利略的潮水学说，是不准确的。据这个学说说，潮水是由地球表面上不同之点的变异着的速度所引起，而变异着的速度则起于地球的两种运动——即绕其轴心和遵其轨道两种运动——的组合。培根似乎没有看到，要解释潮水，这两种运动是主要的。

应指出，他的这一设想乃是根据一个不能被人认可的假设即所谓地球运动说的；而且他对于海潮的每六小时一次的运动亦是知之不详的。

要说明我现在所论究的对于运动的比较计量法——不仅论究这事情本身，而且还论究到它的卓越的用处（这在上文刚刚说过），一个显著的例子便是用火药开矿。在这里，我们看到只要用极小量的火药就能把极大量的土石、建筑等等翻倒并抛掷到空中。其原因无疑是在这里：驱迫着的火药中的扩张运动比抗拒着的重力的运动要快许多倍，以致先发的运动在反对的运动尚未开始时已经过去，因此一开头抗拒就几乎等于零。又如关于投射物，我们知道把物体抛得最远的不是沉重的一投而是锐而快的一射，其原因亦在此。还有动物身体中为量甚小的动物元精，特别是就着像鲸鱼或象那种身量庞大的动物来说，若非由于元精运动甚快而躯体进行抗拒甚慢之故，那是不可能带动偌大的身量并使它俯仰自如的。

自然幻术（我现在就要谈到它）总是以小量的物质来克制和支配远较大量的物质。这种动作实亦以此点为其主要的基础；就是说，它总是设法使两个运动之一借其较高的速度在另一运动未及活动之前就发动起来并取得效果的。

最后还要指出，这种最先与最后之别在每一自然活动上都应加以注意观察。例如炮制大黄，首先提炼出来的是它的泻性，以后才是敛性。又如在用醋来腌紫罗兰时，亦看到类似的情形：花的甜香的气味先被提吊出来，然后则提吊出其比较尘浊的部分，而那就破坏了香气。因此之故，所以若把花在醋中浸上一整天，所提收的香气反要大见薄弱;而如果把花只浸一刻钟就取出来,再换浸新花(因紫罗兰中的带香元精是很少的),到六次之后,浸渍的结果就会丰富到这样的程度,虽然花浸醋中(不论怎样换浸)总共也不过一小时半的工夫,可是劫留下像紫罗兰本身那样浓厚的最宜人的香气直到整整一年之久。但应注意,这香气是要到离这次炮制一个月之后才能把它的全部力量集拢起来。再如,在拿香草捣碎在酒精当中来进行蒸馏时,我们看到首先出现的乃是一种无用的水质的黏液,然后是含有酒精较多的水,最后才是含有香气较多的水。在各种蒸馏当中,像这类值得注意的事实还可以看到很多。现在作为举例,说到这里也就够了。

四七

(二三)分量的事例——这亦叫作自然的剂量(借用医药学的一个名词)。[①] 这种事例是依物体的分量来计量附存于其中的性德,并表明性德的方式依靠物体的分量到怎样程度。首先,有某些性德只附存于一种宇宙性的分量,即那种与宇宙的组织结构相应和的分量。例如地球是竖立不摇的,其各个部分则要下落。又如海水才有来潮退潮,河水除由海涌入外则是没有的。其次,几乎一切特定的性德都是依物体分量之大小而活动的。例如,大量的水腐臭得慢,小量的水腐臭得就快。酒和啤酒,酿于瓶中的比酿于桶中的要先熟,先可以饮。草若沦于大量液体之中,所得到的是泡的

① 克钦指出:这种事例是要计量出量对力的比率。这对化学和药物学特别有用,正是这种比例的准确性才使化学成为一门真正的科学。——译者

作用而不是浸的作用;若沦于小量液体之中,所得到的则是浸的作用而不是泡的作用。同样,对于人的身体来说,盆汤沐浴是一种效果,微水滴洒是另一种效果。又如轻露从不由空气中降落,而是分散和融合于空气之中。再看嘘气于宝石之上,那微薄的潮气随即消逝,有如风散轻云一般。再举一回磁石,一片碎的磁石就不能像一块整磁石吸引那样多的铁。以上是一方面的例子。另一方面,亦有一些性德却因量小才有较大的效果。例如要钻一个东西,尖的头比钝的头钻得较快;又如一块磨尖的金刚石能够切削玻璃;以及类此等等。

我们还不可停留于这种无定限的关系之中,而要进而探究一个物体的分量与其性德的方式之间具有什么比例。人们会自然地相信二者是相等的,譬如说,假定一个一英两重的枪弹落地需用若干时间,那么一个二英两重的枪弹落地就要快一倍;但事实并非如此。[①] 再说各种性德对分量的比例又是各不相同,并且差异很大的。因此对于这些的计量都必须求之于实验,而不可求之于似然或揣度。

最后还要指出,在查究自然时,我们必须确定物体要产生何种结果需要有何等分量(亦可说是药剂);还必须随时警戒,不要太多或太少了。

---

① 克钦指出:这里关于物体降落的速度的说法是饶有兴味的,这表明培根虽未提到伽利略,却愿意接受他的一些原理。亚里士多德的一条教题认为,重量不等的物体以不等的时间在相等的距离中降落;伽利略实为勇敢地否定这一教题的第一人,他提出的证据就是那次著名的实验,即把一个十磅重量和一个一磅重量同时从帕沙(Pisa)的斜塔上掷落下来。——译者

四八

（二四）斗争的事例——这亦叫作优胜的事例。[1] 这种事例指示出各种性德相互之间的优胜与屈服；指示出哪些性德是强而得逞的，哪些性德是弱而退让的，因为物体的运动和努力亦有其复合、分解和错综关系，正不亚于物体本身。因此我要首先举陈运动或活动性德的主要种类，以便把它们集在一起而就着力量这一点来更清楚地加以比较，并从而把斗争的或优胜的事例指出和指定得更加明确。

第一种运动是物质中的抗拒运动。[2] 这是物质的每一个别部分所固有；物质凭着它才绝对地拒绝遭受消灭。任何火，任何重量即压力，任何强暴，以至任何长时间，都不能把物质的哪怕是极小极小的任何部分化为无，它永远总有在那里，永远总占着某些空间。你无论把它置于何种窘境，它总会借改变形式或改变位置的方法把自己解脱出来。如果这些都不行，它就原封不动存在下去。总之它绝不会走到无有或无所在的途径上去。这种运动，在经院学者们（他们几乎总是从事物的结果及其所不能方面而不是从其

---

① 克钦注明，参看二卷二四条。

克钦还指出，有些事例，培根称为“抗拒”的事例，是很对的；至于又都赋予一个属名，叫作“运动”，那就不大对了。“运动”这个名词这样用来是很含混和不恰当的——它包括到多种抗拒性和“惰性”的趋势，包含着一切质体普遍具有的抗拒消灭的性德。运动，作为一种极其简单的动作来加以界说，如伊壁鸠鲁（Epicurus）定为“地点的变易”，那是正确的。——译者

② 拉丁本原文为 Motus Antitypioe。第一个使用这名词的是亚里士多德。

（克钦注道：Antitypioe 意为物质的不灭性，是我们所知的一种普遍的性质。——译者）

内在原因方面来给事物命名和下定义的)说来,就是“两个物体不能同在一个地方”这条原理,或者就叫作“防止体积相入的运动”。[①] 关于这种运动,没有必要来举什么例子,因为它是每一物体所固有的。

第二种运动是我所谓之连接运动。这就是说,物体不能忍受把自己在任何一点上从与另一物体的贴靠中拆离开来,仿佛深以相互连接相互贴靠为乐的样子。这种运动在经院学者们说来就叫作“防止虚空的运动”。[②] 例如水被吸起或在唧筒中的时候,肌肉为吸血器所拔的时候,便都表现出这种运动。又如罐头上若仅凿一孔,其中的水就停着不流出来,非把罐口打开让空气进入才行。此外还有无数同类的例子。

第三种运动是我所谓之自由运动。[③] 这就是说,物体总是要逃脱非自然的压力或张力而恢复到适合于自己的性质的体积。关于这类运动,我们亦有数不清的例子。先看逃脱压力方面,如水在经人游泳和有船划过时的运动,空气在有物飞过和有风荡动时的运动,以及钟表当中发条的运动,便是一些例子。这里我们还可举一个小小的例子,那就是从孩子们的气枪来看空气受压时的运动。孩子们常拿一条赤杨枝或类似的东西,把它挖空,两头各用软木塞或类似的东西堵住;然后用枪杆把一头的软木塞或不论什么塞子推向另一头,那一头的塞子就砰然一声发射出去,可是它还没有接

① 克钦注明:参看二卷三六条第六例。

② 克钦注明,参看一卷六六条。——译者

③ 克钦注明:这里所谓“自由”即伸缩性的动作。——译者

触到这头的塞子或枪杆。至于说到逃脱张力方面，如经过抽吸而存留在玻璃蛋内的空气便显示着这种运动；又如弦、革和布在张紧后都要回跳，除非经长久持续而受有太大的力量；此外还有许多类似的现象都显示出这种运动。这类运动在经院学者们说起来时是名为“依照四大元素性的法式的运动”。这个命名真可谓“不思之甚”了，因为这类运动并非水、火和空气所特有，而是各式各种坚实的质体如木、铁、铅、布、羊皮纸等等所都有的；这些物体在体积上都各有其适当的限度，在这限度以外是不易再把它吸拔到什么可观的程度的。由于这个自由运动在所有运动中最为显著，又有其无限的应用，所以我们如果是明智的话，就该把它很好地辨认清楚。有些人竟极其粗心地把这个运动与上述抗拒运动和连接运动混在一起，就是把逃脱压力与抗拒运动混为一谈，把逃脱张力与连接运动混为一谈；好像是说，物体受到压迫时之所以退让或扩张乃是为要避免体积的相入，受到擀张时之所以回跳和收缩又是为要避免虚空的出现。其实，如果空气在受到压迫时有意要把自己收缩到像水的密度，或是木头在受到压迫时有意要把自己收缩到像石头的密度，那就根本不必要有体积的相入，可是倒会有远远大于这些物体所实际受到的压力。同样，如果水有意要扩张到像空气的稀度，或者石头要扩张到像木头的稀度，那就根本不需要有虚空随之而来，可是倒会有远远大于这些物体所受到的张力施加在它们身上。由此可见，物体是永不会弄到体积相入或虚空出现的地步，除非凝化和稀化达到极限；而我这里所说的两种逃脱运动则离那两个极限还很远很远，还只不过是物体所具有的两种欲求，就是物体要在其固结状态中（或者说是要在其形式中，假如经院学者们

喜欢的话)来保存自己;就是物体借缓和办法和感应作用来加以改变外是不愿骤然地离开固结状态的。还有一点是人们尤其必要知道的(因为许多事依据于此):所谓强力的运动[①](这在我们就叫机械的运动,但在德谟克利特——他在阐释他所说的一些基本运动方面是应当排列在甚至第二流哲学家以下的——却叫作鞭笞的运动)[②]不外就是这个自由运动,也就是逃脱压迫趋向松弛的运动。因为无论是在通过空气的仅仅一掷或者一串飞行中,若非被推动的物体的各个部分都被推动着的物体影响和压迫到超过其性质所能禁受的程度,就不会发生所谓移动或地位的改变。实在说来只有当每个部分前后相接都在推顶着下一个部分的时候,整体才运动起来;而它还不是仅仅向前运动,同时亦做旋转运动,这是由于各个部分亦图借此来解脱自己或把压力分配得较为平均之故。关于自由运动,我就讲到这里。

第四种运动我名之为**物质**运动。[③] 这种运动和上述第三种运动有几分相反。在自由运动中,物体是惧怕、厌恶、并躲避新的体积,或说新的范围、新的扩张和新的收缩(这些名词都指同一件事),并尽其全力来回跳,来恢复其原有的固结程度。与此相反,在

---

① 克钦注明,参看一卷六六条。——译者

② 拉丁本原文为 Motus plagae,在二卷三五条中已曾先见。英文本在那里则译作 motion of percussion,我据以译作撞击运动;在这里则译作 motion of stripe,我据以译作鞭笞运动:实则都应统一于前者。

弗勒指出,培根对于德谟克利特向来是评价很高的,很可怪,在这里却贬抑了他。——译者

③ 拉丁本原文为 Hyles。克钦注明,这是指扩张的能力,即物质在某种情况下要扩大其体积的趋向,例如热或各种爆炸物就有这种情形。——译者

物质运动中，物体则渴求一个新的范围或体积，并且会便当地、迅速地、有时甚至以最剧烈的努力（如火药的情况）奔到那里。说到这种运动的工具，有个工具虽非惟一的，但却是有力的，或至少是最普通的，那便是热和冷。例如，空气一经为张力所扩张，像在玻璃蛋中被抽吸以后那样，必在强烈欲求之下努力恢复其自身；但这时如果有热加来，它就反过来渴想扩张，渴求一个新的范围，并且很便当地就过渡到那里，过渡到一个新的形式（照他们的语法说）；而且在扩张到某种程度之后，它竟根本不想返还，除非再用冷去招它回头，而那已不是什么返还却是又一次新的变化了。同样，水经压力而收缩时，必进行抵抗，愿意恢复其原先较大的体积；但这时如有严酷的和持续的冷插入干涉，它就自发地、欣然地把自己转变到冰的密度；如果冷再继续下去，并且不被热所间断，像在入地到一定深度的窖室或洞穴当中那样，它还会进一步变成晶体或某种类似的物质，[①]永也不恢复其原来的形式。

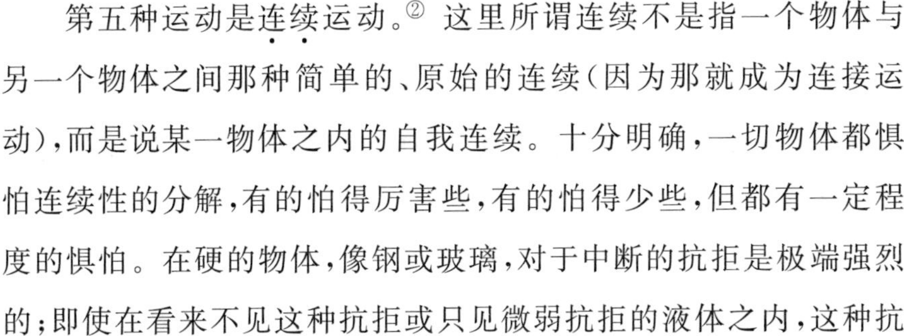

第五种运动是**连续**运动。[②] 这里所谓连续不是指一个物体与另一个物体之间那种简单的、原始的连续（因为那就成为连接运动），而是说某一物体之内的自我连续。十分明确，一切物体都惧怕连续性的分解，有的怕得厉害些，有的怕得少些，但都有一定程度的惧怕。在硬的物体，像钢或玻璃，对于中断的抗拒是极端强烈的；即使在看来不见这种抗拒或只见微弱抗拒的液体之内，这种抗

① 克钦指出，这样说明钟乳石的起源，真是古怪的武断，完全不对。——译者

② 克钦指出，这也绝对不是“运动”，而是凝集力吸引的结果，因有凝集力，同一块体的分子乃聚在一起。参看二卷二五条隐微的事例第一点。——译者

拒也不是没有，而是确然有在那里（虽然其力量是在最低的程度），并在许多动作中表露出来，如冒出气泡，滴作圆形，檐流缀成细线，胶液多有黏性，以及类此等等。我们如试图把中断活动推展到细小碎物上去，则这种抗拒倾向表现得尤为显著。例如在臼中捣物，粉碎至某种程度以后，杆捣便不能再发生进一步的效果；又如细小的裂缝能够拒绝水的钻入；甚至空气，尽管极其精微，也不能一下子就通过坚实器皿的罅隙，而只有经过长时间的渐透才行。

第六种运动我叫作谋得运动或有求运动。[①] 这就是说，当物体被置于一些异质的和敌对的物体之间时，它只要找得一个机会可以逃开它们而与另外比较亲近的物体（虽然这些物体与它并无密切的结合）联合，就要择取后者而加以拥抱，仿佛对它们有所需求而获得这个结合则算是一种利得的样子（这名称就是由此而来）。例如制成薄叶的金子或任何其他金属都不喜爱周围的空气，因此一遇到什么厚重的可触物体（如手指、纸片，你可随意来举），立刻就贴附上去而且还不易扯开。同样，纸、布和其他类似的东西亦和寓居在其细孔之中的空气不相投契，因此它们都乐于吸收水或其他潮气来排逐空气。又如一块糖或一块海绵，一头浸入水中或酒中，一头高出水面很多，它们亦会把水或酒逐渐地吸到上边来。[②]

---

① 克钦指出，这可叫作择取运动，就是说，物体有一种倾向，要与某一些质体相结合而不与另一些质体相结合。在这一项目之下可列入所有化学上的亲和力（例如空气中的氧对铁）。培根对这些当然都不了解，也不了解毛细管的吸引作用，却把它们与物质的这种选择性混为一谈。古老的交感与反感说在培根心目中有很大的重量，虽然他也知道它们带有不少梦幻之想。——译者

② 克钦指出，这是由于毛细管的吸引力。——译者

由此我们就可在拆解和分解物体方面推得一条极好的规律。这就是说(且不提那种能为自己打开道路的腐蚀剂和强水),某一坚实物体如果找到另一物体,对于它颇相适合,并比那作为必要性而与它混合着的东西较为协调和较为亲近,那么它立刻就自启自弛,把后者排逐出来,把前者接纳进去。还要指出,这种谋得运动亦非仅在直接贴靠之下才有其活动或存在。例如电(关于这个东西,吉尔伯忒及其后继的人们曾撰出许多故事),就不外是物体经轻柔摩擦的刺激后的一种倾向,即不善容忍空气而只要有其他可触物体近在身边就要加以择取的倾向。[①]

第七种运动我叫作大趋聚运动。[②] 这就是物体趋向性质与自己相像的大量块体的运动;就是重物体趋向地球,轻物体趋向天边的运动。对于这种运动,经院学者们曾用自然运动一词来加以指称。这是出于肤浅的考虑:不是因为外面没有明显的东西能够产生这种运动(所以他们就设想这种运动是内在于事物本身之中,如事物本身所固有的),或许就是因为这种运动永无消歇。这个亦无足怪,因为天和地是终古常在的,而大多数其他运动的原因和根源则有时出现,有时不见。因为这种运动永无消歇,而当其他运动消歇时立刻就被觉到,于是他们就认为它是永久的和固有的,而一切其他运动则是外加的。应当指出,这种运动从事实看来可是真够

① 克钦指出,这是真够大胆妄为的了,所谓"物体经轻柔摩擦的刺激后的一种倾向"云云,在与吉尔伯忒的小心而真确的试验相比之下,可以说没有照见什么真理。——译者

② 克钦注明,这是指凡本质相同的各别物体在置于相近地位时,都有趋于结合的倾向,例如两滴水银相靠近时,就互相吸引,合而为一。参看一卷六六条。——译者

微弱和迟钝的，除在体量相当大的物体外，它一遇到其他运动在动作着的时候，总是尽让和屈从于它们的。人们尽管专注于这一运动甚至几乎看不到一切其他运动，可是所知却微乎其微，因为他们在这方面是纠缠在许多错误之中的。

第八种运动是小趋聚运动。[①] 这是说，一个物体之中的同质分子要与异质分子分离开来而自己结合在一起；这亦是说，整个的物体之间因质体相类之故而相互拥抱和相互怀蓄，有时并从相当距离外相吸相收到一起。例如牛乳在摆过一刻之后，乳精就升到上面来；而在酒，糟粕则沉到底下去。这并非仅因轻重的运动之故致使有些分子上升有些分子下沉，更主要的原因乃在同质分子有聚在一起和结为一体的欲求。这种运动在两点上是不同于上述有求运动的。第一点，后者之中有一种恶意的相反性质作为一个更强的刺激物，而在这个运动之中（只要没有什么东西阻碍它或束缚它）分子则是以友谊而联合，即使在没有异己性质来挑起斗争的情况下也是如此。第二点，这里的结合较为亲密，亦可说像是经过较多的选择。在上述有求运动中，只要躲开敌对的物体，本无密切关系的物体也会聚到一起；而在这个运动中，各种质体则是借密切关系为纽带而牵在一起，亦可说是合为一体的。还要指出，这种运动寓存于一切复合物体之中，若不是物体中还有其他倾向和需要来加以束缚抑制，来干涉所说的这种结合，它是会很便当地把自己表

① 克钦注明，凡同质分子一经混合就结在一起，这种情状多数都可用比重来解释。另外，一些化学手段也可用以说明，例如碳酸放进石灰水时就构成石灰的碳酸盐。——译者

现出来的。

说到对于这种运动的束缚,一般不外来自三条途径:一是物体的钝性,二是一个有势物体的阻遏,三是外面的运动。先说物体的钝性。很明确,每种可触质体当中都或多或少寓有某种懒性,厌恶地位的改变,因此除非受到刺激,总是宁愿照原样停留下去而不肯变到更好的地步。要除掉这种钝性,可以借助于三个事物:或是借助于热,或是借助于同族物体的突出的性德,或是借助于活跃而有力的运动。说到热在这方面的帮助,我们知道,正是根据这一点,所以逍遥派曾把热界说为"分离异质分子而聚集同质分子的东西";而这个定义是遭受到吉尔伯忒的正当嘲笑的。他说,像这种界说殊无异于把人界说为种植小麦和种植葡萄的东西,这乃是单就结果而且单就那些特定的结果来下的定义罢了。而且这个定义还有一点更为糟糕的错误,这就在于:像它所举的那些结果又并非出自热所特有的本性(因为冷亦同样能做这事,我在后文将有说明),而只是间接与热有些关系;那些结果乃是原于同质分子具有联合的欲求,热不过只是帮助除掉原先束缚着那个欲求的钝性罢了。至于说到从同族物体的性德方面得到的帮助,这由装铁磁石可以看得很清楚。在那里,磁石刺动了所装的铁的性德,使它借质体的同类性来拘留另一块铁;这亦就是说,铁的钝性是被磁石的性德驱除掉了。再说到由运动得来的帮助,这从木箭射木之例可以看到。我们知道,一支木箭要比一支装上钢头的箭入木较深,这是由于质体同类之故;而这亦就是说,木头的钝性是被疾急的运动驱除掉了。这两个实验是我在前面关于隐微的事例的那条语录中已

经说过的。[①]

再说有势物体的阻遏对这个小聚趋运动所造成的束缚。这从冷对于血和尿的分解作用中可以看到。我们知道，只要那些物体什么时候还充满着活跃的元精——那是作为整个物体的主宰在命令着和约束着其他一切种类的各个分子的——，其中的同质分子由于受到约束之故就老不能聚到一起；可是一当元精被蒸发掉或被冷所窒毙的时候，分子由于从约束中得到解放，就按照它们自然的欲求来聚到一起。我们看到，凡含有一种奋争的元精的物体（像盐和类似的东西）都能保持原状而不趋于分解，亦就是由于有个有势力的、发号施令的元精在贯彻其稳固而持久的约束之故。

再说到外面的运动对这个小趋聚运动所造成的束缚，这从动摇物体足以防止腐坏一例中可以看得最为明白。我们知道，一切腐坏都有赖于同质分子的聚合，由那里才逐渐发生旧形式（他们这样称呼它）的坏灭和新形式的生成。因为腐坏是替新形式的产生铺平道路的，但须以旧形式的解体为前奏，而这事本身却正是同质分子的聚合。那如果不遭到阻碍，实在就是一种简单的分解；但如果遇到各种各样的障碍，所发生出来的就是腐坏，而这乃是一个新的产生的初形。但是假如（这是现在问题之所在）有外面的运动经常在进行骚扰，那么这样聚合的运动（这是一种微妙而柔弱的运动，需要得到外面事物的宁静）就被扰乱而停顿下来，像我们在无数事例中所见到的那样。举例来说，如把水每日加以搅动或使之流通，就能防止它变成腐臭；又如风足以免除空气的染疫；又如仓

① 克钦注明，参看二卷二五条。——译者

中积谷若经常翻动便能保持纯净；总之一切东西若从外面受到摇动就从里面腐坏得比较缓慢。

最后我还不能不提到，物体中分子的聚合又是形成硬化和干化的主要原因。我们知道，一当元精或变成元精的潮气从某一多孔的物体（如木头、骨头、羊皮纸以及类似的东西）逃出之后，那比较粗壮的分子就以更加剧烈的努力来相吸相收到一起，从而就生出硬化或干化的结果。这种结果，我认为其大部分原因是在这个友谊和结合的运动，那个防止虚空的连接运动则关系较少。

至于说到物体从距离外的聚合，那是罕遇的，但也比一般观察所及的要多。我们看到，水泡足使水泡解体；泻药借质体的同类性能引体液下降；一个提琴的弦能使另一个提琴的弦响作同调：这些都可说是这种运动的例解。我猜想这种运动在动物的元精中亦很得势，虽然我们一无所知。无论如何，它在磁石和磁化了的铁当中总是再显著不过的。现在我们既提到了磁石的各种运动，我们就应当仔细地加以辨别。磁石中有四种性德或四种动作，不应当混淆而应当分别开来，虽然人们在惊异与赞叹之下一直把它们混为一谈。第一种是磁石对磁石的吸引，或磁石对铁的吸引，或磁化了的铁对铁的吸引。第二种是它的指极性，同时亦带有磁针的偏角。第三种是它透过金子、石头、玻璃以及每个东西的能力。第四种是它从石到铁和从铁到铁传送其性德但却不传送其质体的能力。但我现时在这里所说的却只是这四种性德中的第一种，即它的吸引力。另外还有一个极堪注意的事例，就是金子与水银之间的吸引运动：金子甚至对已经制入药膏的水银还能加以吸引；我们又常见在水银蒸气之间进行工作的人们口中总衔一块金子，用以吸收那

不然就要钻入脑袋和骨头的蒸气，而这样一来那块金子也就立刻变成白色。以上是讲小趋聚运动，就到这里为止。

第九种运动是磁性运动。[①] 这种运动虽然和小趋聚运动属于同类，但若考虑到它是在远距离外并系对大的块体进行动作；特别是若考虑到它在大多数场合并非以贴靠开始，亦不像一切趋聚运动那样导向贴靠，而是除把物体提起或使物体扩张而外便再没有什么；那么就值得来作一番分别的查究。譬如说，月亮把水提起或使潮湿的东西扩张；又譬如说，星界把行星吸升到它们的远地点；再譬如说，太阳把持着金星和水星，使它们的离角永远不能超过一定的度数；——所有这些运动像是就不能恰当地归入大的或小的趋聚运动之内，而却像是一种中道而变的和尚未完成的趋聚运动，因此它们自己就该单另构成一个种别。

第十种运动是逃避运动。[②] 这种运动是小趋聚运动的正反面；这就是说，物体出于一种反感要逃开敌对的物体，亦要使敌对的物体躲开，总之是要把自己与它们分离，或说是拒绝和它们掺在一起。这种运动虽然在某些情节上看来像是小趋聚运动的一个偶变或结果，因为同质分子要聚合便自然不能不赶掉和排出异质分

---

① 克钦注明，这是试图以磁性来解释引力的某些或然的（在培根看来只是或然的）真理。——译者

② 克钦注释说：这里是对现时所谓“拒力”的一种粗略的描述。牛顿的试验证明，一片透镜放在一块平玻璃上，总保持着一英寸的一三七分之一的距离。这种拒力的起因或许是“热”这个奇妙的质体，假如热可算物质的话。鲍斯可维奇（Boscovich，一七一一年至一七八七年，意大利数学家、天文学家、物理学家）认为，构成物体的许多原子以因距离不同而强度和种类各异的力量彼此相互作用着。关于拒力的一个最好的明显的例证就是两个相同磁极的互拒作用。——译者

子，但是我们仍应把它划开，把它形成一个单独的种别，因为在许多情节上看来，逃避的欲望比结合的欲望要占优势。

这种运动在动物的排泄物中是突出地显著；在对于一些感官特别是嗅觉和味觉方面有气味的东西中亦是这样。例如臭的气味是这样为嗅觉所深恶痛绝竟至借感应作用在胃口上引起一种恶逆运动；又如辣的和苦的滋味是这样为腭或喉所深恶痛绝竟至借感应作用而引起摇头和噤战。其他事物当中亦有这种运动，可以从某些形式的反动看出。① 例如在空气的中界那里的冷就像是从天体范围排出冷性的结果；又如地下的很大热气和燃烧亦像是从地球内部排出热性的结果。因为热与冷之间，当小量时就相互杀灭；但如系大量仿佛形成正式两军时，其冲突结果就是轮番相互排逐，取彼此之地位而代之。我还听说，肉桂皮和其他香料若放在旁近地沟和恶臭的地方，其香气就保持得较久，因为香气不肯发出来与臭味相掺和的缘故。至于水银的情形是极其明确的，它依其自己是愿意复合为整个一片，但唾沫、猪油、松油以及类似的东西能阻止它这样做；这是由于水银的分子对那些物体有不良的感应，因而一有它们布在周围它就引退不前；由此亦可见水银分子要逃避那些阑入的物体的欲求比要和同类分子结合的欲求还要强烈。而这就叫作水银的受克。再看油与水不能混合的事实，这并非单纯由于比重不同，而也是由于这两种流质相互间感应不良之故，从酒精比油还轻可是却与水混合得很好这个事实一看就明白了。但这种逃避运动的最显著的表现还在硝石及类似的粗物体之憎恶火焰，

① 克钦注明，参看二卷一二条第二四例以及二卷二七条。——译者

如火药、水银、金子便都是这样。至于铁之逃开磁石的一极，据吉尔伯忒很好地说明，那严格说来不能算是逃避，而是在另一个更便利的情势中的一种契合和会聚。[①]

第十一种运动是同化运动，[②]或者叫作自我增殖运动，又或者叫作简单的生殖运动。我这里所指的不是完整物体（如植物或动物）的生殖，而是组织上有一致性的物体的相生。这就是说，这种物体把与自己有关的或至少是深深倾向于自己的另一些物体转变为自己的质体和性质。例如火焰临到气体和含油的质体时，就把自己增殖而生新的火焰，空气临到水和含水的质体时，也把自己增殖而生新的空气；[③]植物和动物的元精临到其饲料中的或是水质或是油质的较精分子时，亦要把自己增殖而生新的元精，而植物和动物的坚实部分，如花、叶、骨、肉以及类似的东西，则如别从其饲料的汁液来化生新的质体以补充其所失。在这里，我劝大家谁也不要相信巴拉西萨斯[④]的异想天开的说法（我猜想他是让他的蒸馏法蒙住心了），竟以为营养是只由分化而得；竟以为面包和肉食当中含有眼、鼻、脑、肝的成分，在土壤的潮气当中亦含有根、叶子和花的成分。他的意思是说，正如艺匠用分化的办法亦即用削弃

① 参看吉尔伯忒的《磁论》(*De Magnete*)第二卷第四章。——译者

② 克钦注明，一一至一三这三种运动都属这一类。所谓同化运动，如化学物品从别的物体中分解出与自己近似的分子和元素而加以同化，例如火焰耗用各种物体中的氧；还有一例，如胃接受并应用一切能转化为血液的东西，类此等等。——译者

③ 参看二卷三六条最后一例及其下有关的注说。——译者

④ 克钦注明，巴拉西萨斯(Theophrastus Paracelsus)卒于一五四一年。他的体系对医学有重要关系。他颇称敏锐；在化学知识方面是超越其时代的。但他的学说则最为放诞，诚如培根称为“异想天开”。他总是要在自然界的大宇宙之间做出类比。——译者

多余之物的办法从石头或木头的粗块刻出花、叶、眼、鼻、手、足等等，同样生命原理这内在的艺匠亦用分化和排去糟粕的办法从食物引生出人身的各个肢体的部分。撇开这类毫无价值的话不谈，有一点却是极其明确的，就是说，植物和动物的各个部分，类同的和有机的都一样，首先以一定程度的选择来吸收饲料中的汁液——这是大家尽同或几乎尽同的——，然后把它加以同化，转为它们自己的性质。这种同化或简单的生殖还不仅发生于有生命的物体，无生命的物体中亦有这种运动，如方才说过的火焰和空气便是。再说，每一可触的有生质体中所含的无生命的元精亦经常地从事于消化较粗的分子，把它们转为元精，以便后来加以发射；而由此就发生减重和干化的结果，像我在别处所说过的。还有一层，在提到同化时，我们亦不可把积成(一般是把这和滋荣分别开的)和它分开；例如石头之间的黏土积久就固结而转成石质；又如牙齿上的垢壳积久就转成与牙齿本身一样坚硬的质体；以及诸如此类的情形。总之，我的意见是说一切物体之中都寓有一种要同化的欲求，亦有一种要与同质质体相结合的欲求；而这一性德亦是受到束缚的，正和后者一样，不过束缚所施的办法不同。关于这方面束缚所施的办法以及怎样逃避它们的方法，我们都应当竭尽辛勤来加以查究，因为这是有关于老年生命力的重燃的。[①] 最后还有值得注意的一点是，在上述十种运动中物体都似仅仅要求保持自己

① 克钦指出，培根满怀古代炼丹术士延年益寿的信条。他对自己的健康深抱幻想。在“Sylva Sylvarum”一文中，他讲到不少关于饮食等方面的津津有味的想法。——译者

的性质，而唯独在这第十一种运动中物体却是要求繁衍自己的性质。

第十二种运动是**诱发**运动。[①] 这种运动似乎属于同化运动一类，我有时也用那个名字来称它。因为它和同化运动一样，亦是散播性的、传递性的、转移性的和繁殖性的；并且在结果方面亦和后者大体一样。不过二者在产生结果的方式上以及在题材上则有所不同。以方式说，同化运动仿佛是以权威和命令来进行的；它命令和强迫所同化的物体转成进行同化的物体。而诱发运动则可以说是用技巧借渐诱来进行，并且是偷着来的；它只是把所诱发的物体招引到和安排到进行诱发的物体的性质。以题材说，同化运动所增殖所转化的是物体和质体，譬如说，较多的火焰、较多的空气、较多的元精、较多的肌肉是生殖出来了。而在诱发运动中所增殖所转变的则只是性德，譬如说，生出了更多的热，更多的磁力，更多的腐坏。这种运动以在热和冷当中为特别显著。热在致热于一个物体时，并不借传送原热而散播其自身，而只是把物体的分子诱到那种作为热的法式的运动，就是我在关于热的性质的初步收获中所说过的那种运动。正因如此，所以要在石头中或金属中来诱发热就比在空气中要慢得多和困难得多，原因就在那些物体不适宜于和不便当来接受诱发运动。由此亦可想到，地球腹中也许会存在着一些完全拒绝受热的物质，因为它们经过较紧的压凝会完全丧失这种诱发运动一般所借以开始的元精。同样，磁石对铁也能赋

① 克钦注明，这是指诱发和散播一种性质的倾向，如热之散播，又如磁石把自己的性质给予铁而自身却并不失掉它。——译者

予其分子以一种新的秉性和一个相应的运动而丝毫不损失磁石自身的性德。同样,面素、酵母、凝乳以及某些毒药之分别在生面、啤酒、干酪和人身中诱发和引出一种连续不断的运动,也是由于被诱发物体本身的预秉和轻从性者较多,出于诱发物体的力量者较少。[①]

第十三种运动是感染运动。[②] 这种运动亦属于同化运动一类,亦是散播性的而且是最精微的散播性的运动。但我仍认为宜把它另列为一个单独的种别,因为它与前两者之间有一点显著的不同。简单的同化运动是把物体本身实际上转化过来了,所以可以移去原动者而无妨于后生者。例如先头一次的点着火焰或者先头一次的转成空气,对于后头生出的火焰或空气就并无影响。同样,诱发运动亦能在原动者撤走之后还继续一段相当长的时间。如一个受过热的物体在原热移去之后,一块磁化了的铁在磁石撤去之后,一碗生面在面素撤出之后,便都是这样。感染运动可就不同了。它固然亦是散播性的和转移性的,但像是永远要依赖着那原动者,那原动者一经移去或停止发生作用,它立刻就衰退而告结束;因此它的效果必定是只产生于一瞬,或至少是只产生于一段很短的时间。根据这种区别,所以我把同化运动和诱发运动叫作鸠壁特的嗣子式的运动,因为其所生是可以存在下去的;至于感染运动则叫作萨特恩的嗣子式的运动,因为其所生是立被吞噬和吸食

① 这里所提出的学说与同题的一些最新观点几乎相同。

② 克钦注明,所谓感染运动,是指原动体之传送推进力不能一时或停,如光线就是这样。——译者

掉的。这种运动显示在三件事物上：一是光线，二是音的振荡，三是磁力的表现，都是就其传递影响一点而言的。例如你若把光线移去，颜色和光的其他影像就都立刻不见。又如你若把原始的撞击以及由此而生的物体的震荡取消，音响不一刻就消失下去。音响在行经其中间物时虽为风所扰动，像波浪推进的样子，可是我们必须仔细地注意到，那原始的音响并非随共鸣之持续而始终存在的。[①] 你把钟撞响一下，音响像是持续颇长的时间；这就容易引得我们错想，以为在这整段时间中音响仿佛是浮在和挂在空气之中；其实这完全不合于事实。因为共鸣并非那原来的同一音响，而是它的重出；试把被击的物体稳定下来，就可以辨清这一点。例如把那被击的钟抱紧使它不能颤动，音响就立刻完结，亦不再起共鸣；又如带弦的乐器，若在一弹之后再以手指(如对于竖琴)或以羽茎(如对于小瑟)把弦索轻触，则共鸣亦就立刻停止。再说磁力的表现，磁石一经撤去，铁块立即坠落。至于月亮诚然不能从海上撤去，地球诚然亦不能从下坠的物体撤去，因而我们就无法对那些情节试行实验，但原则总是一样的。

第十四种运动是配置或自位运动。在这种运动中，物体像是并不要求与其他物体结合或分开，而是要求得到位置，要求配置于其他物体之间，与它们并列。这种运动是一个很难解的运动，人们也不曾好好地加以查究。在某些情节上它简直像是没有原因可说，虽然我相信实在并非如此。人们若问天体旋转为什么要由东

---

① 克钦指出，关于声的传播，培根认为是由一点到一点地前进，他称之为“共鸣”。这样，他看来已行进到“声的波动说”的边沿了。——译者

到西而不是由西到东，若问天体转动所绕的极为什么靠近大小熊星而不靠近猎户星或在天的任何其他部分，这似乎是近于发疯，因为我们对那些现象只应视为观察的结果和就是那样的事实而予以接受。不过我要指出，固然自然界中无疑有某些事物是最后的而不能更有原因的，但上述那一层我认为却并不在其列，我以为那是为宇宙的某种谐和性和感应性所造成，不过还不曾为我们所察及罢了。[①] 而且即使我们承认了地球的运动是由西到东，同样的问题还依然存在。因为它还要绕着某个极而运动；而我们也就还可以问，这极又为什么在其所在而不在任何别的地方呢？[②] 另外还有可以归到这种运动的则是磁石的指极性、方向性和偏角。此外，在自然的和人工的物体之内，特别是在固体之内，分子间也有某种并列和位次，并有一种经纬和组织；那也应当仔细地加以查究，因为若不懂得这些，便不能方便地来处理或管制那些物体。至于流质中的打漩运动，那是分子受压，在未获解放前要相互拯救，以便大家平均分担压力；则以归入自由运动较为恰当。

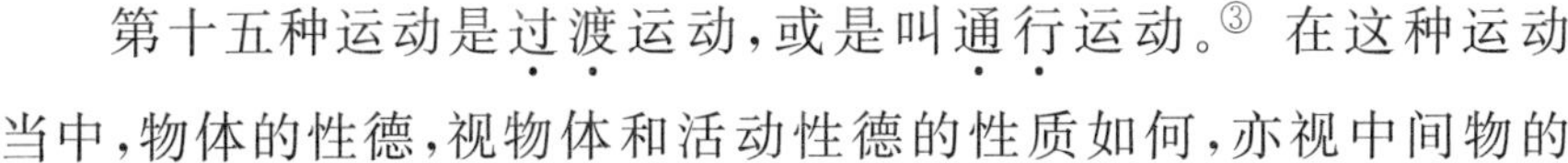

第十五种运动是**过渡**运动，或是叫**通行**运动。[③] 在这种运动当中，物体的性德，视物体和活动性德的性质如何，亦视中间物的

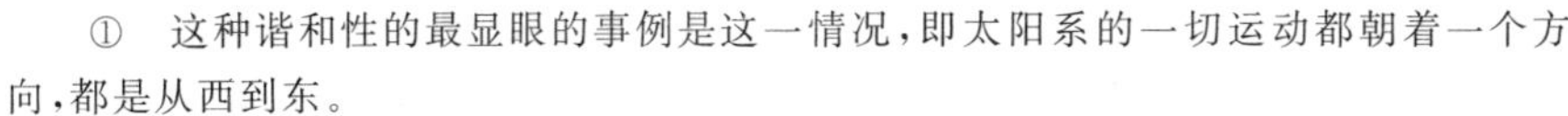

① 这种谐和性的最显眼的事例是这一情况，即太阳系的一切运动都朝着一个方向，都是从西到东。

（克钦指出，万有引力的发现已说明了这一点，虽然不是像培根所想的那样。——译者）

② 这段话表明培根不懂得极并不是固定在什么地方的；换句话说，他对岁差是无所认识的；这就进一步证明他对于数理物理是多么不够注意。

③ 克钦指出，在此项下可以列入有关力学中所谓“阻力介质中的运动”的讨论。——译者

性质如何，或多或少要受到中间物的阻碍或者促进。例如，一种中间物适于光，另一种中间物适于声，又一种中间物适于冷热，又一种中间物适于磁性，类此等等。

第十六种运动是王权的运动（我这样说），或者叫作政权的运动。① 在这种运动当中，物体中占优势的、统治的分子约束着、镇服着、压制着、管理着其他分子，迫使后者或合或分，或止或动，以及怎样排列，并不依照后者自己的欲求，而是看怎样可以有助于统治分子的福利；所以说统治分子像是凌驾于屈服分子之上的一个政府或政权。这种运动在动物的元精当中是突出地显著；在那里，元精只要老是活跃有力，就总在节制着其他分子的一切运动。在其他物体当中，这种运动亦以较低的程度表现出来；例如我曾说到血和尿，那亦是要直到调和和维系其各个分子的元精放射出去或熄灭下去之后才会解体的。这种运动还不仅限于元精，虽然说在大多数物体之中元精由于具有迅疾而锐利的运动之故总是成为主人。在具有较大密度而不饱有活跃元精的物体当中（例如在水银和硫酸中），其较厚重的分子则成为主人；以致这种物体非至借某种办法摆脱这个羁绊和束缚后便很少有什么新的转化的希望。应该说明，既然这里整节所举的一系列的、分门别类的运动都不外是要借着这些斗争的事例来更好地查究运动的优势，而我现在忽又提到运动自身之中的优势，希望读者们不要以为我把论点都忘掉了。须知我在描述这种王权运动时，我所论究的不是运动或性德

① 克钦注明，这一种是很模糊不清的，指的是物体中占统治地位的力量或性质控制着一切其他力量或性质。——译者

的优势，而是物体中分子的优势，正是这点优势才使得现在讨论中的这个运动成为一个特定的种别。

第十七种运动是自发的旋转运动。[1] 在这种运动当中，凡乐于运动和所处地位便于运动的物体可以任其本性，顺己而行，求欢于其自身，而不必依随其他物体。物体看来不外是要做无端极的运动，或者是完全保持静止，再不然就是趋向于一个端极，到那里后则视其性质如何而或转或止。凡物体处于便宜地位，如果乐于运动，它就以圆圈的形式来动，而这就是永恒的和无限的运动。凡物体所处地位虽然便宜，但却憎恶运动，它就保持静止。至于那些不处于便宜地位的物体，则以直线的形式(作为最短的途径)来进行运动，以与和它自己性质相同的物体联合起来。可以指出，这种旋转运动在以下九点上是容有不同的：一是物体运动时所绕的中心；二是物体运动时所依的极；三是物体运动时所形成的圆周或轨盘，视其与中心的距离如何而定；四是速度，视物体旋转急速程度的大小而定；五是物体运动的途程，如由东到西或由西到东便是；六是物体运动离却正圆形的程度，视螺旋线对中心点距离多少而定；七亦是物体运动离却正圆形的程度，这是从螺旋线对于极距离多少来看的；八是这些螺旋线彼此相互之间距离的大小；九是各极自身的变异，假定极亦会动的话；不过这一点除与圆圈形式的旋转外是概无关系的。还要指出，这种旋转运动，在一般的和久已公认的意见说来，是视为天体所固有的运动，虽然古代近代有些主张大地亦在旋转之说的人们在这方面亦曾起过严重的争论。我以为在

① 克钦注明，参看二卷五条末尾及二卷三六条第二例。——译者

这里另有一个问题(假如还不是已成过去的问题)倒是较为恰当的,那就是要问这种旋转运动(且承认地是静立不动的)是否仅限于天体,是否还可下传到空气和水。至于投射物的旋转运动,如标枪、矢箭、枪弹等等的运动,我是把它归到自由运动当中的。

第十八种运动是振荡运动。[①] 这种运动,若照天文学家们所理解的来说,我是不大相信的。但若到处仔细索查自然物体的倾向,那么这种运动就呈现在我们面前,并且似乎应当单独成为一个种别。这乃是可以称为永久监禁状态的一种运动;这就是说,当物体尚未十分找到自己的正当地位,却又不是完全不安,只是永在不停地震颤着和动荡着,既不满足于现状而又不敢再向前进,这时就出现这种运动。像这样的运动,我们在动物的心脏和脉搏中可以见到。一切物体,凡处于便与不便之间的中间状态,一经搅动就奋求解放,重被击回则又永在力试者,亦必然都现出这种运动。

第十九种也即最后一种运动虽难符于运动之名,但不容争辩也是一种运动,我把它叫作安息运动或恶动运动。[②] 如大地块体静立不动,而其端极则动向中心——不是趋于一个假想的中心,而是趋于聚合——,就是出于这种运动。[③] 又如一切具有相当密度的物体都憎恶运动,亦是出于这种倾向。实在说来,这些物体的惟一倾向就是要求不动。纵有千方百计挑诱它们运动,它们总是尽

① 克钦注明,对于这种运动,培根是不大相信的。不过,脉搏似乎可以提到这里而列为运动之一种。——译者

② 克钦指出,这里仍使用"运动"一词,正标志着培根在文体方面的粗疏。这实际上是"惰性",称为运动,可谓古怪的运动。——译者

③ 克钦注明,参看二卷三五条。——译者

其所能保持固有的性质;即使被迫动起来了,又总像是愿求恢复其静止状态而不再动下去;至于在要求恢复静止的努力当中,它们却表现活跃,却以足够的灵敏和迅捷进行争取,好像迫不及待刻不容缓的样子。应当指出,关于这个倾向,我们只能看到部分的表现。因为在我们这里,由于天体的杀减和调制的力量,一切可触质体不但不能压缩到极度,而且甚至还掺有一定部分的元精。

如上所述,我已经举陈了自然界中最普遍的一些运动、倾向和活动性德的若干种别或单纯成分。在那些标题之下,自然科学的不小一部分亦已经勾画出来。但我的意思却不是说再无其他种别可以增添,亦不是说我所作的这些区划就不能另依照自然界的真正脉络而画得更加精确,就不能再减到较小的数目。值得注意的却是,我这里所说的并不是任何抽象的区划;并不像有些人那样说物体有的是要求其性质升华,有的是要求其性质繁衍,有的是要求其性质享有成果;亦不像另一些人那样说事物的运动有的是趋赴宇宙的保存和利益,如抗拒运动和连接运动便是,有的是趋赴巨大整体的保存和利益,如大趋聚运动、旋转运动和恶动运动便是,有的是趋赴特殊形式的保存和利益,如静止不动便是。因为那些论断纵然是真的,可是若不用物质中和自然结构中的真实画线来加以界定,它们便只是揣想的而没有什么用处。还要指出,我所举陈的这些,就着我们当前的目的说来,即就着考量各种性德的胜败从而找出斗争的事例这一点说来,已经是足够并且是很得用的了。

我所举陈的这些运动,有些是颇不可战胜的;有些是较其他运动为强,束缚着、限制着、摆布着其他运动;有些比其他运动走得较远;有些在速度上超过其他运动;有些则是在护持、加强、扩大和加

速其他运动。

抗拒运动是完全牢不可破和不可战胜的。连接运动是否亦是这样,我还不能确定。因为我还没有把握能够确定地说是否有一种虚空,无论是集于一块或者是散于物体的孔罅之间。[1] 但有一事我则确信无疑,就是,刘开帕斯和德谟克利特[2]倡导虚空说时所持的理由(就是说,若是没有虚空,那么同物体就不能有时拥有和充塞着较大的空间,有时拥有和充塞着较小的空间)乃是虚妄的。因为物质明明能够于空间中在一定限度内把自己或舒或卷,并不需有一块虚空插入帮忙;因为空气中并没有比金子中大两千倍的虚空——那若照他们的假设则是应当有的。关于这一点,我是从气体的性德的有力(不然气体就会像微尘一样飘浮在空的空间之中)和其他许多证据中获得充分的确信的。至于其他各种运动,它们是视其气力、数量、速度、发射力以及所遇助力或阻力的对比而迭为统治者和被统治者的。

例如,有些装铁磁石能够吸住和吊起比自己重六十倍的铁;在

---

① “vacuum permistum”是指散于物质隙孔之间的虚空,“vacuum coacervatum”则指清楚的空的空间。关于这二者的区分,参看亚里士多德的《物理学》第四章第七节。培根不止一次提到过的亚力山大力亚的英雄(Hero of Alexandria)同意承认前者而拒绝后者。参看“Spiritalia”一书的引言。

(克钦注道:在这里,培根似乎怀疑通常所谓虚空是没有根据的。而他所谓“集于一块的”和“散于物体孔罅之间的”虚空又是什么意思呢?在下文二卷五〇条中,他讲到“散于物体孔罅之间的空气”(aer permistus)和“集于一块并围绕四周的空气”(aercoacervatus et circumfusus),前者意为掺杂于粉状物质中的空气,后者则意为空气成为一块,围绕并覆盖着这种物质。我贸然分别试译为“部分的虚空”和“完全的虚空”。按:查拉丁本原文中(二卷五〇条第一种方式)有此字样,英译本在该处未予照译,似属疏漏。——译者)

② 克钦注明,参看一卷五一条。——译者

这限度内小趋聚运动制胜了大趋聚运动;但重量若再增加,它就被克制下去。一架有一定力量的杠杆能够举起一定的重量;在这限度内自由运动制胜了大趋聚运动;但重量若再增加,它就被克制下去。一张皮革能够展至一定的程度而不破裂;在这限度内连续运动制胜了紧张运动;但张度若再增加,皮革就告破裂,那就是连续运动又被克制下去。又如水能够从一定大小的裂缝流出;在这限度内大趋聚运动制胜了连续运动;但裂缝若是较小一些,前者就让位而后者则得逞了。假如我们只把炮弹和硫磺装入炮内,用火柴去燃放时便不能把炮弹发射出去;这是大趋聚运动制胜了物质运动。但如果实以火药,那么,硫磺中的物质运动由于得到物质中各种运动和硝石中逃避运动的帮助就能得逞了。关于其他运动,亦可以照此类推。这样看来,这些显示出各种性德的胜败的斗争事例,连同其怎样或胜或败的情形与对比关系,实在是应当以敏锐而仔细的努力从各个方面来加以寻求和收集起来的。

同样,我们对于那些运动怎样败退的情形也不可考察得较欠仔细。这就是说,我们要仔细地考察它们还是完全停止了,还是仍在继续抵抗,但却被压倒着。因为在我们这里,物体无论就整体或就部分说来是没有真实的静止而只有表面的静止的。这个表面的静止不外出于两种原因:或者是出于平衡,或者是出于某些运动的绝对优势;前者如天秤两端上的重量相等则天秤便静立不动;后者如带有小孔的水罐,由于连接运动占着优势之故,其中的水便保持静止而不外流。[①] 所应考察的是,我已经说过,这些退让中的运动

① 克钦指出,这里又看到培根缺乏关于空气压力的知识。——译者

进行抵抗到什么程度。譬如说，一个人被缚倒在地，捆住了手脚，或以其他方法绑紧，而他却竭尽全力要挣扎站起，这时他的抵抗虽不成功，但抵抗则并不消减。我想这件事的真实情况（我的意思是说，这退让中的运动在遇到他种优势时还是径被消灭，还是在我们不能看见之中继续进行抗拒），虽然隐蔽在各种运动的冲突之中，却或可在各种运动的会聚之中显露出来。举例来说，可借放炮来做试验。我们先看一尊炮可把一个炮弹直射多远；然后再试向上发射时的射击力是否较向下发射时为弱，因为向下发射时，引力运动是和这一射会聚起来了。

最后，我们还应把所见到的关于优胜的一些定则收集起来。举例来说，凡所追求的利益愈属普遍，运动就愈强而有力，这就是一条定则。例如，涉及全宇宙之所共享的连接运动就比仅仅涉及厚重物体之所共享的引力运动为强。又如，除开在小的数量之下，凡目的在于私的利益的倾向都很难胜过目的在于公共利益的倾向。顺便说一句，这些规律我希望亦适用于政治当中。[①]

四九[②]

（二五）暗示的事例——这种事例足以暗示或指出什么是对人

① 克钦指出，这里又看到培根喜作类比。……看来培根把这条放在很高的位置上，而其实是最坏的标本之一，因为其中充满着假象。其中划分出一些奇想的也是不必要的子目，并未辅以奇想的术语；而将“欲求”、“引力”、“交感”、“抗拒”和“惰性”等竟一概名之为运动。——译者

② 上文四五至四八这四条讲的是数学的或计量的四种事例。自本条至五一条三条讲的是嘉惠的或仁慈的三种事例。参看二卷四四条下有关的注。——译者

类有用的东西。我们知道，仅仅权力和仅仅知识固然能提高人性，但并不能赐福于它。因此我们还必须在全体事物中搜集那些对于人生最有用的事物。但要论列这些事物，须待我论究到实践上的应用时才是更适当的地方。此外，就在每一特定对象的解释当中，我也必留些地位给予有关人生方面的图表，也即人类所当愿望的事物的图表。须知作出明智的愿望正和提出明智的问题一样，也不失为知识的一部分。

五〇

（二六）多方有用的或普泛应用的事例[①]——这种事例关涉到多种多样的情节，并且是常常出现的；因而它使人们节省不少劳力和重新论证。若要述说工具和设计等项，须待我论到实践上的应用和实验的方式时才是适当的地方。而有些已被发现和已见应用的工具和设计并将于各别技术的特定历史中得到叙述。这里，我只就着它们概述几点，仅作为这种普泛应用性的举例罢了。

人们之施加动作于自然物体，除了简单地把它们或分或合而外，主要地不外七种方式：一是排去一切能对它们发生阻碍和发生扰乱的东西；二是加以压缩、扩展、激动和类似的动作；三是施用热和冷；四是使它们持续存留在一个适宜的地位；五是遏止和规限它

① 克钦注明，这是指广泛有用的，适用于多方查究工作的事物，其作用在于缩短查究的过程并使之易于进行。这种事例在这里不能全面地予以查究，因为它所涉及的几乎都与物理学的发现有关。——译者

们的运动；六是利用特殊的交感作用；七是适时地和适当地把上述这些办法或至少其中某些办法加以轮番使用，顺序使用和接续使用。

先说第一种方式。到处缭绕和到处挨入的空气以及各种天体所发出的光线就是产生很多扰乱的东西。因此凡有助于排除它们的事物就都有理由算在普泛有用的事物之列。例如我们在对物体施加动作时所用以盛放该物体的器皿的质料和厚度，又如借凝化和化学家们所谓封泥[①]来把器皿完全封闭的办法，都可列在这一项下。把液体倾注在质体的浮面来把它掩住，这亦是大有用处的事；例如人们把油倒在酒上或植物汁液上，它就像个盖子一样铺在表面上，极好地护住它们，使它们免于空气的侵害。还有粉状物亦是很不坏的东西；它们虽含有掺入其中的空气，却仍能排拒四周气体的力量；[②]我们常见把葡萄或其他果品保存于沙粒或谷粉之中，就是此例。若用蜡、蜜、松脂或类似的黏性质体敷在物体上面，借以把物体掩护得更加完密而与空气和天体相隔绝，那亦是很好的办法。我还曾把一个器皿或其他某些物体置入水银之中，试察它的效果，知道在一切能够用以环浸其他质体的质体之中，水银乃是密度最大的一种。还有洞穴和坑井，在阻隔太阳热力和侵蚀物体的无遮空气方面，亦有很大的用处；德国北部的人们即用它们来当谷仓。把物体沉浸水中，亦有同样的效果；我记得曾听说，有人把

① 拉丁本原文为 lutum sapientioe。克钦注释说，这是一种组分，用以严固地封闭器皿的孔隙。——译者

② 英译本在这里似有疏漏处，参看二卷四八条中有关的注。——译者

几瓶酒缒入深井之中去浸凉，因偶然疏忽之故而一置若干年，再取出时，那酒不但不曾变酸或变淡反而大见醇美；这看来是由于其分子有了更加细密的混合之故。再说，若是事情需要把物体安放在水底，譬如说安放在河底或海底，既不要接触到水，又不要封闭在堵严的器具之内，而要求周围只有空气；那么，有一种用以在水底对沉没船只进行工作的工具很有用处，它使得入水的人能够在水底存留一段长时间，不时呼吸空气。这机器是金属制成的一种空的钟形物体，把它与水面平行地沉下去，它就把所含的空气都带到水底。它是架在三条腿上面（像一个三脚架），其高度略低于人身；入水的人感到呼吸困难时就可把头伸入钟的空部，呼吸一下空气，再继续进行工作。我还听说有一种机器或说是一种船只能把人带在水底航行相当一段距离。① 既是这样，那么在这机器下边当然什么物体亦定能容易地悬浮起来；正是为了这一点我才来提到这一个实验。

仔细而完全地把物体封闭，这还另有一种好处。这不仅能防止外面的空气进入（这一点我已讲过了），而且还能在我们对物体内部进行动作时防止物体的元精向外逸出。我们知道，凡要对自然物体施加动作，必须能够确知它的质量；这就是说，必须做到没有东西蒸发掉或流出去。一方面有自然防止了任何分子的消灭，

---

① 据贝克曼（Beckmann）说，在近代，第一个明白提到潜水铃的是芬夏斯（Fainsius），见肖特（Schott）的引文。芬夏斯叙述过，有几个希腊人于一五三八年在脱雷豆（Toledo）地方向查理五世（Charles the Fifth）及其宫廷展出一具潜水铃。

英译本编者补注道：培根这里所说的比潜水铃又有进展，是一种潜水艇，如特律贝（Drebbel，一五七二至一六三三年，英国人，第一艘潜水艇发明者）在一六二〇年所展出的那种。培根另在“New Atlantis”一书中也提到这事，可参看。

同时有技术防止了任何分子的损失或逃亡，这样，而且只有这样，才算在物体中做了深刻的改变。在这一点上，人们中间盛行着一种错误的见解，那如果是真的话，就会使我们对于保存完量无所减损一层接近于绝望。这种见解就是说，物体的元精以及经高热而稀化了的空气，都不可能被保留在严封的器皿之内，而要从远较细微的孔罅中逃逸出去。引导人们形成这种见解的是这样两个常见的实验：在一只杯中点上一段蜡烛或燃着一片纸张，把它倒置水上，结果就把水吸起；同样，把一只吸血玻璃器就火上烘热，扣在肌肉上面，结果就把肌肉拔起。人们由这两个实验就想象说，稀化了的空气跑走了，空气的量从而减少了，于是水或肌肉才借连接运动而代入其地位。① 但这其实完全是误解。须知空气并非在量上有所减少，而是在空间上有所收缩；而且水的上升运动亦并非在火焰熄灭空气冷却之后才行开始；并且正因这样，所以医生们为使吸血器拔得更好起见还把凉水浸过的海绵蒙在上面。这样讲来，人们实在并无理由要这等担心空气或元精会容易逃出去。再说，即使说最坚实的物体也有孔罅这句话是真的，空气或元精也并不轻易遵行这个极其细微的交通路线，正如水也拒绝从很小的裂口流出一样。

说到第二种方式，特别应当指出，压紧和这一类的强暴方法对于本位运动和类似的运动方面，即如在机器中和投掷物中，实具有

① 克钦指出，培根的这个说明是错误的。空气受热而膨胀，于是有些空气跑掉了；然后，如把器皿口朝下放在水上或扣在肌肉上，并严密封住空气的入口，空气冷却时便自收缩，于是外面空气的压力就把水或肌肉驱入器皿之内，使之升起。——译者

最有力的效果，甚至足以造成有机体以及完全寓存于运动之中的各种性德的毁灭。例如一切生命，甚至一切火焰和燃烧，都可借压力来加以消灭，正如任何机器都会为压力所破坏和捣乱一样。对于寓存于位置和寓存于分子之间的较大相殊性的各种性德，压力亦同样能起毁坏作用。颜色方面就有这种情节；例如一朵完整的花在捣碎之后，颜色就与前不同；又如同一块琥珀，完整时与粉碎后颜色亦不相同。滋味方面亦复如此；例如一个生硬的梨和一个挤软了的梨滋味就不一样，这显然是经挤软过程而收聚了梨的甜味。但是说到要对内部结构一致的物体造成什么比较显著的转化和变易，这类强暴的方法就少能为力了；这类物体并不由此而获得一种常化的和稳定的新的凝固性，而只能获得一种过渡性的凝固，并且老是挣扎着要恢复和解放其自身。至于说到在那种内部结构只是近乎一致的物体（如空气、水、油等类）当中，凭借强暴方法而引起的缩聚或稀化究竟能否成为常化和固定并且竟变为一种性质，这却不可不做些仔细的实验来弄个明确。这可以首先借单纯的时间延续来试验，然后再借加施助力和感应作用的办法来试验。这一试验，在我（如上文所述）前用重锤和压机来压缩铁球中所装的水直至它从球身渗出为止的时候早就可以很容易地做出来了（只要当时我曾想到）。当时我该把砸扁了的铁球听其自然地搁置几天后再把水倒出，那样我就会看出水是否立即重复占有其聚缩以前的体积。假如它不曾这样，无论是立刻地或者是过了不久之后，那么我们就可断称这聚缩是常化了；假如它是这样，那么可见它又在恢复，而压缩则仅是过渡性的。同样，在我前就玻璃蛋中来扩张空气的时候亦早可做出与此同类的试验。当时我可以在把玻

璃蛋内的空气大力吸出之后猛然把它封紧；可以在封紧之后把它搁置几天；然后再把封口打开，看它是否亦带着嘶嘶之声重把空气吸入；还可把它投入水中，看它是否和另一未经延搁即行启封的蛋一样吸进同量的水。事情结果很会竟是这样，至少亦值得我们试验一下；因为对于内部结构并非十分一致的物体，时间的延逝是要产生这种结果的。即如一根木棍受压变弯，时间长了，它就不复回跳。但这种情况却绝不可解释为在时间延逝之中木头的量乃有所丧失；因为就一个钢盘来看，假如时间更增长了，亦会有同样的情况，而钢显然是绝不会有所蒸发的。这个实验，假如仅借时间的延续来看尚不能成功，我们也绝不应便率然放弃，而应当再用其他有助的办法来做。须知我们如果竟能借使用强力而传予物体以固定的和永久的性质，这收获可真是不小的。因为这样一来，空气就可借压缩而变成水，[①]其他同类的效果亦都可产生出来；而人类对于强力运动又是比对于其他运动能够掌握得多的。

第三种方式涉及无论在对自然方面或者在对技术方面施加动作时都称重大的工具，那就是要使用热和冷。应当指出，在这二者间，人类的力量显然是跛着一足的。在热这方面，我们有火，那比临及我们的太阳的热或者比动物躯体的热都强烈得不可以道里计。但在冷那方面，除开在冬季所得的或在洞穴中所得的或借冰

① 克钦引用《新工具述要》(*Account of the Novum Organum*)有用知识丛书(Library of useful Knowledge)本第二部分第三一页中的一句话注明："毕欧(M. Biot)最先证明这一设想是有根据的，他成功地借压缩氢和氧而造出了水。"参看赫薛尔的《自然哲学论》第三五八节。——译者

雪而得的之外，我们便别无所有；而这类的冷则仅略能和热带午时在山陵或墙垣反射之下而增强了的太阳的热相提并论，因为这类的热和这类的冷是同为动物在短时间内所能禁受的。但是它们都不能和熊熊炉火的热同日而语，亦不能和与此相当的何种冷度同日而语。由于热和冷的情况有此不同，所以我们间的一切东西都偏趋于稀化、干化和耗损；而很少有东西趋向于凝聚和软化，除非借用混合物和一些可称来路不正的方法。正因如此，所以对于冷的事例就更应竭尽一切辛勤来加以搜集。这种事例看来可以求之于如下等项：可以把物体在严霜之下暴置在尖阁顶上；可以把它们放置在地下洞穴之内；可以把它们放置在为此目的而掘筑的深窖之中并且围以冰雪；还可以把它们缒入井里；把它们埋在水银和金属之中；还可以把它们投入水中，那是能够使木头化石的；还可以把它们埋在地下，像中国人制作陶瓷时据说就是那样，听说他们把土坯埋入地下四五十年之久，成为一种人工的矿物，传给他们的子孙；此外还有许多类似的过程。再则，凡一切由冷所引起的自然的凝聚现象也都应加以查究，为的是知晓了它们的原因之后便可以用技术来加以模仿。例如我们常见云母和各种石头上发生汗渖；玻璃窗于一夜经霜之后清晨时便见里面凝有水珠；地下蒸气经冷就聚化成水，从而常常向上冒出气泡。举凡这一类的事物都是应当加以搜集的。

除开能够在触觉上引起冷觉的东西之外，还有一些具有冷力的东西，也能发生凝聚作用。但这类东西似乎只对动物身体发生作用；很少对其他物体发生作用。这在药物和膏药方面有许多事例；其中有一些是促使肌肉和可触分子凝聚的，如收摄性和凝敛性

的药剂便是；另一些是促使元精凝聚的，如催眠剂便最为显著。催眠剂之凝聚元精可有两条途径：一是镇静它们的运动，一是驱迫它们奔跑。例如紫罗兰、莴苣、干玫瑰叶以及类似的慈祥药剂，借其温存而柔和的清凉香气，可以促使元精联合，并将其急促无休的运动镇静下去。又如当人骤然昏厥时，以玫瑰水施于鼻孔，亦会使散掉了的和过于松弛了的元精恢复起来，仿佛是在扶养它们似的。但像鸦片和同类药剂，则是借其凶恶而有敌意的性质来驱迫元精拼命奔跑。因此之故，所以若把它敷于外部，则元精立即逃离该处，并且不易重行流入；若把它吸入体内，则它的香气一经升至头部即驱迫脑室中所含的元精散向各方。而这些元精，既已这样撤退，而又不能逃入其他部分，结果就集在一块而凝聚起来，并且有时极度窒息而消灭下去。[①] 但是另一方面，同样的鸦片，如果吸量适中，亦确能借其第二期的附性（这是指那继集拢之后而起的凝聚而言）来安抚元精，使它们变得更为健壮，并且遏止它们的无用的、上火的运动；因此它在治病和延寿方面，贡献亦是不小的。

此外，关于如何调配各种物体使它们便于接受冷冻一节，我们亦不可略而不谈。这有许多情况可说，我只提到一点：微温的水是比很冷的水较易冻凝的。

还要说到，既然自然所供给的冷是如此吝啬，我们就必须仿效

① 克钦指出，这样来描述鸦片的效果，是极端离奇和武断的，几乎可以认为巴拉西萨斯式的谚语之一，那在培根说起来总是十足轻蔑的。关于他对“元精”的观点，参看二卷二七、四〇条以及一卷五〇各条。——译者

制药者的办法——他们在得不到某种药料时就采用他们所谓之代用品，例如以沉香脂来代替某种香树汁液，以玉桂来代替肉桂。同样，我们亦应当四面细察一下，看看有没有什么能够代替冷的作用的事物，这亦就是说，要看看除冷具有引起凝聚这一本分的职能而外，是否还有其他能使物体凝聚的办法。以迄今所见而论，这类凝聚方法看来不出四种。第一种是借单纯的压缩来引起凝聚。这并不能使物体保持久常的紧度，因为物体是要回跳的，但若作为辅助的办法，或许也属有用。第二种是借物体中较精的分子于较粗的分子逃出之后发生收缩而引起凝聚，例如在物体受火变硬的过程中，在金属屡经骤冷的过程中，以及在类似的其他过程中，都有这种现象发生。第三种方法是，物体中有些最坚实的同质分子原先散处着，并与其他较欠坚实的分子混合起来，后来一经集拢，就产生凝聚现象；例如把升华在粉末中的水银恢复为单纯的水银，它就凝聚起来而不再延占那么大的空间；又如在一切提清金属渣滓的过程中亦都是这样。第四种是通过交感作用，借一些质体的某种隐秘力量来获致凝聚。这种交感或感应作用现在还很罕见；这亦无足奇怪，因为当我们在发现法式和发现结构方面尚无所成就时，我们当然不能希望从交感作用的探究中取得多少收获。不错，关于动物身体方面，的确有多种药物，无论是内服的或者是外敷的，仿佛是借感应作用而引起凝聚，就像上文曾略略说到的一些。但是在无生的质体方面，这种动作就很罕见了。有些记载中和一般传说中都曾传播着一个故事，说泰西拉或加纳雷群岛[①]（我记不清

① 克钦注明，泰西拉群岛（Tercery Islands）现称亚速尔群岛（Azores）。——译者

是哪一个)的一个岛上有一棵树老在裂着口滴水,竟至在相当程度上足供当地居民用水之需要。[①] 又,巴拉西萨斯曾说过有一种名为“日露”的草,当中午酷日之下周围一切其他草类都呈干状的时候,它竟满含着露水。[②] 不过这两个故事在我看来都属荒诞无稽。如果真有其事,那么这种事例可是非常有用,亦是最值得深究的了。至于那种五月时候在橡树叶上所见的甘露,如人们所谓之神浆,[③]我亦不认为是借橡叶中什么特殊本性而凝成,那不过是露水普及一切树叶之余,独在那组织完密而不像其余树叶那样绵软多孔的橡叶上能够存住罢了。

至于说到热,人们诚然享有丰富的储量以及对于它的支配力量,但在某些细目并且是最为需要的细目方面,考察和查究也还是不够的,随炼金家们怎样说。人们对于强度热力的效用是曾加以寻求并曾有所察见了;但对于较柔热力的效用——那却是最吻合于自然的方式的——则未予探查,因而亦就尚无所知。正因如此,所以我们看到在热的一般使用当中总不出这样一些情况:或则把物体的元精大大地激扬起来,像使用强水和其他化学油质就是如此;或则把可触分子变硬,有时并因轻浮分子被放而固定起来;再不然就是把同质分子分隔开,同时把异质分子在粗糙的方式下合

① 这棵怪树,在庄斯敦(Jouston)所著“Dendrographia”一书(一六六九年在Frankfort出版)中曾有描述,见第十卷第四章。他所援引的权威之中有卡丹(Cardan,1501至1578年,意大利物理学家和数学家,著有“De Rerum Variete”一书。——译者),培根或许正是从他那里引来这一故事。这棵树据说是在弗乐岛(Ferro)上见到的。

② 我在巴拉西萨斯那里未能找到一点。不过,这看来是与他的露水学说相合的——他认为,露水是从太阳和众星渗出来的东西,若加抑闭,就会形成增多的星体。

③ 克钦指出,像橡树一样,菩提树和其他树上也常有甘露。——译者

并并融混在一起；而最要紧之点还在把合成物体中的一些关节以及比较精微的结构打散而混乱起来。实则，我们对于较柔热力的动作也是早应有所试验和探查的。那样，人们方能照着自然的榜样，模仿着太阳的工作，来产生来引发较精微的混合物和较正常的结构体，像我在关于联盟的事例那条语录中所提示的样子。[①] 须知自然动作之进行，与我们目前使用之下的火的动作远不相同，其步骤是徐进渐及，其安排亦致密和繁复得多。只有当我们能够借人工热力和其他动作力量把自然的工作在法式上体现出来，在性德上完备起来，在分量上有所变化，并且，我再添一句，还在时速上有所增加的时候，我们才算看到人类的权力真正有了扩增。例如铁锈的形成是徐缓的，而铁的酸化黄粉则一下子就可做成；铜丝与碳酸铅粉的情况亦是这样；又如水晶须经漫长的过程而后产生，而玻璃则一下子就可吹成；石头须经很长的时间来成长，而砖头则很快地就可烧出来。有见于此（再回到现在的本题来说），所以我们对于各种各样的热，连同它们的各种效果，一概应当辛勤地从各个方面搜集起来而加以查究。这就是说，举凡一切天体的热，连同其光线是直射、是反照、是经过弯折以及是集合在引火镜和一般镜子之下等等不同情况；还有闪电的热、火焰的热、煤火以及各种不同燃料的火热；单论火热，又有封闭与敞开之别，直放溢流与经过不同构造的炉灶而有所修改之别，经过吹嘘而激动与未经激动而静穆之别，距离远近之间亦有区别，所经中间物不同时亦有区别；此

① 克钦注明，参看二卷三五条。——译者

外还有各种湿热，如水焐器皿的热、[①]粪便的热、动物外部和内部体温的热和干草受闷的热；又还有各种干热，如灰烬的热、石灰的热、热砂的热之类；总之，所有各种各样的热连同其各种不同的程度，都是我们所应当搜集而加以查究的。

但是首要的问题还在，我们若用逐渐的、有序的和固定间歇的方式，以适当的距离远近和时间长短，来控制热力的施加和撤除，其效果和作用将会怎样，这是首先应当加以查究和发现的。因为这种有秩序的不平匀状态实在正是天体之女，亦是生成之母；须知从那种暴烈急遽、突来突退的热力当中是不能希望到什么重大结果的。这一点在植物当中最为显著；在动物的胎宫中，随着孕妇之或动、或卧、或进饮食、或动情欲，热就亦大不平匀；最后，在大地的子宫当中——我的意思是说金属和化石形成时的所在地——，这种不平匀状态亦有其地位和力量。有些改良派的炼金家曾设想把灯火保持平匀，借其稳定不变的温热便能达到他们的目的；由上述这一点看来，就更显出他们的笨拙了。关于热的动作和效果，我就说到这里为止。当事物的法式和物体的结构还未获得进一步的查究和揭示之前，要把热的那些问题彻底加以研究，条件是不成熟的。只有在认清了形式之后，那时我们才能寻求、使用，以至调整我们的工具。

① 拉丁本原文为“Balnei Marioe”，实应作“Balneum Maris”；这是指传热的一种方式，做法是把任一物体放入一个器皿，再把这器皿放入注上水的另一器皿，后者架在火上，前者及其所盛的物体就渐渐地变为温热。

（拉丁文为“Balnei Marioe”。克钦注释说：在蒸馏中，把要蒸的器皿放在一缸水中，而不是放在沙中，这种做法叫作水浴，拉丁文应作“Balneum Marioe”。按，这种传热法不一定要架在火上蒸，用烫火焐也行。——译者）

第四种方法是凭赖持续，他好比作自然的管家和代赈人。我所谓之持续，是说把物体听其自然地搁上相当一段时间，同时要保它不受到一切外来的力量。因为只有在外加的、倘来的运动被止住了之后，内在的运动才会展露出来和完善起来。现在且看，时间的工作比火的工作要微妙得多。例如酒，若借火来醇化它，就不及借时间来得好。又如由火所产生的灰烬，就不如借岁月消解而成的各种质体的微尘那样精细。同样，凡借火力催迫而骤然形成的并合体和混合物总远次于那些借时间而形成的。还要看到，凡物体借持续作用而得的变异了的结构，就如腐坏状态，又会被火或任何强暴的热所消灭。这里还应指出，当物体运动十分受到禁闭时，其中就会带有一些暴力的东西。这就是说，这种禁闭是会阻碍物体的自发运动的。正因如此，所以我们看到，持续若是在敞开的器皿中来进行，便最适于分解；若是在严闭的器皿中来进行，便最适于混合；若是在部分封闭而仍有空气进入的器皿中来进行，便最适于腐坏。总之，举凡足以显示持续的效果和作用的事例，我们都应仔细地从各个方面加以搜集。

说到第五种方式，即对于运动的规限，用处可是很不小的。所谓对于运动的规限，我的意思是说，一物体与另一物体接触时就会阻碍、遏退、或者容许、导引该物体的自发运动。这个作用大部分寓于器具的形状和位置之中。例如蒸馏器中正装的圆锥体能帮助蒸气的凝聚；容纳器中倒置着的圆锥体能帮助把糖质中的糟粕排出。有时一种螺旋形的器具是需要的，有时又需要一个宽窄相间形状的器具，有时则又需要别种形状的东西。须知凡所谓过滤都是要使去接触的物体对所接触的物体放过其一部分而封锁其另一

部分。还须知道，过滤或他种规限运动的事又不限于从外面来做，而亦可由一物进入一物之内去做；例如把石头投入水中去拢收水的尘浊分子；又如用蛋白可以澄清糖浆，其作用便在把其中较粗的分子粘住，从而可以把它们除掉。至于泰莱夏斯把动物的形状亦诿诸这种对运动的规限，说那是缘于子宫之中的槽道和皱褶，这却是真够轻率和无知的。[①] 他实在应该能够指明在蛋壳之中亦同样有所形成，而那里却并无皱褶或坎坷。不过若说在塑铸的动作当中这种对运动的规限具有造形作用，这却是真确的。

说到第六种动作方式，即借感应性或背反性而进行的动作，这往往是深藏不显的。因为所谓隐秘的和特有的本性，或所谓交感和反感，大部分都是哲学的腐朽。[②] 并且，在未发现事物的法式和单纯结构以前我们也没有多少希望能发现事物之间的感应性。因为所谓感应性不外就是法式与结构二者之间的相互适应。

但事物间的比较广泛和比较普遍的感应性则并非那样隐晦难知。所以我现在就从它们说起。它们之间首要的和主要的歧义乃在：有些物体在密度稀度方面差别很大而在结构方面则归一致，另一些物体则在密度稀度方面一致而在结构方面有别。化学家们在

① 泰莱夏斯关于胚胎形成的学说根本上与加伦的说法一样，就是说，首先必须有动脉等等系统在胚胎中形成，这些动脉与子宫表层上的相应各部相接，就规定出输供养料的各个渠道，从而间接地规定着胎儿各个肢体的发展。看来他是没有承认，蛋壳光滑而无褶坎这一点正足以反驳他的学说。实际上，他对这种学说所作的例解正是参考到一个在孵化期间剖开的鸡蛋的各种现象。参看“De Rerum Natura”一书第六卷第四章和四〇章。（克钦注明，关于泰莱夏斯，参看上文一卷一一六条。——译者）

② 克钦指出，培根自己脱离这些影响又有多远呢？他不是讲过“硝石中的粗糙元精及其活动”，还讲过如语录二卷四八条中所举的几种运动吗？——译者

其所谓鼎足而三的第一性原质[①]中指出硫磺和水银遍布全宇宙，这是很不错的。（至于他们又加列盐这一项，却是荒谬的，那不过只是为要把土性的、干燥的和固定的物体包入罢了。）我们从这二者之中无疑可以观察到自然当中诸种最普遍的感应性之一。在硫磺、油液以及油脂蒸气、火焰或者还有星体这四者之间就有感应性。同样，在水银、水以及水蒸气、空气或者还有星际的纯洁的以太这四者之间亦有感应性。可是这两个四位一组[②]或说是两大族事物（各在其自己的界限之内）在物质量和密度方面差别极大，而在结构方面则颇一致，这在无数的情节中都可看到。另一方面，各种金属则在分量和密度方面颇为一致（与植物等等相比之下尤系如此），而在结构方面差别极大。同样，以植物和动物来说，二者在结构上的差异几乎无从说起，而在物质量和密度方面差异就很有限。

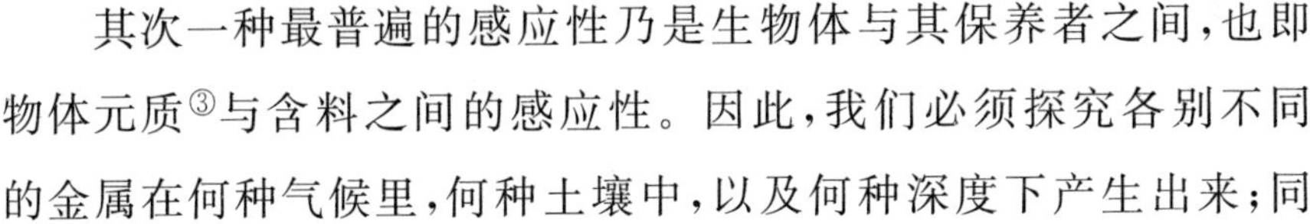

其次一种最普遍的感应性乃是生物体与其保养者之间，也即物体元质[③]与含料之间的感应性。因此，我们必须探究各别不同的金属在何种气候里，何种土壤中，以及何种深度下产生出来；同

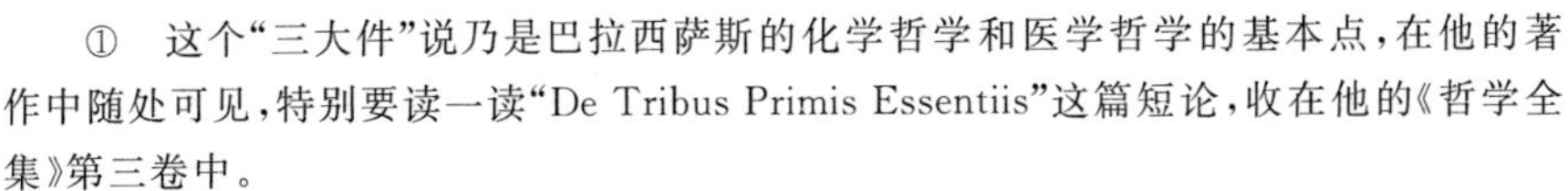

① 这个“三大件”说乃是巴拉西萨斯的化学哲学和医学哲学的基本点，在他的著作中随处可见，特别要读一读“De Tribus Primis Essentiis”这篇短论，收在他的《哲学全集》第三卷中。

② 克钦注明，这两个“四位一组”如下：（一）（1）硫磺与（2）油（3）火焰（4）星体；（二）（1）水银与（2）水（3）空气（4）以太。——译者

③ 拉丁本原文为“menstrua”。这是指任何种矿物所由以产生的质体，换言之，即一切矿物所以存在的质料因。参看阿格里考拉（Agricola）所著“De Ortu et Causis Fossilium”一书第四第五两卷，其中专论金属和其他矿物的产生。他在那里叙述了亚里士多德、西奥弗拉斯塔斯（Theophrastus，公元前〔?〕至二八七年，希腊哲学家。——译者）等人的见解。

样，关于宝石，我们亦要探究它是产于岩石之上还是产于矿穴之中；我们还要探究各别不同的树木、灌木和杂草又是在何种土壤中生发得最好，亦可说最感欢畅；此外，我们还要探究何种肥料，是各种粪便，还是白垩，还是海沙，或者还是焦灰等等，最为得力有用，并要联系到土壤之不同来探究它们哪一种最为适宜而有效。还有，树木和草木的移接和插配，以及什么植物在什么本根上最能发达的原理，亦是大有赖于交感作用的。关于这一项，我听说近来曾有人试就林木进行移接（这种实践迄今尚仅限于果木的范围），结果叶子和果子都大见增壮，树阴亦更见茂密，这乃是一个很可喜的实验。同样，关于动物的各种含料，也应依一般分类加以考察，并且要联系到其反面。例如肉食类的动物就不能借草以活，所以佛依兰教派的戒律（虽然人类比其他动物较能以意志来控制肉体）在经过尝试之后（他们说），由于实非人性所能忍受，就几近于消灭了。[①] 此外发生腐坏的各种不同物质（微小生物即因以产生）亦是我们所应当考察的。

① 培根在这里指的无疑是弗依兰（Feüillans）会教规的严峻性。Jean de la Barrière这个人，在以牧师掌管了弗依兰的息斯特教堂（Cistercian abbey）十一年以后，于一五七三年出家避世。就在他掌管教堂的几年中，他引进了一种极其严峻的生活规则。他的僧徒们在小吃时要跪在地板上，有些人还习惯于用头盖骨盛水来喝。他们戒食蛋、鱼、牛油、油甚至盐，只限于食用清水煮野菜汤和又粗又黑连野兽都不要吃的面包。不久以后，他们把酒也戒掉了。教皇克来门特八世（Clement VIII）允许这个会订定章则以建立管制。这些章则却对生活方式过度严厉的地方作了限制，这是服从教皇，也是弗依兰会一星期中竟有十四名僧徒死亡一事的后果。这些章则于一五九五年获得批准。

（拉丁本原文为“Folietani”。克钦注释说，这是指中世纪的菜食主义者，他们实行毕撒格拉斯（Pythagoras，公元前五八二至前五〇七年，希腊哲学家）的教条。——译者）

生物体对其附从物的感应性（我在前面所说过的那些都可算作这一类）已是很明显的了。此外还可增加一种，那就是感官对其对象的感应性。这种感应性，由于它最为明显，并且已受到充分注意和经过精细审查，是可能大有助于照见其他隐秘的感应性的。

但是关于物体间内在的感应性和背反性，或者说是内在的友性和敌性（我几乎是厌用交感和反感的字样，因为它们带有若干迷信和虚妄），人们却不是把它们解说错误，或者把它们和无稽故事混在一起，就是因观察不足而根本很少触及。例如人们因见葡萄与甘蓝种得相近时便都不发旺，就说它们之间存有敌性；[①]其实这理由是很明显的，那就是因为这两种植物都是多汁而吸拔地力的，于是就相竞而互削下来。又如人们因见玉蜀黍、莠和野罂粟三者都是非在经过犁耕的地上不能生长，就说它们之间存有感应性和友好性；其实倒不如说它们之间恰是存有敌性，因为后二者乃是借玉蜀黍所排遗在地上的汁液才茁生出来，所以播种玉蜀黍于地就为后二者准备下成长的条件。诸如此类的错误解说是很多很多的。至于说到无稽故事，那更应当铲除净尽。现在实在只有少数若干感应性是为准确可信的实验所证实的，像磁石之与铁，金子之与银，以及类此等等。在对于金属的化学实验当中，亦有一些感应性值得注意考察。而最大量的（假如人们可在这般稀罕之中来称大量的话）感应性还当求之于某些药物之中，它们借其隐秘的（人们这样说）和特有的本性，无论对于肢体，或是对于体液，或是对于

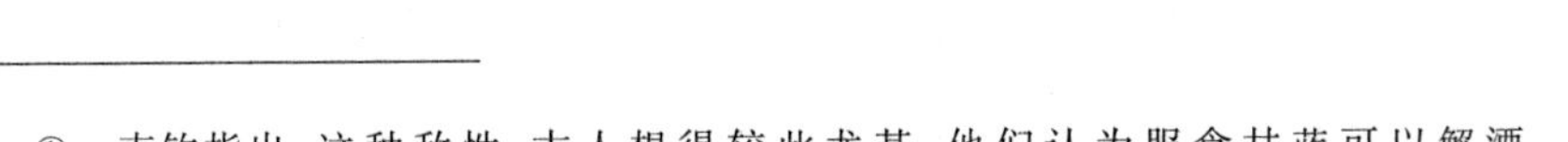

① 克钦指出，这种敌性，古人想得较此尤甚；他们认为服食甘蓝可以解酒。——译者

疾病，或是有时对于个别的性质，都能有所影响。此外，月亮的运行和变化与月下物体的感受之间亦有某些感应性，[①]诸如从农业方面、航海方面、医药方面，以及其他科学方面的实验当中经过严格认真的审查而搜到和认定的一些事例，我们亦不可略而不举。要之，关于比较秘密的感应性的事例愈是稀罕，我们就应当以愈大的辛勤去加以寻求；这须借助于诚信和忠实的传说与叙述，只要这不是出自轻心或轻信，而是出于一种急切的和（姑且说）存疑的信实。[②] 最后，还有一种物体间的感应性，在动作方式上或许是非不自然的，但在用途上却是多方有用的，我们亦不可把它略去，而应当予以审慎的查究。这是指物体相互间倾于或惮于借拼合或简单骈置的方式而联在一起的趋向。我们常见有些物体可以很容易地融混和合并起来，而另一些物体就若感为难和似有不甘。例如粉末最善与水混合，灰烬和石灰最善与油混合，余可类推。我们还不应仅仅搜集有关物体在混合这一点上有向有背的事例，他如有关物体分子的骈列的事例，有关它们在混合当中配置和分列情况的事例，最后还有有关它们在混合完成之后孰占优势的事例，亦都是我们所当搜集的。

---

① 克钦注明，关于月亮的感应性：（一）农业方面——据认为，月满时会带来合乎农时的天气，特别在“收获月”的情况下更是这样。（二）航海方面——月亮在海上有影响，例如对潮汐的影响。（三）医药方面——人们设想月亮对某些疾病具有影响力，如癫狂症名为“Lunacy”，犹存此说之遗迹。

按：“Lunation”一字，意为太阴月；“Lunacy”这个字，若按字面直译，应为“月疾”，其症状则为精神错乱。——译者

② 克钦指出，这句话正表明培根自己治学的精神：一种健全的哲学必自疑始。——译者

最后要说到第七种动作方式,也即轮替使用前六种方式来进行动作的方式。但是,在我们对于前六种方式还未一一研求到多少更深一些的程度之前,想要就这第七种方式举出什么例子,那是不适时的。现在所要指出的是,这种适应着某些特定结果而把各种方式作一系列或一连串的轮替使用的方式,乃是最难发现同时亦是运用起来最有效用的事。而人们呢,虽说为要做出任何稍有斤两的事功这乃是探入迷宫的线索,[①]却总是在探究和实践两方面都绝无耐性的。以上是对于多用的事例的例解,讲到这里也就够了。

五一

(二七)**幻术的事例**[②]——这是这样一种事例,其中质料因或者能生因与其所产生的事功和结果对照起来很是弱小而不相称;因而它们即使实很平常,看来却像神奇;有些乍看是如此,有些甚至在注意考量之后仍觉神奇。实在说来,自然自身提供这种事例是很吝啬地;自然究竟会要做些什么,这在它的卷折一被振开以后,在法式、过程以及结构都经发现以后,时间自将予以指明。依我现在的揣测来说,这种幻术的效果不外出自三种办法:一是凭借自我增殖,例如火,例如所谓特效毒药,例如借诸轮递转而增强力量的运动,其中便都有这种作用;二是凭借对另一物体的激励和诱

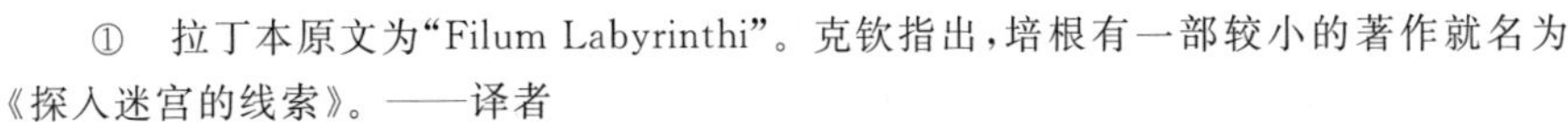

① 拉丁本原文为“Filum Labyrinthi”。克钦指出,培根有一部较小的著作就名为《探入迷宫的线索》。——译者

② 克钦注明,这种事例是,伟大神奇的结果却出自看来颇不相称的渺小的原因。在这里,培根似乎想到了科学的进步将展现出更大的丰收。——译者

掖，例如磁石励起无数的磁针而丝毫无损于自己的性德，又如酵母和类似的东西，其作用便是如此；三是凭借对于运动的制先作用，例如前文提到的火药、火炮和地雷等等情节便是。在这三种办法之中，前二者需要有关感应性的知识，第三种则需要有关计量运动的知识。至于要问有没有什么方式来从最细小处[①]（照人们这样说）来改变物体，来转换物质的更精微的结构（这是每一种物体转化所必需的事），使技术能够在短时间内做到自然要以许多迂回才能完成的事情，这却是我现在尚无确证足资说明的一点。只因我在结实和真正的事情上总是渴求最后与至高的东西，所以我永远痛恨一切虚妄和浮夸的事物，要竭尽全力来加以排除。

五二

以上论述事例中的显贵或优先权，就到此为止了。请读者记住，在我的这部工具论中，我是在处理逻辑，而不是在处理哲学。[②]但由于我的逻辑对理解力的教导，宗旨不在使它以心灵的纤弱卷须去攫握一些抽象概念（像普通的逻辑那样），而在使它可以真正地剖解自然，可以真正地发现物体的性德和活动，连同其在物质中被规定下的法则，所以这个科学的源头就不是仅仅出自心灵的性质，而亦是出自事物的性质；因而其中随处都点画着对于自然的揣想和实验以作我所宣教的这门技术的例子，那也就无足怪

① 拉丁本原文为“per minima”。克钦注释说，这大概不外两种意思，一是指使用最小的工具，再是指通过无限小的空间。这里或许是指后者。——译者

② 克钦指出，通观全书，可以看出培根不想把自己的这部工具论当作哲学的著作，而想当作工具性的东西。——译者

了。综上所述，我们看到所谓享有优先权的事例凡二十七种，就是：(一)独出的事例，(二)移徙的事例，(三)触目的事例，(四)隐微的事例，(五)能资组成的事例，(六)相契的事例，(七)独特的事例，(八)出轨的事例，(九)跨界的事例，(一〇)权力的事例，(一一)友敌的事例，(一二)极限的事例，(一三)联盟的事例，(一四)路标的事例，(一五)离异的事例，(一六)门户的事例，(一七)传票的事例，(一八)路程的事例，(一九)补救的事例，(二〇)分划的事例，(二一)测竿的事例，(二二)时序的事例，(二三)剂量的事例，(二四)斗争的事例，(二五)暗示的事例，(二六)多方有用的事例，(二七)幻术的事例。应当指出，这些事例的用处——这是它们优于普通事例的地方——有的是在有关知识部分，有的是在有关动作部分，亦有的是兼在这两个部分。说到有关知识部分，它们当中有的是帮助感官，有的是帮助理解力。帮助感官的，如上文第一六、一七、一八、一九和二〇那五种明灯的事例便是。至于帮助理解力的，那又分多种途径：有的是促进关于法式的排除法过程，如独出的事例便是；有的是把法式的肯定面缩小和指点得更为明切，如移徙的、触目的、友伴的和极限的四种事例便是；有的是提高理解力并把它指引到类别和共同性质上去，其中有的是直接这样，如隐微的、独特的和联盟的三种事例便是，有的在程度上稍次一等，如能资组成的事例便是，还有的在程度上最低，如相契的事例便是；有的是当理解力被习惯带上岔路时能把它纠正过来，如出轨的事例便是；又有的是把理解力指引到伟大的法式或所谓宇宙的结构，如跨界的事例便是；最后还有的是防护理解力免其入于错误的法式和原因，如路标的事例和离异的事例便是。再说到有关动作

部分，这些事例当中有的是对实践有所指点，有的是把它加以计量，有的是使它减少困难。指点实践的，或则指示我们应当就着什么开始，使我们不必再走回到旧的基地，如权力的事例便是；或则指示我们应当企求些什么，假定有了办法的话，如暗示的事例便是。测竿的、时序的、剂量的和斗争的四种所谓数学的事例是把实践加以计量。而多用的事例和幻术的事例则是使实践减少困难的。

还应指出，在这二十七种事例当中，我在前文已经说过，有些是我们必须立即加以搜集，不必等待对于一些性质的特别调查的。属于这类的有相契的、独特的、出轨的、跨界的、权力的、剂量的、暗示的、多用的和幻术的几种事例。因为这些事例或则帮助和校正理解力与感官，或则一般地供给实践以工具。至于其余的事例，不到我们为着解释者的工作来制作有关某种特定性质的列示表时，还不必加以探究。因为凡是标有和秉有这些优先权的事例及好比是普通事例之中的灵魂，并且如我开头所说能够以少抵多，所以在制作列示表时必须本着一切热诚来加以查究，并把它们定入表内。至于我所以有必要把它们提前处理，那是因为我在下文各处必须说到它们。现在，我要进而论究归纳法的一些支柱和精订，然后进至具体的东西，进至隐秘的过程，进至隐秘的结构，再进至前文第二十一条语录中所依次提出的其余各项。这样做来，我最后就可以（像一个忠实诚笃的监守者）把人们的产业交付给他们，这时他们的理解力已经解放并且好比说已经成年了；由此而来的后果便只能是人类地位的改善和人类对于自然的权力的扩大。人类在一堕落时就同时失去他们的天真状态和对于自然万物的统治权。但

是这两宗损失就是在此生中也是能够得到某种部分的补救的：前者要靠宗教和信仰，后者则靠技术和科学。须知自然万物并未经那被诅咒者做成一个绝对的、永远的叛逆，它在“就着你脸上的汗来吃你的面包”这样一个宪条的作用之下，现在终于被各种各样的劳动（当然不是被一些空口争论或一些无聊的幻术仪式，而是被各种各样的劳动）在一定程度上征服到来供给人类以面包，那就是说，被征服到来对人类生活产生效用了。

图书在版编目(CIP)数据

新工具/(英)培根著;许宝骙译.—北京:商务印书馆,2017
(汉译世界学术名著丛书:120年纪念版:珍藏本)
ISBN 978-7-100-14585-5

Ⅰ.①新… Ⅱ.①培… ②许… Ⅲ.①哲学理论—英国—近代 Ⅳ.①D561.21

中国版本图书馆CIP数据核字(2017)第152364号

权利保留,侵权必究。

汉译世界学术名著丛书
(120年纪念版·珍藏本)
新 工 具
〔英〕培 根 著
许宝骙 译

商 务 印 书 馆 出 版
(北京王府井大街36号 邮政编码100710)
商 务 印 书 馆 发 行
北京市松源印刷有限公司印刷
ISBN 978-7-100-14585-5

2017年12月第1版 开本 710×1000 1/16
2017年12月北京第1次印刷 印张 20¾
定价:105.00元